WELCOME TO YOUR WORLD

공간 혁명

행복한 삶을 위한 공간 심리학

세라 W. 골드헤이건 지음 | 윤제원 옮김

다산사이언스

나는 가능성이라는 집에 산다네.

산문散文보다 더 아름다운 집

창문도 더 많고

문도 더 근사한 곳

−에밀리 디킨슨Emily Dickinson, 「시 657」 중에서

건축, 뇌과학으로부터
공간 혁명의 통찰을 얻다

2006년 10월, 전 세계에게 가장 큰 학회인 미국신경과학회에 세계적인 건축가 프랭크 게리가 기조 강연을 한다는 소식에 신경과학자들은 들떠 있었다. 강연 제목은 '신경과학과 건축'. 아니, 신경과학이 건축과 도대체 무슨 연관이 있단 말인가! 당시만 해도 대부분의 신경과학자는 이런 주제에 별 관심이 없었다. 그저 자신들의 축제에서 건축 분야의 슈퍼스타를 볼 수 있다는 사실만으로도 가슴 설레었다.

그러나 10월 14일 그날의 강연은 지난 20년간 미국신경과학회에서 열린 것 중 최악의 기조 강연이었다. 자리를 가득 메운 2만 명이 넘는 신경과학자들은 한 시간 내내 프랭크 게리의 잘난 척을 들어야만 했다. 게리는 어눌한 목소리로 자신의 작품을 소개하면서 창작 과정에서 예술적 직관을 강조했고, 마지막에 그런 자신의 마음과 뇌에 관심이 무척 많다는 얘기로 마무리했다. 건축 공간 안에서 생활할 사람들의 뇌가 아니라 창작자인 자신의 뇌 말이다!

그야말로 '건축가들에게 인간에 대한 이해가 얼마나 부족한가'를

여실히 드러내는 강연이 아닐 수 없었다. 그리고 9년이 지난 지금, 건축
계는 크게 바뀌지 않았다. 건축은 본질적으로 공간 안에서 생활하는 사
람들을 위한 것임에도 불구하고, 사람을 이해하기 위한 건축학의 학문
적 노력은 턱없이 부족하다.

공간이 인간의 인지와 행동에 미치는 영향

어르신들이 생활하는 노인 요양 시설은 어떻게 지어야 할까? 알츠
하이머 치매 증세를 보이는 환자들은 공간기억력이 현저히 떨어져 있
기 때문에, 기숙사처럼 생긴 복도형 시설에서는 자신의 방을 찾아 들어
가는 것만도 힘든 과제다. 결국 자신의 방도 제대로 못 찾아 들어온다
는 소리를 들을까 봐, 방 밖으로 나가는 행동 자체를 두려워하게 된다.
복도형 요양 시설이 치매를 앓고 있는 노인들에게 부적절한 공간인 이
유다.

파킨슨 환자들은 손떨림이 심해 복도의 손잡이를 잡기가 매우 불
편하다. 중심과 균형을 잡기 어려운 까닭에 낙상으로 인한 골절 같은
심각한 사고가 발생할 수 있다. 또 화장실을 가기 위해 침대에서 내려
오기도 불편하고, 화장실에서 앉았다가 일어나기도 힘들다. 하지만 요
양원을 짓는 건축가들은 자신들이 설계한 건물에 어떤 증세를 앓고 있
는 사람들이 살지, 그들을 위한 공간은 어떠해야 하는지에 대한 이해도
가 현저히 떨어진다.

그런가 하면 이런 주제도 흥미롭다. 왜 한국에 있는 모든 학교 교실은 다 똑같이 생겼을까? 사각형으로 생긴 교실 맨 앞엔 커다란 칠판이 붙어 있고, 그 뒤로 책상들과 의자들이 차례로 가지런히 줄지어 늘어서 있다. 이렇게 생긴 교실에서 공부하면 집중이 잘되고 학습 효율이 높아지는 걸까? 뱀처럼 구불구불하게 생긴 교실에서 학생들 대여섯 명이 둘러앉아 공부하면 학습 효율은 어떻게 달라질까? 선생님이 교실 앞이 아니라 교실 한가운데서 가르친다면? 칠판 색깔이 파란색이거나 분홍색이라면?

지난 20세기까지만 해도 과학자들은 이런 질문을 제기할 생각조차 하지 못했다. 건축 분야에서 이런 식의 질문은 매우 중요한 이슈지만, 그 해답은 뇌를 연구하는 신경과학자들이 찾아야 하기 때문이다. 인간의 사고 과정을 관찰할 수 없는 건축가들에게 이런 질문은 부질없었고, 건축에 대한 이해가 부족한 신경과학자들은 이런 질문이 얼마나 중요한지 몰랐다. 공간과 건축은 그 안에서 생활하는 사람을 위한 것이지만, 건축가들은 그저 자신의 예술가적 직관과 영감으로, 그리고 오랜 경험과 관행으로 건물을 설계하고 디자인해왔다.

신경건축학의 등장

2004년 미국 캘리포니아 샌디에이고에서 신경과학자들과 건축가들을 중심으로 신경건축학회Academy of Neuroscience for Architecture가 발족하면서, 신경건축학과 관련한 연구가 활기를 띠게 됐다. 공간과 건축이 인간의 사고와 행동에 미치는 영향을 측정하고 이를 바탕으로 더 나은 건축을 탐색하는 학문인 신경건축학Neuroarchitecture이 탄생한 것이다.

거의 모든 사람이 인공 건축물 안에서 생활하는 오늘날, 신경건축학만큼 중요한 분야도 드물다. 집에서 자고, 학교에서 공부하고, 직장에서 일하며, 식당에서 밥을 먹는 인간의 사고가 어떤 식으로 공간의 지배를 받는지 알아야 건축가들도 적절한 건축물을 설계할 수 있기 때문이다.

다행히 이제는 휴대용 뇌파측정기가 있어서 간편하면서도 정확하게 대뇌 활동을 측정할 수 있다. 건축과 디자인, 환경 등이 인간의 사고와 행동에 미치는 영향을 탐구하기가 쉬워진 것이다. 신경건축학은 인간의 인지사고 과정이 공간에 영향을 받는다는 가설에 기반을 두며, 그 인지적 영향을 측정할 수 있다는 사실 또한 전제하는 학문이다.

1970년대 크게 주목받았던 환경심리학은 환경이 인간의 마음에 미치는 영향을 행동을 관찰하는 방식으로 발전해왔다. 환경심리학자들은 뇌활동을 측정하진 않았지만, 건축가들에게 공간을 사용하는 인간 심리를 이해하는 데 유익한 통찰을 제공해왔다. 공원의 벤치와 그림자 위치에 따라 사람들이 공원에서 휴식을 취하는 방식이 달라지고, 놀이터에서 엄마들이 쉬는 공간을 어디에 배치하느냐에 따라 아이들이 노는 방식이 달라진다. 신경건축학은 환경심리학이 그동안 탐구해온 범위를 확장함으로써 생물학적 토대 위에서 총체적으로 인간의 마음을 이해하려는 노력이라고 볼 수 있다.

인간에 대한 이해에서 공간 혁명을 꿈꾸다

이 책 『공간 혁명』은 신경건축학이라는 관점에서 세상의 모든 건축을 살펴보고 앞으로 우리에게 혁명을 함께 꿈꾸자고 제안하는 책이다. 저자 세라 윌리엄스 골드헤이건은 하버드 디자인스쿨에서 10년간 교수로 몸담고 있으면서 건축사를 가르쳐왔다. 미국신경건축학회 회원이기도 한 골드헤이건은 건축적 공간 디자인이 뇌에 미치는 영향을 인지신경과학과 심리학이라는 학문적 틀로 바라본다. 특히 이 책의 매력은 실제로 세상에 존재하는 건축물을 예로 들면서, 신경건축학적으로 훌륭하게 지어진 건축물과 그렇지 않은 공간이 인간의 뇌와 마음에 어떤 방식으로 영향을 미치는지 친절하게 설명한다는 점이다. 설령 그런 건축물이 신경건축학적인 과정을 거쳐 만들어진 게 아니더라도, 신경건축학적인 렌즈를 통해서 바라본 건축물은 우리에게 더없이 흥미로운 통찰과 영감을 제공한다.

특히 골드헤이건이 이 책에서 강조한 것은 '체화된 인지'다. 우리 뇌는 어떻게 공간을 인지하고 영향을 받으며 상호작용할까? 그것은 감각하고 인지하는 데 필요한 정보를 얻을 수 있는 몸을 통해서 가능하다. 그러나 몸은 그저 공간과 건축, 디자인이 뇌에 필요한 정보를 제공하는 데 그치지 않고 적극적으로 감각하고 인지 과정에 참여함으로써 공간을 지각하는 주체로서 기능한다. 딱딱한 대리석 바닥과 목재 바닥은 전혀 다른 공간 경험을 제공한다. 잘 정돈된 벽지로 덮인 벽과 콘크리트가 노출된 벽은 손과 발을 통해 매우 다른 감각 정보를 제공한다. 이 모든 정보는 몸을 통해 지각되고 인지되며 심지어 기억과 감정을 불러일으킨다. 공간에 관한 한 몸은 뇌 못지않게 마음을 형성하는 주체다.

이 책은 '체화된 인지'가 건축물을 이해하고 받아들이는 데 유용한 학문적 개념이 될 수 있음을 다양한 사례를 들어 보여준다. 게다가 신경건축학 분야에서 가장 뜨거운 최신 주제까지 섭렵하고 있다는 점에서 이 책의 미덕은 손에 꼽을 수 없을 만큼 넉넉하다.

건축을 인간 이해와 증거 중심 학문으로

신경건축학자들은 경험과 직관, 관습으로 축적되어온 건축학적 전통에 더해, 실제로 그 안에서 생활하는 사람들에 대한 이해가 깊이 있게 이루어지면 더욱 유용한 결과물을 세상에 내놓을 수 있다고 조언한다. 또 건축학이 좀 더 '증거 중심 학문'으로 나아가길 기대한다. 직관이나 관행에만 의존하지 말고, 근거를 가지고 설계를 하라는 얘기다.

우리나라도 신경건축학 연구회가 설립된 지 10년이 지났다. 매달 셋째 토요일에 모여 신경건축학 관련 논문을 읽고 이를 어떻게 건축에 적용할지 논의하는 시간을 갖는다. 처음 시작할 때만 해도 40명 안팎이던 회원 수는 이제 150명을 넘겼다. 그들 대부분이 건축가라는 사실은 희망이면서 한계다. 앞으로 신경건축학이 건축학의 한 분야로, 신경과학의 한 분야로 자리 잡기 위해서는 건축가와 신경과학자들의 긴밀한 협업, 관련 연구비 지원, 그리고 이를 바탕으로 한 실제 건축 적용이 무엇보다 시급하다.

건축물 속에서 살아가는 우리에게 신경건축학은 '나는 어떤 공간에서 행복하고 창의적이 되며 위안을 받는지' 생각해 보라고 권한다. 역세권이나 학군, 투자 가치만으로 집과 건물을 바라보지 말고, 공간 속에 놓인 나 자신의 내면을 들여다보라는 뜻이다.

신경건축학은 역사가 15년밖에 안 된, 앞으로 갈 길이 먼 '도전적인 분야'다. 하지만 세상의 모든 경계에선 꽃이 핀다고 하지 않았던가. 신경과학과 건축학이 만난 신경건축학이 '행복한 공간'에 대한 우리의 이해를 넓히고, 사람의 마음을 헤아리며 뼈대를 설계하고, 경험이나 직관이 아닌 과학적 사실을 바탕으로 벽돌을 올리는 건축학으로 나아가는 데 기여하길 기대한다. 이 책은 그 길에서 신경건축학으로 향하는 훌륭한 '통찰의 안내서'가 되리라 믿는다.

정재승

(뇌과학자, 『정재승의 과학 콘서트』 『열두 발자국』 저자)

한국의 독자 여러분에게

우리는 우리가 살아가는 건축물과 주위 환경에 어떤 영향을 받을까. 나는 이 프로젝트를 시작하면서 먼저 이 시대의 가장 중요한 도시 현상인 메가시티megacity(인구 1000만 명이 넘는 도시)에 관한 직접적인 정보를 얻어야 할 필요를 느꼈다. 그래서 서울, 베이징, 상하이, 도쿄 네 곳의 메가시티를 방문하기로 결정하고 도시 탐색을 겸한 여름 여행을 떠났다.

서울에 머무는 동안 나는 하버드에서 교편을 잡은 10년 동안 함께했던 동료, 학생, 그리고 그들의 지인들과 만났다. 그들은 나와 함께 도시를 둘러보는 일에 자신의 시간을 아낌없이 내어주었다.

그러나 이 소중한 기억도 그해 여름 여행의 끝에 서울이 나에게 가장 특별한 장소가 되었음을 깨닫게 된 이유의 일부일 뿐이다. 나는 야망과 섬세함이 공존하는 서울의 에너지가 좋았다. 많은 도시 기획자와 디자이너가 1953년의 잿더미 속에서 일어나 급속하게 성장하고 있는 서울이라는 도시를 관리하는 방법을 보고 감탄했다.

서울은 오랜 역사와 전통을 존중하면서도 혁신적이고 수준 높은 건축물과 도시 디자인을 수용하는 도시였다. 조경가이자 환경예술가인 김미경이 디자인한 청계천 복원 프로젝트의 아름다운 공원만 보아도 그렇다. 11킬로미터가 넘는 청계천을 따라 눈높이로 쌓아올린 돌담은 인간에게 풍부한 물질적 경험과 자극을 주는 휴먼스케일을 함축적으로 보여주고 있었다. 마치 삶의 질을 높이려면 정서를 건강하게 해주는 적절한 인지 자극이 필요하다는 나의 연구 결과를 강력하게 뒷받침해주는 증거인 듯했다.

'당신의 공간에 온 것을 환영한다.'

평소에 늘 보던 장소의 더 깊은 부분까지 보이고, 이전에 이해하지 못했던 사실을 깨닫는 눈이 열린다면, 어제까지 내가 지냈던 공간은 전혀 새로운 의미로 다가온다. 어떤 건축물이나 도시 곳곳에서 나 자신을 강력하게 끌어당기는 공간은, 건축 환경이 우리 삶의 모든 면에서 매우 중요하다는 사실을 이해할 새로운 패러다임을 보여주기에 충분하다.

아무쪼록 한국의 독자 여러분이 이 책을 통해 더 나은 공간과 더 나은 삶을 만들어내는 데 필요한 가치를 넉넉한 마음으로 받아들일 수 있기를 바란다.

2019년 여름
세라 윌리엄스 골드헤이건

Contents

7장 | 환경의 질과 삶을 위한 디자인

Welcome to

Your World

머리말

이 책은 당신에게 대담한 인사를 건넨다. 일면식도 없는 내가 '당신'을, 당신이 매일을 보내는 세계에 왔다고 환영하다니 말이다. 하지만 이 책을 읽으면서 당신이 세계에 대해 생각하는 방식과 지금껏 알고 있던 내용이 바뀔 것이라고 자신한다. 당신의 세계는 이 책을 펼치기 전과는 다른 장소가 되고, 당연히 그 안에서 맡는 역할도 새로워질 것이다. 그리고 지금 사는 세계가 자신과 자녀를 비롯한 세상 사람 모두에게 지금껏 상상하지도 못했을 정도로 깊은 영향을 준다는 사실을 깨달을 것이다.

왜 이렇게 단언하는지 궁금한가? 나도 같은 경험을 했기 때문이다.

스마트폰과 GPS가 등장하기 전, 십 대였던 나는 운 좋게도 부모님과 함께 이탈리아를 여행한 적이 있다. 더위 속에서 오랜 시간 힘들게 이동하던 중에, 아버지는 안 되겠다 싶었는지 피렌체 외곽 고속도로 갓길에 렌터카를 세웠다. 어머니가 방향감각을 잃는 바람에 길을 헤맨 터였다. 지도가 있기는 했지만 지도가 가리키는 북쪽이 그 지점에서 남쪽

인지 남동쪽인지 서쪽인지 알 수가 없었다. 어머니는 우리가 타고 있는 도로 이름이 지도 어디에도 없다고 했다. 스트레스가 쌓인 두 분은 말다툼을 시작했다. 자동차 안은 짜증으로 가득해졌고 나는 분노에 휩싸여 소리를 질렀다. 좌회전! 아니야, 직진! 여기 봐, 아니, 저기, 표지판 보라고, 그거 말고……

어머니에게 지도를 억지로 넘겨받은 나는 빠르게 우리 위치를 찾고서 짜증 섞인 목소리로 두 분께 조용히 하시라고 말했다. 그리고 고요한 분위기 속에서 호텔까지 거의 완벽하게 길을 안내했다. 우리 가족은 말없이 체크인했고 나는 (당장 그 자리를 빠져나가 혼자 있고 싶어서) 잠시 산책을 다녀오겠다며 호텔을 나섰다.

딱히 목적지가 없었기 때문에 나는 발길 닿는 대로 걷기 시작했다. 고등학교 인문학 수업 시간에 이탈리아 르네상스 시대에 피렌체가 맡았던 중요한 역할에 대해 배우기는 했던가 싶을 정도로 아무 내용도 떠오르지 않았다. 내 주위를 둘러싸고 있는 것은 또 다른 이탈리아 도시일 뿐이었다. 매력적이지만 지금껏 방문했던 다른 여러 도시와 크게 달라 보이지 않았다. 나는 괴로움에 몸부림치며 방황하다가 우연히 들어선 길 위에 섰다.

사람으로 붐비는 거리 끝에 도착하자 건물과 여행자들 사이를 달리며 경적을 울려대는 자동차가 가득한 광장이 등장했다. 눈앞에 나타난 놀랍도록 거대한 팔각형 건축물은 내가 있는 지면보다 낮은 곳에 지어진 탓에 마치 내 위로 높이 솟아오르는 동시에 땅속으로 천천히 꺼지고 있는 듯 보였다. 건물 외벽 하얀 대리석 덩어리 사이를 지나는 녹회색 피에트라 세레나pietra serena(마감재의 일종 – 옮긴이)의 격자만이 건물

의 높이를 확실히 보여주었다. 팔각 건축물(나중에 알고 보니 세례당이었
다) 뒤에 있는 거대한 대성당은 하늘에 계신 하느님의 영광을 찬양하
면서 인간의 정교한 기술력에 경의를 표하고 있었다. 그게 다가 아니었
다! 대성당 우측에는 연분홍색과 흰색, 녹색으로 화려하게 장식한 조토
의 종탑이 하늘을 향해 쭉 뻗어 있었다.

　그 순간 심장이 고동쳤고 평온한 감정이 온몸을 감쌌다. 오후 내내
나를 지배했던 강렬한 분노가 몇 분 사이에 완전히 사라졌다. 어떻게
저런 아름다움이 존재할 수 있을까? 누가 만들었을까? 왜 녹색과 분홍
색을 썼지? 낯선 도시의 광장에 등장한 세 개의 멋진 건물이 어떻게 내
기분을, 내 하루를, (그때는 전혀 몰랐지만) 내 인생을 바꿀 수 있었을까?

　그날 이후로 거의 40년 동안 나는 처음에는 기자로, 나중에는 모
더니즘과 (내가 쓴 책의 주인공인 미국 건축가 루이스 칸Louis I. Kahn을 포함
한) 모더니즘 실천가를 연구하는 역사가이자 교수로 건물과 조경, 도시
에 관한 글을 썼다. 그리고 하버드대 디자인 대학원에서 10년간 학생들
을 가르치며 현대 건축에 몰두해왔다. 그러다가 학술 서적의 한정된 독
자층과 딱딱한 형식 탓에 현대 건축 디자인 작품과 아이디어의 매력을
제대로 전달하기 어렵다고 느껴 일반인을 대상으로 한 출판물에 평론
과 짧은 글을 기고하기 시작했다. 그 후로 8년 동안 《뉴 리퍼블릭The New
Republic》에 건축 평론을 썼고 지금까지 미국 및 해외의 여러 학술매체와
대중매체에 많은 글을 발표했다.

　나는 내 인생에 깊은 인상을 남긴 그날 떠올랐던 질문에 대한 답을
찾고자 일은 물론 개인 시간의 많은 부분을 할애했다. 그간 세계 곳곳

을 돌아다니고 여러 건물과 조경, 도시를 사진에 담고 수많은 책을 읽으면서 건축 환경을 바라보고 분석하는 다양한 방법을 조사했다. 미술사 전공으로 학사와 박사 과정을 밟으면서 시각 언어와 예술적 전통이 지닌 영속적인 힘을 이해하는 법을 배웠다. 그리고 이런 전통이 개별 디자이너의 감성에 어떤 영향을 미치고, 혁신적인 문화 표현을 추구하는 사회와 어떤 방식으로 상호작용하는지 고민했다. 내 질문에 답을 찾기 위해 기술의 역사와 사회이론, 미학, 심지어 언어학과 문학이론까지 공부했다.

　그러는 한편 나는 디자이너들의 스타일과 예술적 비전을 분석하고 그 바탕에 깔린 생각을 알아내기 위해 디자이너들이 쓰고 그린 내용도 자세히 조사했다. 18세기 신고전주의의 근간이 된 프랑스 계몽주의 사상과 안드레아 팔라디오Andrea Palladio, 프란체스코 보로미니Francesco Borromini, 앤 그리스월드 팅Anne Griswold Tyng의 기하학적 디자인을 등장하게 한 신플라톤주의와 유기적 보편주의, 외젠 비올레르뒤크Eugène E. Viollet-le-Duc를 중심으로 초기 모더니스트들에게 영향을 미친, 19세기 후반에 등장한 구조합리주의 이론도 공부했다. 루트비히 미스 반데어로에Ludwig Mies van der Rohe의 '보편적 공간'부터 리하르트 노이트라Richard Neutra의 정신생물학주의, 크리스토퍼 알렉산더Christopher Alexander의 '패턴 언어'에 나타나는 사회학과 과거에 대한 향수의 모방에 이르는 기능주의의 다양한 해석도 분석했다. 나는 건축 디자인 종사자들과 여러 논문, 다양한 학문을 통해 얻은 지식을 바탕으로 계속해서 내 나름의 분석 틀을 만들어갔다. 이 틀을 이용해 건축가와 도시 계획가, 조경 건축가들이 어떤 방식으로, 왜 그런 디자인을 했으며 건축가가 디자인한 건물과 도시, 장소를 사람들이 어떻게 경험하는지 밝히고 싶었기 때문이다.

그 과정에서 나는 많은 것을 배웠다. 하지만 인간의 생각과 느낌, 행동에 건축 환경이 어떻게, 얼마나 많은 영향을 주는지에 대한 만족할 만한 답은 찾지 못했다. 창의력이 뛰어난 작가들만이 내가 설명하고자 하는 답을 조금이나마 알고 있는 듯했다. 그래서 나는 각 장 시작 부분에 독자들의 연상 작용을 해줄 비선형적이고 직관적이며 은유적인 사고가 담긴 시와 산문 구절을 인용해두었다. 인용문에는 인간이 건축 환경을 경험하는 방식의 본질이 어느 정도 담겨 있다. 하지만 내가 예전부터 품고 있던 의문에 온전한 답이 되기에는 충분치 않다.

7, 8년 전쯤부터는 사회이론과 인지언어학, 심리학의 여러 분과와 인지신경과학 분야에서 발표한 여러 글을 접하기 시작했다. 이런 글은 인간이 건축 세계를 포함해 자신을 둘러싼 환경을 실제로 어떻게 지각하고 생각하는지, 궁극적으로 이를 어떻게 경험하는지에 관한 새로운 설명을 담고 있었다. 과학을 비롯한 여러 학문 분야의 연구 성과를 융합한 결과 '체화된' 인지, '기반' 인지, '상황' 인지 등 다양한 이름으로 불리는 새로운 패러다임이 출현한 것이 분명했다. 이 패러다임은 인간이 생각하는 내용과 방식의 많은 부분이 우리가 지닌 신체에 달려 있다고 주장한다. 인간의 사고 대부분(우리가 알고 있던 것보다 훨씬 많은 부분)은 논리적이지도 직선적이지도 않으며 비의식적 형태로 연상에 의존한다고 한다. 아직 발전 단계에 있는 이 패러다임은 신체를 지닌 인간이 타인과 함께 살아가는 이 땅 위의 세계, 그리고 우리가 머릿속으로 끊임없이 상상하고 변경해나가는 머릿속 세계에서 동시에 살아나가

는 방식을 분석하는 토대를 제공한다. 인간의 인지와 의사 결정, 행동, 이 세 가지는 서로 뒤섞여 기능한다.

과학에 기반을 둔 체화된 인지 패러다임은 내가 이 책에서 제시하는 분석의 근거를 제공했으며 마침내 내가 오랫동안 품어온 질문 일부에 답할 수 있게 해주었다. 방이나 건물, 도시 광장, 건축 환경은 어떤 상황에서 어떤 방식으로 우리에게 영향을 미칠까? 장소의 어떤 특성이 우리를 끌어당기거나 밀어낼까? 기억에 오래 남거나 금세 사라지는 특성은 무엇이고, 사람이 눈물을 흘리거나 냉담하게 반응하도록 만드는 특성은 무엇일까?

이 책에서 설명하는 내용에 대한 관심은 아주 오래전 피렌체에서 시작되었지만 과학자들과 심리학자들이 밝혀낸 인간의 인지에 대한 최신 연구 결과를 알게 된 지금에 와서야 비로소 책으로 쓸 수 있게 되었다. 내가 그날 두오모 광장에 간 것도 우연이 아니었다. 우연히 들어섰던 거리의 디자인(인도의 너비, 크고 하얀 무언가가 언뜻 보이는 굽은 길)이 그 길을 따라가도록 인도한 것이다. 피렌체의 대성당 광장에서 경험한 감정도 나 혼자 그렇게 느낀 게 아니다. 확실히 구분된 광장의 경계, 중앙 건물의 규모와 명확한 기하학적 형태, 갑작스러운 재료 변화가 시너지 효과를 내며 자꾸 분산되려는 내 주의를 이끈 것이다. 돌출과 후퇴를 적절히 사용해 부여한 규모 감각과 생기 넘치고 다채로운 색상의 건축적 디테일은 인상적인 장면을 놓치지 않으려는 신체와 정신의 작용, 즉, 인간의 본능에 가까운 성향과 맞물려 시선을 사로잡았다. 조토의 종탑과 브루넬레스키Filippo Brunelleschi의 반구형 지붕, 위풍당당한 세례당이 내 기억의 완벽한 일부가 된 이유(수많은 세월이 지났는데도 마음속에 생생히 살아 있다) 역시, 장기 기억의 본질과 기능에 근거해 설명할 수 있다.

좋아하는 음악을 들으면 기분이 어떻게 바뀌는지 떠올려보라. 멋진 그림을 보면 다른 세상에 온 듯한 느낌이 들곤 한다. 독특한 형태의 가구를 보면 거기에서 휴식을 취하는 인체를 떠올리고, 댄스 공연을 보면 움직이는 자신의 모습을 생각하게 된다. 멋진 조각품은 꼿꼿이 서 있거나 미끄러지듯 움직이거나 떠다니는 상상을 유발한다. 좋은 영화는 우리의 삶을 스토리와 드라마로 채운다. 방금 언급한 예술 하나하나는 우리에게 실제적이고 강력한 영향을 주지만 이는 우리가 능동적으로 이들과 관계를 맺을 경우에만 그렇다. 그리고 그런 경우는 어쩌다 가끔, 짧은 시간 동안만 일어날 뿐이다.

반면 건축 환경과 우리의 관계는 예술과 맺는 관계와는 다르다. 건축 환경은 우리가 관심을 기울이지 않을 때도 항상 영향을 미친다. 게다가 건축 환경은 다른 예술이 미치는 영향을 모두 결합한 방식으로 우리가 인생을 살며 내리는 여러 선택에도 영향을 미친다. 건축 환경은 우리의 기분과 정서, 공간 내에서의 신체감각과 움직일 때의 신체감각에도 영향을 준다. 그리고 우리가 일상을 살아가며 만들어내는 이야기를 구성하는 데도 깊은 영향을 미친다.

체화된 인지 또는 상황 인지라는 새로운 패러다임은 건축 환경과 그 디자인이 우리는 물론, 심지어 건축가들이 생각했던 것보다 훨씬 중요하다는 사실을 알려준다. 이 책에 담긴 정보는 앞으로 사람들이 건축 환경을 생각하는 방식과 디자이너들이 이를 건축하는 방식에 큰 영향을 줄 것이다. 또한 우리가 만들어낸 세상을 되돌아보게 하고 이 세상을 조금 더 영혼이 담겨 있는 공간으로, 인간의 신체와 마음, 공동체, 국가 조직에 생기를 불어넣는 공간으로 만들 수 있는 방법을 제시할 것이다.

내가 어째서 이렇게 자신만만하게 당신을 '당신'의 세계로 초대하는지 궁금한가? 바로 이 책을 쓰면서 (이미 건축 환경에 대해 상당한 전문 지식을 지닌) 나조차 건물과 조경, 도시를 새로운 눈으로 볼 수 있게 되었기 때문이다. 그것도 피렌체에서처럼 특별한 날이 아니라 매일을 말이다.

지금부터 내가 알아낸 사실을 당신과 나누려 한다.

……아직 세상은

그리 많이 낡지 않았지만 영원하든 아니든

새롭게 만들어야 할 게 많다

우리 창문 밖으로 보이는 것은……

항상 그곳에 있을 테니

—W. H. 오든W. H. Auden, 「주거에 대한 감사. I. 프롤로그:

건축의 탄생Thanksgiving for a Habitat. I. Prologue: The Birth of Architecture」

들어가며

차세대 환경 혁명

주변을 둘러보라. 창문 밖으로 무엇이 보이는가? 지금 앉은 자리에서 방 안을 둘러보면 무엇이 보이는가? 이에 대한 답은 사람마다 다를 것이다. 당신이 사는 곳이 대도시든 소도시든, 교외든 좀 더 먼 곳이든, 점점 커지고 있는 세계적인 거대도시(뉴욕, 서울, 상파울루 등)든 창밖으로 보이는 것은 '건축된' 환경일 가능성이 매우 높다.

전근대 사회에서는 대부분 사람이 자신이 살 곳을 직접 만들었고 자연환경이 주거지에 큰 영향을 미쳤다. 하지만 지금은 다르다. 선진국과 개발도상국 할 것 없이 사람들은 건물과 인간이 만들어낸 조경 안에서 대부분의 시간을 보낸다. 우리는 병원이나 침실에서 태어나고 호스피스 시설이나 침실 또는 병원에서 눈을 감는다. 사람들은 대부분 주택이나 아파트에 산다. 사무실이나 실험실, 제조 시설, 상점에 갈 때는 도로나 다리, 지하로를 이용한다. 학교와 주민 센터, 놀이터, 공원을 오가며 자녀들을 키우고 교육하며, 사회적 유대감을 형성하고 길러나간다. 여가생활을 위해 만들어진 공간에서 산책이나 공놀이, 달리기를 하고 연극 공연을 보며 스포츠 경기에 참석하거나 전시회를 관람한다. 상점에서 쇼핑하고 카페에서 휴식을 취한다.

점점 많은 사람들이 인간의 손을 거쳐 탄생한 환경 속에서 대부분 (90퍼센트 이상)의 시간을 보낸다. 물론 전근대와 달리 실제로 우리 손을 사용해 만드는 경우는 거의 없다. 약 40억 명 정도가 거의 인공 건축물로 구성되어 있는 도시 지역에 산다. 현대 사회에서 우리가 사용하고 살아가는 장소 가운데는 그저 건물을 짓는 데 방점을 둔 건축물도 있지만 결과물의 모습과 기능을 고민해 디자인한 건축물도 있다. 누군가가 건축물에 어떤 요소를 넣을지 '결정'하고 누군가는 그런 요소를 건축에 포함하기로 선택한 것이다. 건물과 도시 광장, 공원, 놀이터와 달리 모든 인도는 균형 잡혀 있고 모든 창문은 정해진 크기와 배치를 따른다. 인도의 치수와 배치, 창문의 내구성과 모양새, 느낌, 기능을 누군가가 결정했기 때문이다. 자연환경과 달리, 우리 주변의 건축환경도 모두 누군가가 내린 결정의 산물이다. 비록 그 사람이 결정하기 전에 많은 고민을 했는지 안 했는지는 모르지만.

건축 환경은 마치 완공된 그대로 영원히 변하지 않을 것만 같은 거짓된 메시지를 전달한다. 하지만 통계에 따르면 건축 환경은 끊임없이 보수와 재개발, 확장을 거치는 것으로 나타난다.[1] 통계 수치를 알면 놀라겠지만 앞으로 닥칠 일을 파악하려면 현실을 직시해야 한다. 향후 몇 년만 우선 살펴보면 미국의 경우 2050년까지 인구가 6800만 명, 즉 현재보다 21퍼센트 증가해 총인구가 약 4억 명에 가까워질 전망이다. 인구 증가로 인해 도시와 그 주변 지역에 건물과 조경, 인프라, 도시 지역을 건설하는 대규모 건축 사업이 필요해질 것이다. 뉴욕시 도시 지역의 건축 환경이 20퍼센트 증가하면 500만 명을 더 수용할 수 있다. 로스앤젤레스 도시 지역을 확대하면 400만 명, 워싱턴 DC를 확대하면 200만 명을 더 수용할 수 있다. 현재 인구가 200만 명인 오스틴의 도시 지역을 확대하면 40만 명을 더 수용할 수 있으며, 이런 식으로 미국 전 도시를 확대하면 수용 가능 인원이 늘어난다. 늘어나는 인구가 필요로 하는 주택과 사무용 건물, 상업 지역, 공원, 광장을 제공하려면 각 도시마다 얼마나 많은 공사가 필요할지 생각해보라. 주택만 짓는다 해도 1억 제곱미터에 가까운 면적을 새로 건축해야 한다. 게다가 계속해서 변화하는 경제적 지형 탓에 사람들의 도시 간 이동이 활발해지면서 어떤 건물은 더 이상 사용하지 않게 되고 어떤 건물은 보수 작업이 필요해진다. 이는 곧 우리 부모나 조부모 세대, 선조들이 만든 것과는 다른 종류의 건물과 조경을 더 많이 만들 필요가 있다는 뜻이다. 2030년이 되면 미국인이 사는 건물 가운데 절반 정도가 2006년 이후에 만들어진 건축물이 될 것이다.[2] 당신이 마주치는 건물 셋 중 하나, 어쩌면 둘 중 하나가 새 건물인 셈이다.

향후 수십 년간은 미국보다 그 밖의 여러 국가에서 더 많은 건축 활동이 벌어질 것이다. 그 규모가 어마어마해서 미국의 새로운 건축 수요는 거의 눈에 띄지 않을 정도다. 현재는 전 세계 인구의 절반을 조금 넘는 숫자가 도시에 산다.[3] 하지만 앞으로 두 세대 안에 아시아와 아프리카, 라틴아메리카의 도시가 폭발적으로 성장해서 2050년이 되면 지구에 있는 사람 셋 중 둘은 도시에서 살게 될 것이다. 지금보다 24억 명 '이상'이 살고 일하고 공부할 건물과 이동을 도와줄 인프라, 휴식을 제공해줄 조경이 필요해진다.

놀랍다는 말로 다 표현할 수 없을 정도로 엄청난 규모다.

도시 인구만 전례 없이 빠른 속도로 성장하는 건 아니다. 복잡한 도시 지역과 대도시, 거대도시 역시 성장의 중심에 설 것이다. 현재 전 세계에서 인구가 100만에서 500만 명에 달하는 도시는 428개다. 향후 15년 사이 같은 규모의 도시가 550개로 늘어날 것이다. 또한 500만 명에서 1000만 명이 살고 있는 도시는 현재 44개인데 15년 뒤에는 63개로 늘어날 것이다. 그리고 1000만 명 이상이 사는 엄청난 크기의 초거대도시megalopolice는 29개에서 41개로, 40퍼센트 이상 증가할 전망이다.[4]

주요 도시로의 인구 이동과 그로 인한 건축 활동은 개발도상국에서 특히 활발하게 일어난다. 대표적으로 인도와 중국의 경우 2050년이 되면 도시 거주자가 3억 명 늘어나 총 10억 명이 넘을 것으로 전망된다. 증가하는 인구를 수용하기 위해 중국에서 매년 새로운 도시를 하나씩 건설한다고 가정하면 뉴욕시만 한 도시를 매년 하나씩 35년 동안 건설하는 셈이다. 실제로 중국은 인구 증가에 대비해 아무것도 없던 장소에 새로운 거대도시를 건설하고 있다. 지금부터 2030년까지 시골 지역에서 도시 지역으로 이주할 사람들을 다 수용하고 나면 중국에는 인구 100만 명이 넘는 도시가 125개로 늘어날 것이다.[5] 인구가 500만 명에서 1000만 명에 달하는 거대도시는 16개, 1000만 명이 넘게 사는 메가시티는 7개에 달할 전망이며 그 가운데 몇몇 도시는 인구가 2000만 명도 넘을 것이다. 이 많은 인구를 수용하려면 바닥 면적을 다 합쳐 4조 제곱미터가 넘는, 약 500만 개의 건물을 만들어야 한다. 앞으로 20년 동안 중국은 지금껏 인류가 이룩한 발전이 사소해 보일 만큼 놀라운 규모와 속도로 인프라(주거 시설, 도로, 다리, 공항,

중국 어얼둬쓰시 부지. 공사 전(예술가 아이웨이웨이艾未未와 함께). 도시가 들어서기 전에는 아무것도 없는 벌판이었다.

중국 어얼둬쓰시.

발전소, 정수와 배수시설)를 확장할 것이다. 중국이 앞으로 건설할 인프라 규모는 현재 미국 전체의 도시 인프라와 맞먹는다. 중국의 발전 속도는 어느 나라도 대적할 수 없을 만큼 빨라 보이지만 실상은 아니다. 인도의 도시 인구 증가 속도가 중국보다 훨씬 빠를 것으로 전망된다. 같은 기간 인도 인구는 무려 4억 명이 증가해 도시 인구 규모가 '2배' 성장할 것으로 보인다.

　오늘날 전 세계는 건축 현장과 다를 바 없다. 경제 위기가 오지 않는 한 앞으로 몇십 년 동안은 전 세계적인 건축 쓰나미가 이어질 것이다. 아시아의 다른 국가와 라틴아메리카의 여러 국가 역시 놀라운 속도로 성장하고 도시화하고 있지만 새로 생기는 건축물은 대부분 슬럼 형태에 건축의 질 역시 형편없다. 현재 공사 중인 환경에 대한 결정, 즉 어디에 무엇을 어떻게 지을지에 대한 사람들의 결정은 앞으로 여러 세대에 걸쳐 수십억 명의 삶에 영향을 미친다. 지나친 비약이라고 여겨지면 다음에 밖에 나가 걷거나 차를 타고 이동할 때 주변을 둘러보기 바란다.[6] 그리고 미국인들이 집이라고 부르는 장소 가운데 약 80퍼센트가 60년 전까지만 해도 존재하지 않았다는 사실을 떠올려보라. 이제 스스로에게 물음을 던져보자. 지금 눈에 보이는 건물과 거리, 공원 가운데 80퍼센트가 지금보다 기능과 구조가 뛰어났다면 당신과 당신의 부모, 형제, 자녀의 삶은 어땠을까? 모든 동네가 활기 넘치고 주민들끼리 어울리기 쉬운 환경이었다면 어땠을까? 저렴하고 편리한 대중교통을 쉽게 이용할 수 있다면 어땠을까? 모든 주택과 아파트에서 걸어갈 수 있는 거리에 디자인이 뛰어나고 잘 관리된 공원이 있거나 집에서 공원이 보인다면? 모든 집과 직장, 교실에 자연광이 들어오는 커다란 창문

미국의 건설 현장.

중국의 건설 현장.

038

이 있다면? 이 모든 게 가능했다면 당신과 당신이 사랑하는 사람들의 삶은 지금과 달랐을 것이다. 마찬가지로 개성이라고는 하나도 없는 복잡한 고층 빌딩 숲 어딘가에 위치한 어둡고, 좁고, 특색 없으며 창문조차 없는 상자에서 살았다면 그 삶도 지금과는 달랐을 것이다.

우리를 둘러싼 환경이나 창문 밖으로 보이는 대상은 건축의 산물이기는 하지만 기본적인 수준의 '디자인' 과정조차 거치지 않은 것이 대부분이다. 미국에서 만들어지는 새로운 건축물 가운데 85퍼센트는 (새로운 다리, 도심 속 공원, 주택 단지, 학교 증축 공사 할 것 없이) 부동산 개발업자나 개인 고객의 의뢰를 받은 건축 회사 손에서 탄생한다. 건축업자들은 디자이너(건축 환경 디자인에 관여하는 전문가들을 통칭하는 용어로 건축가, 조경 건축가, 실내 건축가, 도시 디자이너, 도시 계획가, 토목 기사, 관련 공무원 등을 의미한다)를 완전히 배제한 채 작업하는 경우가 많다. 간혹 디자이너를 고용한다 해도 자신들이 만든, 즉 디자인에 대한 기본적인 전문 교육조차 받지 못한 사람들이 그린 설계도를 검토하고 승인하는 간접적인 역할만 주로 맡긴다.

미국은 물론 대부분의 국가에서 많은 사람이 전문 교육을 받은 디자인 전문가를 고용하는 일을 불필요한 비용 지출로 여긴다. 실제로 자산이 풍부한 개인이나 기업은 건축물에 아름다움과 명성을 더하기 위해 디자인에 돈을 지급하고, 문화적으로 의미 있는 작품을 남기고자 하는 공공 기관이나 사설 기관은 고층 건물 같은 복잡한 구조물을 만들 때 실력 있는 전문가를 고용하곤 한다. 하지만 그리 일반적인 일은 아니다.

디자인에 대한 몇 가지 오해들

경제적 요소를 제외하고 볼 때, 건축에서 디자인이 뒷전으로 밀리는 이유는 무엇일까. 건축 환경에서 대부분의 프로젝트를 의뢰하고 판단할 때 상호보완적인 다음 두 개의 기준을 따르기 때문이다. 가장 중요하게 생각하는 기준은 바로 안전이다. 다리와 건물, 공원, 도시 경관은 건축 법규와 법률, 감독관들이 강조하는 기준에 맞춰 중력과 바람을 이겨내고 기후변화와 세월의 상흔을 견딜 수 있도록 건설해야 한다. 전기 시스템과 층계 같은 좀 더 규모가 작은 시설물은 사람들을 놀라게 하거나 실수를 유도해서는 안 된다. 두 번째로 중요한 기준은 기능이다. 사람들은 건물이 기관 또는 개인이 일상적으로 필요로 하는 바를 효과적, 실질적으로 만족시켜주기를 기대한다. 그러면서 많은 경우 소모되는 자원(공간, 시간, 돈)은 최소한에 그치기를 바란다.

충분히 납득할 수 있는 일이다. 사람들은 안전과 기능성이 타협할 수 없는 요소라고 생각하기 때문이다. 하지만 이를 감안하더라도 새로운 건축 프로젝트의 미적 요소와 구성 방식, 사용자가 이를 경험하게 될 방식('디자인' 방식)을 전혀 고려하지 않는 경우가 너무 많다. 디자인이 인간에게 미치는 영향에 대한 질문을 체계적으로 탐구하는 경우도 거의 없다. 사람들은 디자인이란 아키텍처architecture와 관련되어 있으며 이는 단순히 건물을 짓는 빌딩building과 다르다고 생각한다. 워싱턴 국립 성당과 동네에 있는 교회가 다른 것처럼 말이다.

이렇게 아키텍처와 빌딩(더 일반적으로 표현하자면 디자인과 유용성)을 구분하는 것은 잘못된 방법이다. 우리는 점차 우리를 둘러싼 모든 건축 환경 디자인이 굉장히 중요하며 안전과 기능만 중시해서는 안 된다는 사실을 배우고 있다. 모든 디자인 요소는 환경에 대한 경험뿐 아니라 스스로에 대한 경험에도 영향을 미친다. 좋은 디자인(정성 들여 구성한 질서 체계와 패턴, 감각을 활성화하는 재료와 질감, 신중하게 계획한 공간의 흐름)이 만들어내는 통일성 있는 장소는 사람들에게 매우 긍정적인 영향을 준다. 도시 공간과 조경, 건물(규모가 작거나 보통 수준이라도)은 인간의 삶에 깊은 영향을 미친다. 이들은 우리의 인지와 감정, 행동을 형성하고 행복에도 크나큰 영향력을 행사한다. 또한 우리가 자의식과 자아정체성을 형성하는 데도 도움을 준다.

익히 알고 있듯이 긍정적인 감정은 생명을 연장하고 삶의 질을 높인다. 하지만 디자인이 인간의 행복과 사회의 안녕에 얼마나 광범위한 영향을 미치는지 아는 사람은 매우 적다. 현재 우리 사회의 공공정책과 시장경제는 디자인의 중요성을 경시한다. 주변 환경을 계속해서 새로 만들고 개조하는 과정에서 디자인을 고려하는 일은 매우 드물다. 전 세계에 걸쳐 건축 활동이 폭발적으로 증가하는 지금 우리는 당혹스러운 진실, 즉 건축 환경에 대한 무관심이 우리의 삶을 갉아먹는다는 사실을 똑바로 마주해야 한다. 이대로 놓아두면 건축 환경이 우리 후손들의 삶까지 좀먹을 것이다.

'환경'이라는 단어를 들으면 대부분은 자연을 떠올린다. '환경 혁명'이라는 단어는 인구 과밀과 환경오염을 마음속에 떠올리게 한다. 특히 지구를 둘러싼 오존층을 파괴해 심각한 기후변화를 유발할 가능성이 있는 탄소 배출로 인한 환경오염이 떠오를 것이다. 하지만 사실 '환경'이라는 단어는 단순히 우리를 둘러싼 장소와 대상, 상황을 포함한 공간을 의미한다. 그래서 생태학적, 사회적, 가상, 건설이라는 단어와도 붙여 쓸 수 있다. 환경 요소는 풀이나 나무, 살과 피, 단어와 이미지, 페인트와 바이트_bytes일 수도 있고 벽돌과 아스팔트, 강철일 수도 있다. 우리가 벽돌과 석재, 나무, 가공 목재, 유리, 강철, 석고 보드 등이 주요 구성 요소인 환경에서 살고 있는 만큼 건축 세계를 올바른 방향으로 바꾸는 데 필요한 혁명을 환경 혁명이라고 말할 수 있을 것이다.

우리가 건축하고, 살아가는 환경은 우리는 물론 자녀들의 건강에도 영향을 미칠 수 있다. 또한 우리와 우리가 사랑하는 이들을 똑똑하게도, 멍청하게도 만들 수 있다. 우리를 평온하게 혹은 의기소침하게, 의욕 넘치게 혹은 심드렁하게도 만들 수 있다. 특히 영향력이 큰 요소는 건축 환경의 '디자인'이다. 디자인이 훌륭하고 적절하게 구성된 환경은 건강과 인지, 사회적 관계에 좋은 영향을 미친다. 이런 환경은 우리의 노동생산성이나 신용카드, 대출 상환 수표보다 우리의 존재 자체가 더 가치 있다는 메시지를 준다. 그러기 때문에 우리를 둘러싼 건물과 조경, 도시 공간 디자인을 개인의 취향 문제로 치부해서는 안 된다.

이 책은 우리 모두에게 건축 환경 개선을 통해 인간 복지를 끌어올릴 수 있도록 최선을 다해 정책 과제와 실질적인 계획을 마련해야 한다고 제안한다. 또한 건물과 조경, 도시에서 인간이 살아가는 방식에 대한 기본 지식을 확장해줄 연구 프로그램을 개발하고 자금을 제공하고 연구를 수행해야 한다고 요구한다. 그리고 사적 영역과 공적 영역에 속한 의사 결정자들에게 좋은 디자인을 위해 애써줄 것을 간곡히 요청한다. 그뿐 아니라 디자이너들에게는 이미 다른 분야 사람들은 잘 알고 있는, 인간 경험의 구조에 관해 배우는 데 자원과 관심을 쏟을 것을 장려한다.

　지금부터 공공 광장에 서 있는 전령처럼 중요한 소식을 큰 소리로 전하고자 하니 모두 귀 기울여주기 바란다. 우리를 둘러싼 건축 환경의 형태는 대부분 시장을 비롯한 여러 이해관계에 따라 결정되며 그 과정에서 사회나 지역의 이익은 무시당하곤 한다. 우리가 지난 20년간 배운 것이 있다면 바로 인간은 합리적 행위자가 아니라는 사실이다. 적어도 대부분의 경우는 그렇다. 우리는 인간의 인지와 사회적 행동, 경험에 대해 알고 있는 내용을 바탕으로 건축 환경을 생각하고 경험한다. 이를 바탕으로 판단할 때 우리 대부분이 살아가는 장소는 여러 측면에서 (때로는 많이 때로는 적게) 우리가 필요로 하는 장소와 다르다. 우리의 내적, 개인적 경험이나 사회집단의 구성원으로서 행동하는 방식에 부합하지 않는 것이다.

　이 책의 1장에서는 현존하는 건축 환경이 생각하고 느끼고 행동하는 인간의 방식에 얼마나 적합한지 살펴보면서 이를 평가한다. 2장에서는 일반적인 도시 경관과 도시의 랜드마크를 통해 인간이 건축 환경을 경험하는 방식의 기본 내용을 살펴본다. 또한 우리의 사고와 개인적, 사회적 삶을 형성하는 데 큰 영향을 미치는 건축 세계에 대한 경험의 기저에서 작용하는 비의식적 인지 기제도 설명한다. 이어지는 세 개의 장에서는 다양한 건물과 조경, 도시 환경을 검토하며 우리가 처한 상황에 따라 건축 세계에 관한 경험이 어떻게 결정되고, 형성되고, 변화하는지 구체적으로 파헤친다. 3장에서는 신체 속, 4장에서는 자연 세계 속, 5장에서는 사회 세계 속에서 인간이 건축 세계를 어떻게 경험하는지 살펴본다. 6장은 지금껏 알게 된 내용을 모두 한데 모아 인간을 위한 건축 환경 디자인의 기본 원칙을 제시한다. 그리고 마지막 7장에서는 우리가 알아낸 사실의 함의를 논하고 어떻게 하면 이를 중심으로 현재는 물론 앞으로 인간의 행복을 증진시키는 방향으로 건축 환경을 디자인할 수 있을지 고민해본다.

후손에게 어떤 세상과 사회를 물려주고 싶은가? 이 질문은 1943년 에도 긴급한 답을 요구했다. 독일군의 공격으로 런던에 위치한 국회의 사당의 하원의사당이 파괴되자 윈스턴 처칠Winston Churchill은 영국 국회 의원들에게 정사각형 방에 긴 벤치 두 줄을 놓아 서로 마주 보게 하는 식, 즉 기존과 똑같은 형태로 의사당을 재건하도록 투표하라고 설득했 다. 각 당 의원들이 사용하는 이 벤치는 서로 대립하는 두 정당을 상징

런던 블리츠(제2차 세계대전 당시 독일 공군이 런던을 공습한 사건-옮긴이) 이후 하원의사당.

한다. 처칠은 의자 배치가 상징하는 양당 체제가 영국 의회 민주주의의 근본이라고 주장했다. 디자인이 어떻게 일상의 경험을 형성하는지 강조하면서 처칠은 이렇게 말했다. "우리가 건축을 만들지만, 다시 그 건축이 우리의 모습을 만들어간다."[7]

우리는 처칠이 한 선언의 중요성을 완전히 간과해왔다. 건축 환경 자체에 대한 논의도 거의 이루어지지 않는다. 대중매체에서 일부 내용을 다루기는 하지만 대부분 '스타 건축가'나 가볼 만한 여행지, 주택 인테리어에 초점을 맞춘다. 그러는 사이 인지신경과학과 인지지각 분야에서 놀라운 발전이 일어나 인간과 건축 환경의 관계가 인간 경험에 중요한 이유와 그 관련성을 정확히 설명할 수 있게 되었다.

몇몇 저자들은 건축 환경 디자인이 사회적 상호작용의 성격과 유형을 형성하는 데 뚜렷하게, 또 미묘하게 미치는 영향을 생각해보게 한다.[8] 제인 제이콥스Jane Jacobs는 1961년에 발표한 『미국 대도시의 죽음과 삶The Death and Life of Great American Cities』에서 전후 등장한 미국의 도시 계획을 대대적으로 비판했다. 제이콥스는 슬럼 철거 및 개발 정책을 비판하며 좋은 의도로 개입하더라도 사람들의 삶에 큰 해를 끼칠 수 있다고 주장했다. 또한 도시와 도시 속 장소의 형태는 도시 거주자들이 사회적, 개인적 삶을 사는 방식에 대한 경험적 지식에 기반해야 한다는 의견을 제시했다. 이는 수십 년 동안 공공 공간에 머무는 사람들을 조사하고 행인들을 끌어들이거나 내모는 디자인 요소를 탐구한 도시 계획 전문가 윌리엄 H. 화이트William H. Whyte와 맥을 같이하는 의견이다. 제이콥스가 책을 출간한 지 약 10년 후, 오스카 뉴먼Oscar Newman은 『방어 공간Defensible Space』에서 제이콥스가 비판한 공공 주택 프로젝트의 디자인과 범죄 발생률을 연계해 제이콥스의 주장이 사실임을 입증했다. 뉴먼은 동질성과 반복성, 시선sight line의 부재 같은 디자인 요소가 사람들이 자신이 사는 장소와 정서적 유대감을 형성하는 데 방해가 된다고 보았다. 그리고 이로 인해 자신이 속한 공동체에 대한 책임감도 발달시키지 못한다고 주장했다. 덴마크의 유명 도시 계획 전문가 얀 겔Jan Gehl은 최근 제이콥스와 화이트, 뉴먼의 연구 내용을 확장해 도시 환경을 생기 넘치게 만드는 데 기여하는 디자인 요소를 구체적으로 명시했다. 이들 요소 가운데는 '소프트' 에지, 보행 친화성, 활기찬 1층 공간, 가변성 등이 있다. 제이콥스와 화이트, 뉴먼, 겔의 연구 내용은 디자인이 사람들의 사회적 삶에 미치는 대대적인 영향을 아주 잘 보여준다.[9]

　한편 건축 환경이 인간의 '개인적' 경험을 형성하고 이에 영향을 미치는 방식을 분석한 연구는 대부분 이론적 추론에 그치거나, 철학적 추측의 영역으로 밀려났다. 이와 관련한 대표적인 저서로는 가스통 바슐라르Gaston Bachelard의 『공간의 시학The Poetics of Space』과 에드워드 케이시Edward Casey의 『장소로 돌아가기Getting Back into Place』가 있다. 예외적으로 『도시환경디자인Image of the City』을 쓴 케빈 린치Kevin Lynch가 관련 내용에 대해 경험적 연구를 했는데 이는 무려 50년도 더 된 일이다. 린치는 도시 거주자들과 면담을 진행하고 게슈탈트 심리학의 기본 원리를 이용해 도시 거주자들이 도시와 도시 속 자신의 위치를 이해하는 데 필요한 직관적인 틀을 구성했다. 그는 사람들이 복잡한 환경 속에서 길을 찾을 때 구체적인 디자인 요소에 의존해 도시 구조에 관한 내면의 인지 지도를 만든다는 사실을 밝혀냈다. 이 인지 지도는 '랜드마크'(에펠탑), 시각적 경계로 확실하게 정의되는 '모서리'(파리의 대로를 잇는 선),

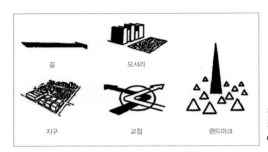

길, 모서리, 교점, 랜드마크:
길 찾기의 중심 원리, 케빈 린치의
『도시환경디자인』.

중심 또는 광장이나 주요 교차로 같은 '교점'으로 이어지는 경계가 확
실한 '길' 등의 조합으로 구성된다.

　　우리가 개인적으로 건축 환경을 경험하는 방식에 대한 모든 연구
가운데 실질적으로 입증된 내용은 케빈 린치의 연구 결과뿐이다. 랜드
마크와 모서리, 길, 교점은 인간의 뇌가 공간 탐색과 인지 지도 제작에
이용하는 중요한 도구다. 최근 한 인지신경과학자 집단(에드바르 모세
르Edvard Moser와 마이브리트 모세르May-Britt Moser, 존 오키프John O'Keefe)은 린치
가 밝혀낸 길과 교점 개념을 재해석하고 한층 더 구체화했다.[10] 합동 연
구 결과 노벨 생리의학상을 받은 세 사람은 뇌의 통합 체계 안에 있는
그리드 세포와 함께 기능하는 장소 인식 세포와 건물 인식 세포를 발
견했다. 우리 뇌 속에 있는 내부 GPS가 어떤 공간 안에서 방향을 찾을
수 있게 도와주는 것이다. "우리는 어떻게 자신의 위치를 아는 걸까?
어떻게 한 장소에서 다른 장소로 가는 길을 찾을 수 있는 걸까? 어떻게
이 정보를 저장했다가 다음에 같은 길을 갈 때 다시 꺼내 볼 수 있는 걸
까?" 이들의 발견 덕분에 우리는 지금껏 알 수 없었던 이런 질문에 드
디어 답할 수 있게 되었다.

린치의 연구로 인해 인간이 건축 환경을 경험하는 방식과 건축 환경의 영향력에 대한 후속 연구의 필요성이 대두되었다.[11] 학계에서도 주목받지 못하는 변방에서 연구가 계속 이어졌다. 하지만 연구 결과가 건물을 구입하거나 그 안에 사는 사람들(고객) 또는 디자이너의 눈과 귀, 마음에까지 도달하는 경우는 거의 없었다. 그러다 점차 많은 영역에서 이런 질문에 대한 해답을 찾기 시작했고 도시, 건축, 실내 디자이너들과 학문 분야 연구원들, 의료 산업계가 힘을 합치기 시작했다. 아직 규모는 작지만 계속 성장 중인 신경건축학회Academy of Neuroscience for Architecture도 답을 찾으려 애쓰고 있다.

경험적 디자인의 중요성

건축 환경이 우리의 내적, 외적 세계를 어떻게 형성하는지 탐구하려면(일반적인 표현으로 우리가 건축 환경을 어떻게 '경험하는지' 탐구하려면) 우선 '경험'이라는 단어의 의미를 분명하게 규정해야 한다. 경험이란 내가 존재한다는 사실만으로 생성되는 게 아니다.[12] 경험의 특성은 통합성에 있다. 통합성은 경험의 모든 구성 요소에서 관찰되며 이들에게 의미를 부여한다. 이 특성은 우리가 마주치는 모든 것을 여과하고 해석하는 인간의 마음이 만들어낸 산물이다.

지난 20년 사이 과학계와 사회과학계에서 (건축이나 건축 환경 '자체'에 초점을 맞춘 경우는 거의 없지만) 마음의 작용에 대한 방대한 양의 지식이 쏟아져 나왔다. 이 지식들을 종합하면 놀라운 사실을 알게 된다. 바로 인간 경험에 대해 알려진 바를 건축 환경의 디자인과 구성에 통합하지 않는 한 건축 환경은 인간의 필요를 충족할 수 없다는 것이다. 건축 환경은 집에 사는 가족이나 놀이터에서 노는 학생, 기업의 물류 센터나 사무실에서 열심히 일하는 직원 할 것 없이 모두에게 영향을 미친다.

계속해서 등장하는 인간의 지각과 사고방식에 대한 새로운 연구 결과는 인간이 환경과 떼려야 뗄 수 없는 관계라는 사실을 보여준다. 우리가 스스로 인식하지 못한 채 무언가를 보는 방식, 비非의식적으로 패턴을 이루는 벽의 선들을 보는 방식, 천장의 층고나 형태를 인식하는 방식, 방을 비추는 조명의 세기와 특성에 반응하는 방식, 중력에 대한 직관적인 감각이 약해지거나 활성화하는 방식, 돌바닥의 냉기를 상상하는 방식은 물론, 사람이 느끼는 정서적 행복감과 사회적 상호작용, 심지어 신체적 건강까지도 크든 작든 그 사람이 사는 장소에 영향을 받는다. 1960년대에 접어들면서 점점 많은 과학자들이 인간의 사고 과정(인간의 인지)을 과학적으로 연구할 수 있으며 이는 인간의 경험에 행동만큼이나 중요한 역할을 한다고 주장하기 시작했다. 이때부터 심리학계는 '인지'를 연구하기 시작했고 관련 분야는 빠르게 발전했다. 점차 탄력을 받던 인지혁명은 활동 중인 인간의 뇌를 과학적으로 연구할 수 있게 해준 영상과 컴퓨터 신기술이 등장한 1990년대 들어 훨씬 더 빠르게 진행되었다.

우리는 인지가 우리의 건축 환경 경험에 직간접적으로 영향을 미치는 방식 또는 건축 환경 경험이 인지를 촉진하는 방식에 대해 몇십년 전보다 훨씬 많은(과거보다 100배는 많은) 내용을 알고 있다. 또한 수세기 동안 전해 내려온 좋은 건축과 조경, 도시 디자인에 대한 전통적이고 과학적인 지식 가운데 옳은 내용도 있지만 많은 부분이 틀리다는 사실도 안다. 인간의 기억과 학습의 구조, 감정과 인지의 관계에 대해 알고 있던 기존 지식은 완전히 뒤집어졌다. 린치와 그 뒤를 이은 학자들 덕분에 이제 우리는 공간 탐색 기제를 이해할 수 있고, 이런 기제가 우리 일상에 필수적인 다른 여러 인지 과정에서 중요한 역할을 한다는 사실도 알게 되었다. 또한 지각과 행동으로 이어지는 결심은 연속적으로 일어난다기보다는 동시에 맞물려 일어난다는 사실도 안다. 무엇보다도 인지의 상당수가 실제로는 비의식적이며 연상적이라는 사실을 알았다는 점이 가장 중요하다.

이제 우리에게는 건축 세계를 생각하고 경험하는 방식을 이해하기 위한 새로운 개념 틀이 필요하다. 인간의 뇌는 심리학자와 철학자, 디자이너들이 최근까지 생각해온 것과 근본적으로 다른 존재이기 때문이다. 내가 어렸을 때만 해도 심리학자들은 인간 발달 단계 초기의 중요한 시기가 지나면 뇌의 기능 형성이 끝난다고 굳게 믿었다. 그 시기가 지나면 새로운 뉴런이 생성되지도 않고 연결망이 새로 구축되지도, 사라지지도 않는다고 생각했다. 그런데 2000년, 런던 택시 운전기사들을 대상으로 한 일련의 연구 결과 런던의 지리를 암기하는(린치는 이를 인지 지도 작성이라고 표현했다) 대대적인 교육을 받은 운전기사들의 뇌(주로 해마)에서 확실한 변화가 감지되었다. 또한 이미 발달이 끝난 성인이라도 우리가 환경(인간적, 사회적, 물리적, 건축적 환경과 조경, 도시)에서 무엇을 경험하고 어떻게 반응하는지에 따라 뇌가 계속해서 역동적으로 바뀐다는 연구 결과가 속속 등장했다.[13] 뇌 신경계의 적응성이 뛰어나다는 사실은 인지를 이해하는 데 중대한 영향을 미친다. 우리가 새로운 내용을 배워감에 따라 뇌도 형태를 바꾸고 삶 전반을 변화시킨다는 의

미이기 때문이다. 지난 몇 세기 동안 사실로 받아들였던 내용과는 반대로 우리의 인생과 마음은 우리가 사는 물리적 환경에 대한 경험에 따라 변화하며 '말 그대로' 형성된다.

관련 내용을 많이 알수록 우리가 지금껏 만든 환경 그리고 앞으로 만들어갈 환경이 인간의 행복을 증진할 수 있을지 생각하고 조사하고 판단하는 데 도움이 된다. 그리고 새로운 지식을 알게 될수록 우리가 지금껏 믿어온 도시, 건축, 조경, 건축 환경과 사람의 관계에 대해 다시 논의해야 할 필요성이 점차 대두된다. 우리는 낙관적인 태도와 희망을 가지고 이를 재논의해야 한다. 나는 꽤 오랜 세월 건축 환경을 연구하고 관련 글을 써오면서 우리의 건축 환경이 지금보다 훨씬 나아질 수 있다고 분명히 밝혔다. 건축 과정의 매 순간 건물과 조경, 도시의 질을 끌어올리기 위해 우리가 할 수 있는 일은 상당히 많다. 많은 경우 형편없는 건물(또는 조경, 도시 경관)을 만드는 데 필요한 자원은 심지어 좋은 건물을 만들 때와 큰 차이도 나지 않는다.

건축을 설명한다는 것의 어려움

당신이 앉아 있는 방의 형태와 천장의 높이, 형태, 색상을 살펴보기 바란다. 벽의 질감과 구조, 바닥 표면의 부드러움 또는 딱딱함은 어떤지 생각해보라. 가까운 곳에 있는 내부 공간의 풍경과 (창문이 있다면) 창문 밖에 펼쳐진 야외 풍경도 바라보라. 공기의 질과 온도, 귀에 들려오는 소리의 특성, 가구의 종류와 배치, 조명 종류와 세기를 생각해보라. 가까운 방이나 다른 장소로 이어지는 통로의 배치 형태를 살펴보고 당신의 위치를 기준으로 어떻게 배치되어 있는지도 따져보라. 이 모든 요소가 당신에게 영향을 준다. 이들은 당신이 인식한 방식 그리고 당신이 생각조차 하지 못한 방식으로 당신의 행복과 건강에 영향을 미친다. 같은 공간에 있는 타인과의 상호작용 방식(심지어는 상대를 이해하는 방식)에도 영향을 준다. 또한 자신이 지금 있는 장소에 어울리는지 안 어울리는지를 판단해 자의식을 형성하는 데도 영향을 줄 수 있다.

　이 사실이 중요한 이유는 무엇일까? 바로 얼마든지 바꿀 수 있기 때문이다. 당신 주변에 있는 모든 것(지금 앉아 있는 방의 형태부터 집에 들어오는 햇빛의 양, 당신이 사는 주택이나 아파트의 특징, 당신이 이용하는 인도나 도로의 너비와 모양)은 누군가의 '선택'이 만들어낸 산물이다. 의뢰를 받고 만들었든 그냥 만들었든 건축 환경은 모두 인위적인 구성물이다. 다시 말해 얼마든지 다르게 만들 수 있었다는 뜻이다. 게다가 건축 환경 대부분은 새로 만들 수 있으며, 앞으로 수십 년 사이에 수많은 건축 환경이 새롭게 만들어질 것이다. 우리 앞에는 세상을 더 좋은 장소로 만들 수 있는 무궁무진한 기회가 펼쳐져 있다.

　20세기 후반을 대표하는 멋진 건물을 여럿 만든 미국 건축가 루이스 칸은 건축 환경 디자인이 인간의 삶에 미치는 강력한 영향을 입증하고자 노력했다. 칸은 말했다. "카라칼라 욕장을 보라. …… 목욕탕 천장 높이가 45미터가 아니라 2.5미터라 해도 목욕하는 데는 아무 지장이 없다는 사실을 모두가 알고 있다. 하지만 45미터라는 높이는 우리를 완전히 다른 사람으로 만든다."[14] 칸이 유명한 로마 시대 목욕탕의 고상함을 설명하면서 직관적으로 남긴 이 말은, 당시 본인은 알지 못했겠지만 지금은 사실임이 증명되었다. 최근 연구 결과 사람은 천장이 높은 방에 앉아 있을 때 더 창의적으로 생각하고 추상적인 개념에 더 잘 반응한다

고 밝혀졌다. 즉, 자신이 '자유롭다'고 느끼는 사람은 더 창의적으로 생각할 가능성이 높다.

내게 건축은 항상 모든 사람이 누려야 하는 가장 중요한 예술로 느껴진다. 우리를 둘러싼 건물과 조경, 도시 경관은 건축을 의뢰하거나 자금을 댄 사람들의 삶에만 영향을 미치는 것이 아니다(투자 목적으로 건설된 건축 환경은 보통 투자자가 아닌 다른 사람들이 사용한다). 이들은 수많은 사용자와 행인에게 영향을 준다. 게다가 대부분의 건물과 조경, 도시 지역의 수명은 인간의 수명보다 길어서 건축 환경 조성에 실제로 관여한 사람들은 물론 그다음 세대, 때로는 그 이후 세대에까지 영향을 미친다.

물론 일부 사람들, 특히 디자인 전문가들은 디자인의 중요성을 잘 안다. 하지만 디자인이 '왜' 중요한지 설명하라고 하면 대부분 쩔쩔맨다. 좋은 건축을 지지하는 작은 비영리조직을 운영하고 있는 지인이 있다. 그녀는 뉴올리언스의 제방이 무너지거나 랜드마크 건물 철거가 예정되거나 형편없을 게 분명한 부동산 개발 허가가 떨어지는 등 디자인 업계를 강타하는 위기가 벌어질 때면 동료들과 모여 건축 환경의 현실을 한탄한다. 이들은 모두 디자인에 열정을 불태우는 전문가다. 그녀는 한때 내게 불만을 늘어놓았다. 동료들 모두 디자인이 '중요하다'고 말하지만 그 이유에 대해서는 누구도 제대로 얘기하지 못한다고.

과거에는 그랬을지 모른다. 하지만 이제는 그 이유를 말할 수 있다.

카라칼라 욕장에 관해 루이스 칸은
"45미터라는 높이는 우리를 완전히 다른 사람으로 만든다"라고 말했다.

1장

우리가 살아가는 지루한 건물과
유감스러운 장소

가장 먼저 권태감이, 이어서 절망이 자리 잡는다.

아무리 떨쳐내려 애써도 점점 커질 뿐이다.

침묵하는 사각형 공간에는 그런 힘이 있다.

—마크 스트랜드Mark Strand, 「투 드 키리코스 2. 불안하게 하는 뮤즈들Two de Chiricos 2. The Disquieting Muses」

주위를 둘러싼 디자인 요소나 물체의 유해성을 사람들이 모른다 해서

그것들이 유해하지 않다고 할 수는 없다.

—리하르트 노이트라Richard Neutra, 「디자인으로 살아남기Survival Through Design」

건축 평론을 시작한 지 얼마 되지 않았을
때《아메리칸 프로스펙트The American Prospect》담당 편집자가 내가 기고한
글의 표제를 바꾼 적이 있다.[1] 편집자가 보낸 교정쇄를 보니 내 제목이
밋밋하다고 생각했던 모양이다. '지루한 건물들'이라는 새로운 표제는
매우 인상적이었다. 소제목을 보니 푸념 섞인 내 목소리가 들리는 듯했
다. '미국 건축은 왜 형편없는가?' 그 글을 발표하고 15년이 흐르는 사
이 미국을 비롯한 전 세계의 정치적, 사회적, 경제적 지형은 크게 달라
졌다. 9·11 테러로 세상은 전보다 타인을 더 의식해야 하는 훨씬 위험
한 곳으로 바뀌었다. 인터넷과 디지털 기술은 사람들의 의사소통과 쇼
핑 방법, 사생활을 누릴 권리의 본질은 물론 자의식까지 바꿔놓았으며
경제통합을 가속하고 전 세계가 경제적, 사회적, 문화적으로 이어지게
만들었다. 하지만 15년이 지난 지금까지도 그 글의 제목은 현재진행형
이며 미국뿐 아니라 다른 나라도 별반 다를 것이 없다.

네 가지 유형의 유감스러운 공간

우리가 사는 공간에 만연한 빈곤을 대표적으로 보여주는 네 가지 유형의 환경이 있다. 남극을 제외한 모든 대륙에서 수백만 명이 거주하는 판잣집을 보면 디자인을 전혀 고려하지 않은 건축 환경이 삶의 질을 놀라울 만큼 떨어뜨린다는 사실을 알 수 있다. 하지만 수억 명이 집이라고 일컫는, 부동산 개발업자가 만든 단독주택과 판잣집이 즐비한 슬럼을 비교해보면 자금이 더 있다고 해서 문제가 해결되는 것은 아닌 듯하다. 자금이 풍부한 뉴욕시 고등학교의 디자인을 자세히 살펴보면 사람들은 건축 환경을 우선시하는 일이 얼마나 중요한지 모르는 게 분명하다. 지금껏 수집한 모든 정보와 프리츠커 상Pritzker Architectural Prize을 받은 건축가 장 누벨Jean Nouvel이 디자인한 런던의 아트 파빌리온art pavilion에서 알게 된 내용을 종합하면 충분한 자원을 이용해 적절한 우선순위에 따라 성의 있게 만든 건축물이라 해서 전부 훌륭하지는 않다는 사실을 알 수 있다. 방금 제시한 빈곤한 건축 환경의 네 가지 예는 우리를 둘러싼 건축 환경이 얼마나 형편없는지와 이런 상황까지 오게 된 복합적인 원인을 보여준다. 이런 원인을 고려해보면 슬럼 지역의 문제는 자금 부족에서만 기인한 게 아니라는 사실을 알 수 있다.

물론 슬럼은 자금이 매우 부족한 지역이다. 2010년, 끔찍한 지진으로 아이티 주민 150만 명이 집을 잃었으며 아직까지도 많은 사람이 임시로 만든 대피소에서 지낸다. 아이티의 가슴 아픈 참상을 담은 수많은 기록 가운데 포르토프랭스 루데레일스 거리 중앙에 줄지어 있는 판잣집 사진도 있다. 이재민 가족들은 지붕은 방수포, 바닥은 흙인 단칸방 판잣집에 거주한다. 자동차와 트럭이 덜커덩거리며 집 양쪽을 쌩하고 달린다. 전기도, 수도 시설도 없다. 사생활도 없이 밤낮으로 소음에 시달린다. 신선한 공기도, 깨끗한 물도 없다. 매일 좌절감만 남기는 건축 환경 속에서도 올곧은 정신과 존엄성을 유지하려고 애쓰는, 불운한 사람들만 있을 뿐이다.

2010년 대지진 1년 후 루데레일스의 삶. 아이티 포르토프랭스.

슬럼의 판잣집

앞의 사진이 유례없는 대재난 이후 살아가기 위해 몸부림치는 사람들을 담고 있기는 하지만, 그들의 주거 환경은 단 두 가지 점에서만 특이하다. 하나는 나란히 선 거주지 바로 옆을 자동차들이 줄지어 아주 빠르게 달리고 있다는 점이다. 또 하나는 지붕이 보통 건축에서 쓰는 금속, 플라스틱 조각, 지푸라기, 썩어가는 합판, 널빤지가 아닌 천으로 된 방수포라는 사실이다. 이 두 가지만 제외하면 아이티 판자촌의 모습은 도처의 다른 슬럼과 매우 흡사하다. 브라질의 파벨라, 튀니지 같은 프랑스어권 나라들의 비동빌, 남아프리카공화국의 타운십, 자메이카와 파키스탄의 샌티타운, 칠레의 캄파멘토스, 그 밖에도 보통 '슬럼'이라고 통칭되는 세계 곳곳의 빈민촌 말이다. 해당 지역의 명칭, 건물에 사용한 재료, 주거 공간의 빈곤 수준, 절망감의 정도는 경제 수준, 문화, 기후, 대륙에 따라 다르다. 하지만 기본적인 주거 형태는 모두 동일하다. 전기와 위생 시설 같은 기본적인 인프라조차 부족하고 잡동사니가 가득 찬 불결하고 비좁은 방 한두 칸에 한 세대, 가끔은 무려 삼대까지도 함께 지낸다.

남아시아 인구의 30퍼센트, 인도의 2대 대도시 뭄바이와 델리 거주자의 50~60퍼센트가 슬럼에 산다.[2] 뭄바이 다라비 슬럼의 인구밀도는 편차가 크긴 하지만 약 260만 제곱미터당(약 79만 평 – 옮긴이) 38만 명에서 130만 명에 달하며 이는 맨해튼 인구밀도의 5~19배에 해당한다. 아프리카 사하라 사막 이남 지역 인구의 60퍼센트도 슬럼에 산다.

아프리카 슬럼 지구.

멕시코시티 외곽에 퍼져 있는 세계 최대의 슬럼 인구는 무려 400만 명에 달한다. 모두 합하면 지구에 사는 사람 7명 가운데 1명꼴로 총 10억명, 도시 거주자 가운데 3분의 1이 슬럼에 거주하는 셈이다. UN 해비타트의 주거와 슬럼 환경 향상 기구Housing and Slum Upgrading Branch는 슬럼이 '세계에서 가장 빠르게 성장하는 주거지'이며 2030년이 되면 슬럼에 사는 인구가 두 배 이상 늘어날 것으로 예측한다.

포르토프랭스나 뭄바이, 라고스의 구멍 난 판잣집 같은 물리적 환경은 그곳에서 성장한 아동에게 어떤 영향을 미칠까?[3] 사람으로 북적이는 정신 사나운 집에 사는 아이들은 넓은 공간에서 자란 아이들보다 전체적으로 발달이 느리다. 학교 수업도 잘 따라가지 못하고 학교나 가정에서 문제 행동도 더 많이 일으킨다. 사람이 너무 많아 소음을 통제할 수 없고 사생활이 거의 없는 환경에서는 질서를 찾기 어렵다. 이런 혼잡한 집에서 자란 아동은 정신적, 심리적 문제를 겪을 확률이 높다. 아동들은 면적당 거주하는 사람 수가 적을수록 가정환경에 대한 자신의 통제력이 크다고 느낀다. 자신의 통제력이 약하다고 느끼는 아동의 경우 안정감과 자율성, 행동력, 유능감이 줄어들며 의욕 또한 사라질 가능성이 크다.

판잣집 디자인이 삶에 미치는 영향은 이뿐만이 아니다. 인구 과밀과 사생활 결여, 주변 소음은 아동의 감정 통제 능력을 약화하고 효율적으로 문제를 해결하거나 인생의 어려움에 맞서는 능력을 저해한다. 그래서 슬럼에 사는 아동들은 주어지는 기회 자체가 적기도 하지만 기회가 오더라도 붙잡을 능력이 부족하다. 갑자기 눈앞에 놀라운 행운이 찾아온다 해도 아이티의 루데레일스에서 태어나 자란 사람은 수준 낮

은 건축 환경에서 성장하지 않은 사람에 비해 더 힘든 삶을 살 가능성
이 높다. 질 낮은 어려운 환경에서 성장한 경험이 '평생의' 역량을 갉아
먹는 것이다.

교외의 주택 단지

디자인이라고는 찾아볼 수 없는 빈곤만이 행복을 저해하는 게 아
니다. 자원이 풍부한 미국 중산층이나 중상류층의 주택 단지를 보면 알
수 있다. 위치와 가격, 소비층, 디자인이 완전히 다른 두 신규 주택 단지
를 살펴보자. 일리노이주 플래이노에 있는 레이크우드 스프링스는 시
카고 서쪽으로 자동차를 한 시간쯤 달려가면 나오는 교외다. 중산층을

부동산 개발업자가 지은 중산층 교외 주택.

부동산 개발업자가 지은 고급 교외 주택.

위한 소규모 단지로, 미국 중서부 평원에서 볼 수 있는 전형적인 평탄한 대지 위에 주택이 죽 늘어서 있다. 레이크우드 스프링스의 집은 전통적인 중서부 농가를 두 가지 기본 스타일로 재해석해 지은 듯하며, 완만한 커브 길과 막다른 골목을 따라 높이가 낮은 단층집과 2층짜리 주택이 번갈아 서 있다. 두 번째로 살펴볼 곳은 매사추세츠주 니덤에 있는 대형 주택 단지다. 이곳의 집은 규모가 더 크고 배열 형태도 더 다양하지만 건축 양식은 부동산 개발업자들이 자주 사용하는 틀에서 벗어나지 않는다.

크기와 가격 차이에도 불구하고 20만 달러짜리 플래이노 주택과 100만 달러짜리 니덤 주택의 기본 특징과 문제점은 매우 흡사하다. 우선 두 주택 모두 핵가족을 위한 공간이다. 하지만 인구가 고령화되고 가족 구성이 바뀌고 있는데도 두 주택 모두 노인 부부나 장애인이 홀로 지내기에는 적당하지 않다. 대지 면적은 거의 비슷하며(니덤이 약간 크다) 부지 중앙에 놓인 집은 앞마당과 뒷마당 사이에 샌드위치처럼 끼어 있다. 보통 차고를 통해 집에 출입하기 때문에 '앞'문은 쓸쓸하게 거리만 응시하고 있으며 '앞'마당은 거의 사용하지 않는다. 지역 주민이 이용할 수 있는 서비스가 부족하고 단지 내 주택 배치도 주민 친화적이지 않은 탓에 서로 자발적으로 어울리며 상호작용할 기회는 제한적이다.

플레이노와 니덤의 주택은 숙련된 노동력이 필요 없는 간단한 건축 공법으로 규격 재료를 사용해 만들어졌다. 환경 친화적인지 의심스러운 재료는 저렴하고 조잡한 데다 목재는 환경을 염두에 두지 않고 잘라냈으며 집 구석구석에 설치한 PVC 배관의 휘발성 유기 화합물이 토양으로 흘러들어 주민들이 마시는 물을 오염시킨다. 방이라는 공간을 시각적으로 구분한 석고 벽에는 방음이나 단열 효과가 거의 없다. 상투적인 평면도를 사용하고 대충 획일적으로 방을 구획한 탓에 창문 배치는 엉망이고 방은 부지의 특성을 전혀 고려하지 않은 위치에 자리한다. 바람이 불어오는 방향이나 태양 광선의 경로에도 전혀 신경 쓰지 않았다. 그래서 어떤 집은 거실이 어두운 반면 어떤 집은 햇빛 때문에 눈이 부시고, 어떤 침실은 너무 추운 반면 어떤 침실은 너무 덥다. 형편없는 디자인이 만들어낸 단점은 성능 좋은 난방 장치와 인공조명으로 교묘하게 가렸다.

뉴욕시의 고등학교

어쩌면 당신은 더 부유한 동네의 주택이나 공공시설, 조경은 한층 멋질 거라고 생각할지 모른다. 물론 그런 곳도 있지만 그렇지 않은 곳이 더 많다. 아들이 다닐 학교를 고르면서 내가 직접 경험한 바를 이야기해보겠다. 몇 년 전, 우리 가족은 뉴욕시로 이주하려고 준비하면서

학생들의 학습 공간인 학교 건물. 워싱턴 DC의 사이드웰 프렌즈 중학교(키에란팀버레이크KieranTimberlake).

곧 고등학생이 되는 아들에게 잘 맞을 만한 학교를 찾아 맨해튼과 브루
클린의 사립학교 여러 곳을 방문했다. 그중 어퍼 맨해튼(맨해튼 내에서
도 부촌에 속하는 지역 – 옮긴이)에 학부모 대부분이 마음에 들어 할 학교
가 있었다. 서로 맞닿아 있는 여러 채의 건물을 이용해 유치원부터 고
등학교 과정까지 운영하는 학교였다. 나무가 많은 거리에 위치한 이 학
교의 입구 위로는 리처드슨 로마네스크 양식의 고동색과 황갈색 돌벽
의 짙은 그림자가 드리워 있었다. 하지만 40년쯤 전에 지은 듯한 새 건
물을 사용하는 고등학교는 교외에서 쉽게 찾아볼 수 있는 획일적 형태
의 고등학교와 다를 바 없어 보였다. 표준 이하의 교실들은 콘크리트
블록으로 만든 사각 동굴 같았다. 교실 바닥에는 일반적인 카펫이 깔려
있고 천장에는 흰색 기본 방음 타일이 붙어 있었다. 또한 책걸상은 모
두 철제였다. 9학년과 10학년, 11학년 교실 옆 복도는 리놀륨 타일로
마감되어 있어서 북적거리는 놀이터 여기저기에서 공을 튀길 때처럼
소리가 벽에 반사되어 시끌시끌했다.

그게 다가 아니었다. 점점 복잡해지는 인간관계를 헤쳐나가는 법
을 배워야 할 사춘기 아이들이 모인 학교에 이 중요한 과제를 수행할
수 있는 공간이 단 하나뿐이었다. 학생들은 격식을 차리지 않아도 되는
그 공간을 '늪'이라고 불렀는데 공간의 외관이 아니라 그곳에서 자신들
이 느끼는 감정을 담은 별명 같았다. 버려져 표류해 온 듯한 소파들만
덩그러니 놓여 있는, 복도에 대충 덧붙여 만들어놓은 비좁은 늪은, 다
수 그룹에 끼거나 외떨어져 있는 것 외에 다른 선택지는 제공하지 않는
불친절한 공간이었다. 또한 잠자리와 귀뚜라미, 메뚜기처럼 울어대는
십 대들의 소리 탓에 귀가 먹먹했다.

연구 결과에 따르면 디자인이 학습 환경 개선에 중심 역할을 한다고 한다. 최근 영국의 34개 학교에서 학생 751명을 대상으로 디자인이 학습 진도에 미치는 영향을 연구한 결과 색상, 선택권, 복잡성, 유연성, 조명, 연결성이라는 여섯 가지 디자인 변수가 학습에 커다란 영향을 주며 건축 환경 요인에 따라 학생들의 학습 진도가 무려 평균 '25퍼센트'나 차이를 보인다는 사실을 알아냈다. 디자인이 가장 뛰어난 교실과 가장 엉망인 교실에서 공부한 학생의 학습 진도 차이는 일반적인 학생이 '한 학년 동안' 공부하는 양에 달했다.[4] 머리 위에 직접 조명이 있고 리놀륨 바닥에 플라스틱이나 철제 의자가 있는 교실을 쓰는 학생은 커튼과 학습에 적합한 조명, 푹신한 가구가 있어 마치 집처럼 안락하고 차분하게 느껴지는 '부드러운' 교실[5]을 쓰는 학생보다 수업 참여도가 낮고 학습량도 적었다. 빛, 특히 자연광도 학업 성취도를 향상시키는 것으로 밝혀졌다. 교실이 밝은 경우, 특히 자연광을 받아 환한 교실에서는 출석률이 높고 학생들이 문제 행동을 덜 보이며 성적도 더 좋았다. 우리가 방문했던 고등학교처럼 교실에 창문이 없는 경우 학생들의 문제 행동이 증가하고 공격성이 높아지지만, 햇빛이 들고 환기가 잘되는 교실에서는 학생들끼리 잘 화합하고 학습도 잘 이루어진다.[6] 소음이 가득한 집에 사는 아동이 주변 환경을 통제하지 못한다는 무력감을 느끼면 행복도가 떨어지듯이 우리가 학교에서 들었던 것 같은 소음은 학습에 악영향을 끼친다.[7] 소음에 노출된 학생은 스트레스가 쌓이고 결국 학습 능력이 저하된다.

왜 미국에는 학생에게 적합하지 않은 고등학교 건물이 이렇게 많은 것일까? 학습 환경 디자인이 교육 목표 달성을 돕거나 저해한다는

사실이 연구를 통해 충분히 증명된 지금도 왜 계속 과거와 같은 건물을
사용하는 것일까? 우리가 그날 방문했던 고등학교는 영리 기관도, 자금
난을 겪는 고상한 비영리 기관도 아니었다. 학생들이 대학에 진학하고
성인이 되도록 돕는 시설을 만들면서 학습 환경 디자인을 중요하게 생
각하지 않은 이유는, 이사회가 학교에 관심이 없거나 자원이 부족해서
가 아니라 단지 디자인의 중요성을 몰랐기 때문이다.

2010년 런던 서펜타인 파빌리온

디자인의 중요성을 아는 의뢰인이 충분한 자금을 제공하겠다고 나
선다면 어떨까? 그런다고 무조건 훌륭한 결과물이 탄생하지는 않는다.
런던의 유명 전시관 서펜타인 갤러리가 매년 세계적으로 유명한 건축
가를 선정해 하이드파크에 건설하는 임시 아트 파빌리온을 예로 들어
보겠다. 매년 수많은 인파가 서펜타인 파빌리온을 방문하며, 런던에 직
접 가지 못한 사람들은 신문이나 잡지, 인터넷으로 파빌리온을 접한다.
2010년, 세계를 무대로 활약하던 프랑스 건축가 장 누벨이 서펜타인의
의뢰를 받아 건축한 임시 파빌리온은 강철과 유리, 고무, 캔버스 천이
불협화음을 이루는 각진 사선의 화려한 건물로, 붉은색 표면은 투명,
반투명, 불투명 그리고 빛을 반사하는 재료로 구성되었다. 누벨은 지는
여름 태양의 느낌과 이미지를 형상화하고자 했으며 자신이 만든 '꿈의
건물'은 "감정을 발견하고 여과하며 온기와 즐거움을 느낄 수 있는" 감
정 표출의 공간이므로 방문객들이 이곳에서 "행복감을 느끼기 바란다"
라고 낭만적으로 설명했다.[8]

푸르른 하이드파크에 붉은색 벼락이 꽂힌 듯한 누벨의 파빌리온은

사진으로는 매우 멋져 보인다. 하지만 파빌리온에 오래 머물며 커다란 핏빛 체스판을 사용한 사람은 많지 않으며, 누벨이 의도한 온기와 즐거움을 느낀 사람은 더더욱 없을 것이다. 누벨이 내린 세 가지 중대한 디자인 결정, 즉 날카로운 모서리와 사선으로 잘린 벽과 천장, 붉은색을 입힌 창유리를 비롯한 광범위한 붉은색 사용이 누벨의 의도를 강화하기는커녕 약화했기 때문이다. 2010년에 설치된 서펜타인 파빌리온을 찾은 방문객들은 '행복감'보다는 스트레스로 인한 불편한 기분, 나아가

2010년 서펜타인 파빌리온(장 누벨). 현재 철거됨. 영국 런던.

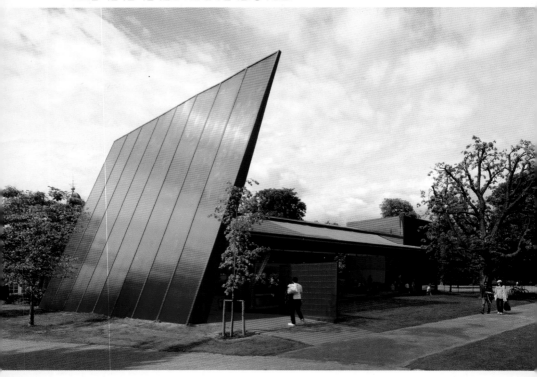

불안감을 느꼈을 가능성이 훨씬 높다.

날카롭고 불규칙적이며 모난 요소를 접하면 인간은 불편함을, 더 나아가 가벼운 공포를 느끼기도 한다.[9] 붉은색과 붉은 조명은 감각을 자극하며 보통 불쾌감을 유발한다.[10] 유아나 정신질환자는 붉은빛에 노출되면 분노와 불안감이 증폭된다.[11] 정신적으로 문제가 없는 성인이라도 붉은색 방에 들어가거나 강렬한 붉은빛에 노출되면 문제 해결 능력과 의사 결정 능력이 떨어지고 생산적인 대화를 나눌 확률이 줄어든다. 또한 사방이 붉은 환경에서는 뇌하수체가 자극을 받아 혈압과 맥박이 상승하고 근육이 긴장하며 땀샘의 활동이 활발해진다.[12] 붉은 공간이 사람을 흥분시키고 활기차게 만드는 것은 확실하지만 이런 자극은 불안한 긴장감을 유발해 분노와 공격성을 보이도록 만들기 쉽다.

당신이 누벨의 파빌리온에 들어갔다고 상상해보라. 토머스 헤더윅Thomas Heatherwick이 2010년 상하이 세계박람회를 위해 건설한 임시 영국 전시관 씨앗 대성당Seed Cathedral에도 갔다고 상상한 뒤 두 경험을 비교해보기 바란다. 보통 수준의 예산으로 만든, 민들레를 닮은 씨앗 대성당은 은빛 인조 잔디 위에 놓여 있다. 단순한 상자 형태의 목재 구조물 안팎으로 튀어나온 아크릴 막대 6만 개의 끝부분에는 큐왕립식물원Kew Royal Botanic Gardens 산하 밀레니엄 종자은행에서 가져온 씨앗을 넣었으며 이들 씨앗의 수를 다 합치면 총 25만 개에 달한다. 일정한 간격으로 씨앗 대성당에 꽂혀 있는 깃털 모양의 투명 막대는 태양광을 흡수해 파빌리온 내부로 전달한다. 그리고 막대마다 작은 광원이 들어 있어서 밤에는 솜털 같은 씨앗 대성당의 불빛 6만 개가 바람에 잔잔히 흔들리며 어둠을 밝힌다.

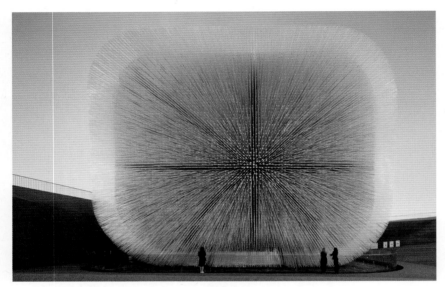

씨앗 대성당. 2010년 세계박람회 파빌리온(토머스 헤더윅). 중국 상하이. 현재 철거됨.

씨앗 대성당. 합성수지 막대 안에 든 씨앗 막대.

두 파빌리온은 같은 해에 만들어졌지만 누벨의 작품은 초조한 불안감, 헤더윅의 작품은 잔잔한 기쁨이라는 완전히 다른 경험을 선사한다. 두 경험을 비교해보면 양극단에 있는 환경 디자인이 인간의 생각과 기분에 얼마나 많은 영향을 주는지 알 수 있다. 이런 영향은 '평범하고 일상적인' 디자인에서도 똑같이 나타난다.

슬럼의 판잣집, 교외 주택 단지, 뉴욕시 고등학교, 2010년 런던 서펜타인 파빌리온은 전부 실패한 건축 환경을 보여주는 대표적인 예다. 그리고 이런 실패는 생각보다 훨씬 자주 관찰된다. 아이티의 예는 자원이 너무 부족한 상태에서 만들어진 삶의 공간은 거주자에게 부적절하며 더 나아가 해로운 영향을 미칠 수밖에 없다는 사실을 보여준다. 하지만 다른 세 가지 예, 즉 교외 주택 단지와 고등학교, 유명 건축가가 만든 파빌리온을 생각하면 이야기가 복잡해진다. 디자인과 건설 과정에 자원을 많이 투입한다 해도 결과물이 엉망일 수 있다는 사실을 보여주기 때문이다.

왜 우리 대부분은 지루한 건물에서 살고, 인생의 많은 부분을 질 낮은 장소나 경관 속에서 보내야 하는 걸까?

자원 부족이 주된 이유는 아니다. 투입한 비용과 관계없이 디자인은 좋을 수도, 나쁠 수도 있다. 좋은 디자인은 건물과 경관, 도시 지역을 풍성하게 만든다. 나중에 설명하겠지만 세상에서 가장 가난한 사람들을 위한 주택이 수많은 사람이 거주하는 슬럼과 파벨라보다 나을 수도 있다. 플래이노와 니덤 주택 단지에는 충분한 자원이 투입되었다. 그런데 문제는 건물과 인프라, 조경 디자인을 결정할 때 과거 방식을 그대로 답습하고 손익만 따지는 태도로 접근했다는 점이다. 그래서 거주자의 행복한 삶을 위해 제대로 기능하지 못하는, 나쁘게 말해 더 해를 끼치는 무의미한 환경이 탄생했다. 뉴욕시 고등학교 이사회는 자원이나 성의가 부족했던 게 아니라 디자인이 학생의 인지 능력과 정서, 학습 태도와 성취도, 행복한 삶과 협동 능력에 큰 영향을 미친다는 사실을 몰랐을 뿐이다. 그리고 2010년 서펜타인 파빌리온이 보여주듯, 자금과 지식이 풍부한 의뢰인과 뛰어난 디자이너가 합심해 만든 건축물이라 해서 디자인이 성공적이라는 보장도 없다.

　부동산 개발업자들은 왜 현대의 생활 방식과 동떨어진 실속 없는 단독주택을 짓는 걸까? 엘리트 고등학교 이사회는 왜 학습에 도움이 안 되는, 아니 오히려 학습을 저해하는 건물을 오랫동안 사용해온 것일까? 세계적으로 호평받는 건축계의 리더이자 멋진 건축물을 많이 만든 누벨이 하이드파크에 세운 '행복한' 파빌리온은 왜 목적을 달성하지 못했을까?

　전부 정보가 부족한 탓이다. 디자인이 얼마나 중요한지 안다면 다들 디자인에 더 신경을 쓸 것이고, 더 신경 쓴다면 디자인은 달라질 것이다.

우리는 질 낮은 건축 환경의 대가를 치르고 있다

　이제 앞서 제시한 네 가지 예를 벗어나 새로운 시선으로 전 지구의 풍경을 자세히 살펴보자. 과연 사람들에게 필요하거나 불필요한 풍경은 무엇일까? 낮은 건물이나 높은 건축물, 대도시 계획과 교외 지역 디자인, 도로 경관부터 조경에 이르기까지 어디에서든 앞서 제시한 예와 비슷한 현상을 자주 관찰할 수 있다. 자원이 풍부한 국가나 도시, 조직에 속한 사람들이라고 해도 잘못된 판단으로 만들어낸, 디자인이 형편없는 실패작으로 둘러싸인 공간에서 살아간다. 수십억 명이 그 대가를 치르고 있지만 대부분은 자신의 발아래와 머리 위 환경이 자신들이 겪는 사회적, 인지적, 정서적 문제의 근원이라는 사실을 모른 채 살아간다.

디자인이 꼭 필요하지 않은 사치품이라는 생각은 버리자. 건축 환경은 우리의 신체와 정신 건강에 영향을 미친다. 또한 인지 능력과 공동체를 형성하고 유지하는 방식에도 영향을 준다. 건축 환경은 삶의 모든 면에 작용하며 삶의 다양한 측면이 서로 영향을 주고받는 까닭에 그 영향력은 점차 강화된다. 아스팔트로 뒤덮인 도시는 우리가 자연과 건강한 관계를 쌓지 못하게 방해한다. 인프라나 도시 지역, 교외 주거지, 조경, 도시 경관, 개별 건물, 그 무엇을 보아도 우리 눈에 비치는 것은 지루한 건물과 진부한 공간, 재미라고는 찾아볼 수 없는 풍경뿐이다.

도시 생활에 필요한 최소한의 인프라

인프라는 국가 경제 성장 엔진의 실린더에 해당한다. 하지만 개발 도상국과 미국을 포함한 부유한 국가의 한심한 인프라 디자인과 정비 수준은 우리 사회가 경제 성장에 필수적인 건축 환경조차 등한시함을 보여준다. 우리가 일상적으로 지나는 불안정한 다리와 부식되고 약한 배관은 이따금 사고가 날 때만 대중의 관심을 끈다. 2013년, 미국토목

학회American Society of Civil Engineers, ASCE는 조사 결과 미국 내 인프라 시스템은 수용력이 부족한 데다 상태조차 형편없다고 밝혔다. ASCE는 학교에 다닌 사람이라면 누구나 아는 방식으로 미국 내 필수 인프라 시스템에 점수를 매겼는데 '성적표'는 가히 충격적이었다. 대중교통 시스템은 D+, 도로는 D, 공원과 위락 시설은 C+에 불과했다. 수십 년간 방치한 탓에 2013년 당시 인프라를 '최저' 기준에 부합하게 만들려면 향후 7년 동안 '3조 6000억 달러'가 필요하다는 결과가 나왔다.[13] 일본과 서부 유럽 여러 국가의 인프라는 미국보다 상태가 좋지만 아프리카와 라틴아메리카의 여러 국가, 아시아 일부 국가는 인프라가 열악하거나 제 역할을 거의 하지 못한다. 인도의 경우 인프라가 워낙 열악해서 일부 지역에서는 국민이 사비로 도로나 하수도 설비, 심지어 다리를 놓기도 한다. 하지만 이렇게 만든 인프라는 보통 돈을 낸 사람만 사용할 수 있다. 아프리카와 라틴아메리카에는 배수나 하수도, 교통, 정보기술 인프라가 전무한 국가가 많으며 최근 조사 결과에 따르면 라틴아메리카에서는 인프라 건설을 위한 공공투자마저 줄어들고 있다.[14]

　빠르게 성장 중인 아시아와 도시화가 진행 중인 라틴아메리카, 아프리카 등 개발도상국 도시는 서로 다른 특징을 보인다. 같은 국가 안에서도 도시의 모습은 각기 다르다. 워싱턴 DC는 뉴욕시와 다르고, 베이징은 상하이와 다르며 뭄바이, 라고스, 로스앤젤레스, 상파울루도 각기 다른 모습을 보인다. 하지만 서로 모습은 다를지라도 지구상의 여러 도시가 생각 없이 만들어진 질 낮은 도시 공간 때문에 고통받고 있다는 사실은 똑같다. 턱없이 부족한 '녹색' 공간, 건물과 조경의 질이나 재료, 건물과 공간의 관계는 주민의 개별적, 전체적 행복을 증진하기는커녕 해치기 일쑤다.

자연과의 접근성

인간은 야외로 나가 자연과 함께하기를 갈망하며, 반대로 자연과 단절되면 고통을 겪는다. 하지만 자연과의 접촉이 얼마나 기본적인 욕구인지 아는 사람은 별로 없다. 자연은 인간에게 거의 즉각적으로 유익한 영향을 준다.[15] 자연 풍광을 20초만 접해도 빨라진 심장 박동이 진정되고 3분에서 5분 정도 지나면 높은 혈압도 정상으로 돌아온다. 자연은 말 그대로 우리를 치유한다. 담낭 수술을 받은 뒤 낙엽수가 보이는 병실에 머문 환자는 벽돌이 보이는 병실에 머문 환자보다 회복 속도가 빨라 '거의 하루 먼저' 퇴원한다. 진통제 요청 횟수를 보면 자연과 접해 있는 환자가 통증도 덜 느낀 것으로 보인다.

사람들은 자연과 가까운 도시 환경을 선호하고 녹색 공간이 풍부한 도시는 늘 살고 싶은 장소 순위 상위권에 머무른다. 대규모 집단을 상대로 살고 싶은 동네를 결정할 때 우선시하는 요소를 조사하면 '자연 접근성'이 항상 1, 2위에 꼽힌다.[16] 주거 공간 창문으로 풀이나 녹지가 보이는 것만으로도 사는 동네에 만족할 가능성이 높아진다.[17] 그럼에도 세계 주요 도시의 공공 녹지 비율은 콜롬비아 수도 보고타가 4퍼센트, 부에노스아이레스가 8.9퍼센트, 이스탄불이 1.5퍼센트, 로스앤젤레스 6.7퍼센트, 뭄바이 2.5퍼센트, 파리 9.4퍼센트, 서울 2.3퍼센트(2016년 이전 자료 기준), 상하이 2.6퍼센트, 도쿄 3.4퍼센트로, 10퍼센트에도 미치지 못한다.[18] 도시 내 녹지 비율을 높이는 데는 정치권의 의지가 매우 중요한 역할을 한다. 런던, 싱가포르, 스톡홀름, 시드니처럼 녹지 비율이 35퍼센트 이상인 도시는 대부분 정부가 적극적으로 공공자원을 관리하고 공공복지 향상을 위해 애쓰는 곳이다.

보건과 복지

공중보건과 인간복지 관점에서 볼 때 세계 여러 도시와 도시 근교 지역은 개방된 공간이 부족하고 건축 재료는 너무 싸구려에 건축물의 품질은 형편없다. 자연재해를 겪고 나면 도시를 건축할 때 공사가 끝난 직후부터 금이 가고 무너지는 저급한 콘크리트를 썼는지 안 썼는지를 알게 된다. 도시와 근교 지역에는 저급한 목재와 독소를 내뿜는 조잡하게 가공한 복합재가 가득하다. 마구잡이로 연결한 투박한 디자인의 문

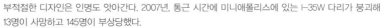

부적절한 디자인은 인명도 앗아간다. 2007년, 통근 시간에 미니애폴리스에 있는 I-35W 다리가 붕괴해 13명이 사망하고 145명이 부상당했다.

설주와 몰딩, 도시 환경의 주요 구성물인 싸구려 플라스틱이 곳곳에서
눈에 띈다. 싸구려 건축물은 도시를 해체한다. 싸구려 건물이 가득한
도시는 삶의 수준을 떨어뜨린다.

우리는 인간의 생리적, 심리적 욕구에 부합하려면 도시와 건물이
수면이나 식사 같은 기본적인 필요를 만족시키는 수준을 넘어 사회적
관계를 확장시키고 공동체 소속감을 길러줘야 한다는 사실을 잘 알고
있다. 지리적으로 특색 있는 장소 사이의 상호작용을 통해 공동체의 성
격이 형성된다는 사실을 알면서도 인간의 사회적 상호관계의 특성이나
건물과 부지의 상관관계에 관심을 기울이지 않는다. 업무 공간에서는
사생활 보호에 대한 욕구가 쉽게 무시당한다. 하중을 잘 견디는 벽돌로
지은 건물은 비가 자주 오는 질척질척한 기후에는 적당해도 가뭄이 잦
은 지역에서는 실용성이 떨어지지만 이들 지역의 건물 디자인은 대동
소이하다. 건축업자는 현장 근처에서 재료를 구하는 대신 대륙 건너편
에서 대량으로 운송해 들여온다. 해당 지역의 건축 관행을 간과하거나
고의로 무시하기도 한다. 중국 등 여러 지역에서는 빠른 속도로 대규모
건물을 건설하기 위해 현장의 기후와 문화, 자재, 건축 관행을 무시한
다. 한편 사하라 이남 아프리카 국가 도시에서는 체계적인 도시 계획과
규정이 부족해 비슷한 현상이 벌어진다.

소음

상상력과 관심 부족이 만들어낸 도시 디자인은 눈에 보이지 않는
방식으로 우리에게 해를 끼치기도 한다. 대도시 길모퉁이에 서서 눈
을 감고 가만히 귀를 기울여보라. 날카로운 브레이크 소리, 트럭에 실

린 화물이 덜컹대는 소리, 빠르게 돌아가는 엔진 소리, 소방차와 구급차, 경찰차의 사이렌 소리가 고막을 뚫고 들어온다. 시카고, 댈러스, 마이애미, 뉴욕, 필라델피아, 피닉스, 샌프란시스코 등 미국 도시의 북적이는 거리 주변 소음 수준은 55~60데시벨을 훌쩍 뛰어넘는다.[19] 55~60데시벨은 일상 대화의 소음 수준으로 미국 환경보호국 공중보건 당국과 WHO(세계보건기구)가 일상을 살아가는 데 안전하다고 규정한 수준이다. 그런데 뉴욕 지하철 승강장 소음 수준은 대략 110데시벨로 이는 반경 1미터 거리 안에서 전기톱을 작동할 때 발생하는 소음과 비슷하다.

　공중보건 당국은 어른 기준 도시 소음 수준이 제트기가 이륙할 때와 같은 140데시벨(어린이는 120데시벨)을 넘으면 '절대' 안 된다고 규

유해한 수준의 소음을 유발하는 뉴욕시 지하철 승강장.

정하지만 실제 소음 수준은 이보다 높다. 유럽연합의 사정도 더 나을 바 없다. 표준 생활 수준이 세계적으로 높은 편에 속하는 나라에 거주하는 유럽연합 사람들 가운데 40퍼센트 정도는 건강과 행복을 위협하는 소음 수준에 노출되어 있다.[20] 소음 방지 관련 법령이 더 적거나 잘 시행되지 않는 개발도상국의 상황은 훨씬 열악하다.

과도한 소음은 난청을 비롯한 다양한 문제를 낳는다. WHO는 소음이 건강의 여러 측면에 미치는 해로운 영향을 정리해 발표했다.[21] 앞서 말했다시피 소음은 환경에 대한 개인의 통제감을 감소시킨다. 주거지역에서 발생하는 30~35데시벨 이상의 소음은 수면 사이클을 교란해(잠에서 깨지 않는다 해도) 숙면을 방해하고 이는 더 많은 신체적, 정서적 문제를 일으킨다.[22] 55데시벨 이상의 환경소음에 계속해서 노출되면 호흡 리듬이 흐트러지고 65데시벨이 넘는 소음은 심혈관계에 악영향을 준다.[23] 환경소음이 80데시벨(트럭이 계속해서 고속도로를 지날 때 발생하는 소음 수준)을 넘으면 공격적인 행동을 보이거나 정신질환을 겪을 위험성이 높아진다.

공항 근처에 있는 학교를 다니는 아이들은 학습에 꼭 필요한 집중력과 끈기, 학습 의욕, 세심한 주의력 같은 다양한 인지 기능이 저하된다.[24] 독해력도 떨어지기 때문에 학력검사 결과도 뒤처진다. 가끔 기차가 주변을 지나기만 해도 아동의 학습 능력은 저해된다. 기차선로 근처 학교에 다니는 학생들을 대상으로 학업 수행 능력을 비교한 결과 기차선로에 면한 교실을 쓰는 학생들이 복도 건너 더 조용한 교실을 쓰는 학생들보다 학업 능력이 떨어지는 것으로 드러났다.

교외 생활과 교외 풍경도 마찬가지다

사람들은 도시 생활의 병폐와 고역에서 벗어나 좀 더 조용하고 평화로운 삶을 살고자 도시를 떠나 교외로 간다. 하지만 교외 지역 디자인은 다른 측면에서 삶을 피폐하게 만든다. 교외의 여러 풍경은 텍사스주의 플래이노나 매사추세츠주의 니덤처럼 사람들로 하여금 장소에서 의미를 찾기 어렵게 한다. 어째서일까? 오래전부터 교외 지역 개발은 지역 또는 전국 단위의 거대한 부동산 개발업체가 담당해왔다. 1949년에는 미국 건축 회사의 10퍼센트가 미국에서 건설된 주택 가운데 거의 70퍼센트를 만들었는데 현재 주택 건설업계의 독과점 현상은 50년 전보다 더 심해졌다.[25] D. R. 호튼D. R. Horton과 NVR, 풀트그룹Pulte Group은 공사 지역의 기후나 현장의 지형, 건축 재료의 산지에 거의 관심을 두지 않는다. 이익 논리에 따라 건설 계획을 짜고 건물 디자인과 조경을 결정하기 때문에 최대한 반복해 사용할 수 있는 평범한 디자인과 빠르고 쉬운 건설 방식을 추구한다.[26] 옛날부터 지금까지 쭉 그래왔다.

차량 이동이 필수인 고립된 환경

구시대적인 토지 사용 규정과 건축 법규도 문제를 악화시킨다.[27] 많은 지자체가 과거에 만든 토지 용도 제한법을 여전히 고수하기 때문에 공동체 중심의 지속 가능하고 밀도 높은 복합 개발이라는, 21세기에 걸맞은 우수한 도시 디자인을 실현할 수 없다. 주거 시설을 업무 지구

개발도상국의 스트레스와 소음, 과밀 인구. 방글라데시 다카.

와 경공업 지대, 심지어 쇼핑 시설과 구분하여 밀도 있는 개발을 막는 토지 용도 제한법 때문에 지각 있는 개발업자도 교외 공동체를 활기차게 만들려면 많은 난관을 극복해야 한다. 시대착오적인 건축 법규는 향상된 품질의 재료와 과거보다 뛰어난 새로운 건축 방식을 폭넓게 도입하려는 건전한 시도를 가로막는다. 쉬운 과거의 관행을 반복하는 사이 혁신은 점점 멀어진다.

건강한 생활방식과 자연과의 교감을 바라고 교외로 이주한 사람들은 생각지 못했던 문제들을 마주한다. 교외 생활에서 차는 필수품이다. 아이들을 학교에 데려다줄 때도, 장을 볼 때도, 직장에 갈 때도, 볼일을 보러 갈 때도 차를 타야 한다. 시속 55~65킬로미터로 달리기 적당하고 자동차 핸들의 회전 반경에 맞게 디자인한 전형적인 교외 동네는 걷거나 자전거를 타기보다는 자동차로 다니기에 적합하다. 그 결과 앉아 있는 시간이 많고 차량 의존도가 높아져 미국과 다수 선진국 국민들은 건강을 위협받고 있다.[28] 공중보건 전문가 리처드 잭슨Richard J. Jackson은 "차에서 보내는 시간이 많을수록 비만이 될 확률이 높다"라고 단호하게 경고한다. 기력을 빼앗고 자원과 시간을 허비하게 하는 통근 시간까지 고려하면 위험성은 더 커진다. 자동차에 의존하는 정적인 생활방식은 미국 성인의 약 40퍼센트가 비만이며 70퍼센트가 과체중인 원인 가운데 하나다.[29] 과체중은 심혈관계 건강과 근력에 악영향을 주고 2형 당뇨(성인이 된 후 복합적인 이유로 인슐린 저항성이 증가하여 생기는 성인 당뇨병 - 옮긴이)에 걸릴 위험을 증가시킨다.

사생활 보호라는 미명 아래 교외 지역은 사회적 고립을 유도하고 사회적, 민족적으로 유사한 집단이 모여 살며 편협한 시각을 지니게 만

고속도로 통근.

'똑같은 상자 모양의 하얀 집들'. 라스베이거스 근교. 항공사진.

들 수도 있다.[30] 교외 거주자들은 (관련 증거에 따르면) 배경과 사상, 정
서가 서로 다른 사람들과 어울리기는커녕 다양한 공공 영역에서 활동
할 때 얻을 수 있는 사회화와 인간화 효과마저 누리지 못한다. 그뿐 아
니라 친밀하고 자유로운 인간관계에서 오는 심리적, 사회적 이점도 즐
길 수 없다.[31] 뉴욕 근교의 롱아일랜드나 웨스트체스터카운티, 뉴저지
북부부터 데이드카운티를 비롯한 플로리다 근교 카운티, 댈러스와 피
닉스 주위로 뻗어 있는 방대한 교외 지역, 오렌지카운티, 캘리포니아주
의 로스앤젤레스와 베이 에어리어를 거대도시로 만드는 데 일조한 수
많은 카운티까지, 미국 전역의 교외 지역이 같은 문제점을 드러낸다.

권태로운 자연 경관

사람들이 교외로 이주하는 주된 이유는 잘 알려져 있다시피 조금
이라도 자연과 가까이 살고 싶어서다. 하지만 역설적이게도 교외 주택
단지는 좋은 자연 환경이 제공하는 다양한 경험을 누릴 수 없게 만든
다. 심리학자들은 자연이 사람에게 안정과 활력을 준다는 사실을 여러
번 증명했다. 하지만 교외 거주자들이 만들어낸, 띠 모양 땅 위로 관목
과 잔디를 반복적으로 배열한 자연은 대량생산 라인에서 만들어낸 '소
프트스케이프'(관목이나 꽃과 같은 살아 있는 원예 요소 - 옮긴이)처럼 보이
며 이는 활력보다는 무기력을 선사한다.[32] 소설가 도나 타트Donna Tartt의
작품 『황금방울새The Goldfinch』에 나오는 주인공 시오는 라스베이거스 전
원주택 단지에서 받은 놀라운 느낌을 설명한다. "눈을 들어 보니 번화
가 상점은 사라지고 작은 회벽 집이 끝없이 이어져 있었다. 표백한 듯
새하얀 똑같은 상자 모양 집은 공동묘지에 줄지어 있는 묘비를 떠올리

조경 디자인에 신경 쓴 교외 주택은 거의 없다.

게 했고 그 사이로 간간이 밝은 파스텔 색(민트, 진분홍, 뿌연 진청)으로
칠한 집이 보였다. ······ 나는 재미 삼아 전부 똑같아 보이는 집 사이에
서 서로 다른 점을 찾기 시작했다. 어떤 집은 출입구가 아치형이고, 어
떤 집에는 수영장이나 야자나무가 있었다."[33] 나중에 시오는 "동네에
랜드마크가 없어서 우리가 어디로, 어느 방향으로 가고 있는지 알 수
없었다"라고 말한다. 똑같은 쿠키 틀로 찍어낸 듯한 주택의 내부 공간
에는 규모만 작다뿐이지 똑같은 권태감이 자리 잡고 있다.[34] 이런 주택
단지의 유사 목재로 만든 주방 수납장과 바닥은 사람들이 갈망하는 다
양한 시각적, 촉각적, 후각적 자극을 제공하지 못한다. 교외 주택 단지
의 이런 전형적인 특징은(도시 주택 다수도 같은 특징을 띤다) 교외 지역을
도시만큼이나 인간의 행복을 저해하는 공간으로 만들며, 도시를 떠나온

사람들이 갈망했지만 손에 넣지 못한 것들이 무엇인지 잘 보여준다.

도시와 교외 할 것 없이 조경을 디자인과 통합하려는 노력은 찾아보기 힘들다. 건물 밖에 있는 공공 공간(잔디밭이나 광장, 공원, 나무와 식물, 꽃, 풀 등 녹색이 가득한 인공적 혹은 자연적인 야외 공간)은 디자인하거나 관심을 기울일 가치가 없는 부수적인 공간으로 취급하는 경우가 많다. 도시에 생뚱맞게 놓여 있는 조형물이나 벤치, 관목이 듬성듬성 올라온 천편일률적인 교외의 잔디밭은 그 결과물이다.

역사상 가장 비싼 도로

보스턴의 대규모 중심동맥/터널 프로젝트Central Artery/Tunnel Project, 일명 빅딕Big Dig은 조경 디자인 관리에 대한 대중의 무관심과 정부의 무능력을 만방에 보여주었다. 빅딕은 보스턴 시내를 가로지르는 93번 주간州間고속도로의 고가를 철거하고 지하화해 찢어진 도시를 하나로 이어주는 프로젝트였다. 미국에서 가장 규모가 크고 예산이 많이 든 도시 프로젝트로, 1990년부터 2007년까지 진행되었고, 총 240억 달러 이상이 들어갔다. 그 결과 미국 역사상 가장 비싼 도로가 탄생했다. 그럼에도 공사가 끝난 뒤 몇 년 동안 보스턴시와 매사추세츠주가 대출 이자로 지출한 액수(1억 달러)가 빅딕으로 생겨난 지상 조경에 들인 총액보다 많다.[35] 의뢰 기관의 주문이었든 실무자의 태만 때문이었든 간에 빅딕 프로젝트 관련자 대부분은 도시 디자인과 건축, 조경을 부차적 작업으로 여겼다. 그래서 무엇으로 녹지를 조성할지 결정하는 데도 몇 년

조경 디자인이라기보다 식물을 심어놓은 데 가깝다. 보스턴, 로즈 피츠제럴드 케네디 그린웨이.

이 걸렸다. 그 결과 10년 가까이 지난 지금 로즈 피츠제럴드 케네디 그 린웨이의 공공 공간은 군데군데 교차로가 나 있다. 게다가 그린웨이라 는 이름이 풍자적으로 들릴 정도로, '디자인했다'기보다는 초목을 '심 었다'라는 말이 더 어울린다. 그린웨이 개장 6년 뒤, 《보스턴글로브The Boston Globe》는 이런 기사를 실었다. '8만 1000제곱미터(2만 4500평 – 옮긴 이) 넓이의 그린웨이 가운데 3분의 1은 아직 미완성 상태다. 일부 공원 에는 기본적인 설비와 표지판도 없으며 미술관과 문화 시설을 짓기 위 해 바닥에 돌을 깔아둔 부지는 여전히 휑하다.'[36] 최근에 다시 가봤지만 그때와 달라진 점은 별로 없었다.

우리가 살아갈 환경이 결정되는 과정

지루한 건물과 유감스러운 장소는 어디를 봐도 눈에 들어온다. 과 연 우리의 건축 환경을 책임지는 사람은 누구일까? 결정권자는 누구이 며 어떤 정보를 바탕으로 결정을 내리는 걸까? 과거에 그들은 어떤 결 정을 내렸을까? 오늘날 의사 결정권자들은 어떤 제도적 구조에 놓여 있을까? 그들이 행하는 행동 가운데 어떤 것이 우리와 우리 자녀, 그리 고 그 자녀들이 살아가는 데 긍정적 혹은 부정적 영향을 미칠까?

건축업자와 건축가

건축 환경 디자인에 영향력을 행사하는 힘 있는 집단은 건설 회사 와 관련 제품 제조업자, 부동산 개발업자다. 이들은 이익에 따라 움직이는 사업가다. 전체적으로 보았을 때 건설업은 미국에서 가장 비효율적이고 한심할 정도로 낭비적인 산업 가운데 하나다. 다른 경제 산업 분야에 속한 기업과 달리 건설 회사 대부분은 연구개발에 거의 투자하지 않으며 그러다 보니 혁신에 매우 부정적이다. 그뿐 아니라 건설 회사와 건축 재료, 조명, 마감재 제조업자는 최종 사용자의 요구와 거의 관련이 없거나 약간만 관련 있는 요소, 예를 들어 수송과 저장의 용이성과 관련 비용을 우선시한다.[37] 건설 회사와 건축 환경을 구성하는 제품 제조업자들이 디자인에 접근하는 방식은 제품을 소비자들이 쉽게 조립할 수 있으면서도 부품을 편평한 형태로 포장해 거대한 창고에 보관하기 쉽도록 만들어 높은 이윤을 추구하는 거대 홈퍼니싱 기업 이케아와 유사하다.

주거지나 상업 지구, 다목적 지구를 개발하는 부동산 개발업자들은 인건비, 토지 용도 제한법, 건축 법규 외에도 여러 제약에 맞서 씨름한다. 부동산 개발업자가 어떤 건물을 어떻게 만들지는 경제 상황과 예상 경제성장률, 조달 자금 변동, 현장이 있는 지역의 규정, 노동력의 질, 시장에 나와 있는 건축 재료의 종류에 따라 결정된다. 개발업자가 프로젝트에 사용할 수 있는 기간은 시장의 요건에 따라 결정될 뿐 디자인 품질 향상이나 꼼꼼한 작업 처리와는 관련이 없다. 뉴욕시에서 활동하는 조너선 로즈Jonathan Rose 같은 부동산 개발업체는 빈곤한 지역에서 프로젝트를 진행하고 친환경적이면서 디자인이 우수하고 가격이 합리적인 주택을 만드는 등 폭넓은 사회적 목표를 지향하지만, 결국 부동산 개발이 사업 목적이라는 사실은 변하지 않는다. 공익을 위한 규정이나 강력한 요구가 없다면 개발업자들은 공익을 위한 일이 이윤을 창출할 경우에만 이를 추구할 것이다.

앞으로 이 책에서는 제조업부터 소매업, 사무실 공간에 이르기까지 여러 산업 분야에서 찾아볼 수 있는 수익성 있고 혁신적인 좋은 디자인을 예로 들어 논할 것이다. 하지만 현재 부동산 개발 분야의 구조는 품질 좋은 제품을 생산하고 새로운 시도를 하기 힘들게 만드는 경우가 대부분이다. 거의 모든 프로젝트가 몇 개월에서 몇 년 사이에 필요한 자금을 조달하고 허가를 받고 건물까지 완공한다. 개발업자들은 신규 프로젝트에 자금을 제공한 투자자나 은행에 높은 이자를 지급하며 이자 부담 때문에라도 하루빨리 프로젝트를 완성하려 한다. 이 때문에 개발업자는 기존에 만들어진 설계도와 건물 디자인을 참고하고 익숙하면서도 쉽게 구할 수 있는 기성 건축 재료를 가장 일반적인 방법으로 사용해 평균 수준(실제로는 수준 미달일 때가 많다) 정도의 건축물을 만들어내는 데 만족할 수밖에 없다.

그렇다면 디자이너들은 어떨까? 디자이너는 개발업자보다 대중의 경험적 필요를 더 잘 알고 있을 것이다. 실제로 디자인 학교 대부분은 디자이너가 고객의 주문 사항을 만족시키는 동시에 도시나 장소에 활기를 불어넣는 공적 영역의 수호자 역할을 해야 한다고 가르친다. 하지만 현실에서 디자이너는 (개발업자를 비롯한) '고객'을 위해 일하며 시장 상황에서도 자유로울 수 없다. 단순한 주거 지역이나 상업 지역 개발뿐 아니라 대중의 관심이 집중되는 중요한 프로젝트의 건축 환경도 시장

1WTC 타워(사진 왼편)의 렌더링 이미지. 건축회사(스키드모어, 오윙즈 앤 메릴)는 기단부의 모서리를 각지게 깎아내어 날렵해 보이도록 디자인했지만 결과물은 완전히 달라졌다.

구조와 한계 그리고 그 구조 속에서 일하는 사람들의 결정이 모여 탄생한다. 테러로 허허벌판이 된 뉴욕 로어 맨해튼 그라운드 제로Ground Zero에 들어선 원월드트레이드센터1World Trade Center(이하 1WTC)를 살펴보자.[38] 두바이에 있는 부르즈 할리파와 카얀 타워를 비롯해 세계적으로 유명한 혁신적인 고층 건물들을 설계한 건축 회사 스키드모어, 오윙스 앤드 메릴Skidmore, Owings & Merril(일명 SOM)이 디자인을 맡았지만 1WTC 프로젝트 의뢰인들(뉴욕·뉴저지 항만 관리청, 부동산 개발업자 래리 실버스타인Larry Silverstein, 더스트협의회Durst Organization)은 개장 직전까지도 건축가들의 디자인을 축소시켰다. 그 결과 하늘을 향해 우뚝 솟게 디자인되어 자유의 여신상을 연상시키던 건물은 세 부분(기단부와 수직 기둥탑, 첨탑)으로 분해되어 마치 유치원생들이 만든 블록처럼 바뀌었다. 수직 유리 기둥이 꽂혀 있는 투박한 기단부는 얇은 유리판이 옹색하게 감싸고 있다. 마치 꽉 죄는 반짝이 장식을 둘러놓은 감옥처럼 보인다. 설상가상으로 더스트협의회는 마지막 순간에 첨탑을 둘러싼 우아한 장식 디자인조차 취소해버렸다. 기업 소유주들의 자금 부담이 크다는 이유에서였다. 1WTC는 2010년 런던 서펜타인 파빌리온과 마찬가지로 고도로 훈련된 뛰어난 전문가가 프로젝트에 참여해도 성공을 보장할 수 없다는 사실을 다시 한번 보여준다.

디자인과 실제의 차이는 어디서 비롯될까

무지한 의뢰인이 가하는 시장 압력이 문제일 때도 있지만 인간의 환경적 경험에 대한 디자이너들의 이해 부족이 문제일 때도 많다. 시대 착오적인 건축 교육 탓에 좋은 디자인이 인간의 건강과 행복에 중요한 영향을 끼치는 요소라는 사실조차 모르는 것이다.[39] 인간이 어떤 방식으로 건축 환경을 경험하는지에 대해서 교육하는 디자인 학교는 극소수에 불과하다. 사회학과 환경심리학, 생태심리학 수업에서도 인간의 지각과 인지에 대한 내용은 아예 다루지 않거나 약간만 다룬다. 교육인증원이 지정한 직업 교육 필수 학습 내용에도 없다. 한편 복잡한 기하학 구조, 구조 시스템, 제조와 건설 공정, 파라메트릭 디자인(수학적인 알고리즘, 선, 점, 도형 간의 구속 조건에 의한 관계적 프로세스를 디자인 과정에 적용한 기술 - 옮긴이) 등 기본적이고 전문적인 디자인 논리 체계는 다양하게 가르친다. 물론 이런 과목도 중요하지만 학생들이 만들어낸 결과물을 사용할 사람들이 그 공간을 어떻게 인식하고 사용하고 이해해야 하는지 가르치지 않으면 아무 소용이 없다. 그런데도 학교는 학생들에게 건축 환경이 인간의 인지와 사회적 발달에 미치는 영향에 관해서는 거의 가르치지 않는다.

프로젝트를 계획하고 구현하는 방법을 직접적으로 훈련하는 디자인 스튜디오는 학생들이 담당 교수의 관심을 받기 위해 치열하게 경쟁해야 하는 구조다. 그래서 학생들은 주로 드라마틱하고 겉보기에 좋으며 시선을 사로잡는 형태의, 시각적 충격을 극대화한 디자인을 추구하고 이런 디자인이 좋은 평가를 받는다. 형태와 표현이 독특한 건축물은 자신의 프로젝트가 환경이나 도시 맥락과 분리된 개별적인 대상이며 현실에서 사람들이 건축물을 어떻게 이용하고 경험하는지와 크게 관련 없다고 생각하는 신진 디자이너들의 인식을 강화한다.[40] 영향력 있는 도시 계획가 제프 스펙Jeff Speck은 디자이너들의 이런 인식이 거대 규모의 프로젝트를 개념화할 때 악영향을 미친다고 설명한다. "건축학도들은 블록 단위의 대규모 프로젝트를 수행할 때 블록 전체를 하나의 건물처럼 보이게 만드는 게 그들의 권리일 뿐 아니라 건축가로서의 의무라고 배웁니다. 하지만 비슷한 건물이 늘어선 거리를 180미터 걷는 일보다 8미터 간격으로 다른 경관이 펼쳐지는 거리를 걷는 일이 훨씬 흥미롭죠."⁴¹ 디자인에 CAD Computer Aided Design(컴퓨터 지원 설계)를 이용하는 일이 많아지면서 규모에 대한 학생들의 감각은 더욱 무뎌졌고 그 결과 건물을 고립된 개별 대상으로 디자인하는 일이 늘어났다. 손으로 직접 설계도를 그리면 실물 크기로 디자인하는 기술과 지각 능력을 익힐 수 있지만 이 방식은 거의 컴퓨터에 밀려났다.

　현장에 나간 학생들은 눈에 띄는 시각 구조를 강조하라는 가르침에 매몰되기 쉽다. 미술관이든 하수 처리 공장이든 건축 의뢰를 받고 나면 건축가와 조경 설계사, 도시 디자이너는 여러 종류의 기술이 필요한, 믿기 어려울 정도로 다양한 업무에 직면한다. 의뢰받은 시설의 본질을 이해하기 위해 공부하고 의뢰인의 요구를 확인하며 예산을 비롯한 여러 현실적인 요소를 점검해야 한다. 또한 건설 부지와 지형도 종합적으로 분석해야 한다. 해당 지역의 건축 법규와 용도 구역 규정, 건축 관행, 재료에 대해서도 익혀야 한다. 무엇보다도 사람들이 자신의 디자인을 현실로 구현할 수 있도록 전체적인 계획을 세우고 단계별로 하나씩 계획을 실천해나가야 한다. 건축 환경에 오래도록 존재할 대상을 디자인하는 작업은 할 일이 많고 복잡한, 아니, 복잡함을 넘어 힘겨운 도전이다.

　디자이너가 맡은 과제는 실체가 있는 삼차원 건축물이나 환경을 창조하는 것이다. 디자인 공정에 따라 건축물을 만드는 업무를 수행하다 보면 점차 형태 구성에 집중하도록 훈련이 된다. 하지만 디자인 공정 대부분은 최종 결과물과 비교하면 굉장히 작은 모형을 가지고 진행한다. 상황이 이렇다 보니 그 장소가 실물 규모로 도시나 현장에 자리하면 어떨지, 계절과 시간의 흐름에 따라 사용자에게 어떤 영향을 줄지, 공간을 이동하는 사람들 눈에 들어올 세부적인 디테일은 무엇인지, 규모가 작고 눈에 잘 띄지 않는 소리나 건축 재료, 질감, 건축적 디테일 같은 요소에 대한 사람들의 무의식적인 반응은 어떨지와 같은 사용자 경험을 고려하는 경우는 매우 적다.

전문가들은 디자인 공정 가운데 우리의 삶에서 크게 중요하지 않은 전체적인 구성과 미적 요소를 중시하는 경향이 많다. 오늘날 전문가들이 자신이 맡은 프로젝트를 사진이나 디지털 시뮬레이션 같은 이차원 이미지로 광고한다는 사실도 문제를 더욱 심화한다. 이들은 직접 사진 포트폴리오를 발행하거나 작업 결과물을 소개하는 멋진 웹사이트를 만들기도 한다. 존경받는 당대 건축가 한 사람은 내게 작업 공정을 설명하면서 반농담조로, 작업을 할 때 항상 결과물이 사진에서 어떻게 보일지 고려한다고 말했다. "돈을 벌어줄 사진을 찍기 위해 디자인하는 셈이죠." 왜 그러는 것일까? 바로 잠재적인 의뢰인과 자문 위원, 동료들이 사진을 보고 결과물을 평가하거나 의뢰를 결정하기 때문이다.

사진만 보고 건물이나 공간에 대해 알 수 있는 정보는 무엇일까? 별로 많지 않다. 사진은 진실을 담고 있다는 인상을 주지만 실제로는 구성적, 경험적 특성 다수를 왜곡한다.[42] 색상 왜곡도 심하기 때문에 사진 속에서는 하얗게 빛나던 콘크리트 건물이 실제로는 칙칙한 회색인 경우도 있다. 또한 사진에는 소리나 냄새, 재료가 주는 느낌을 담을 수

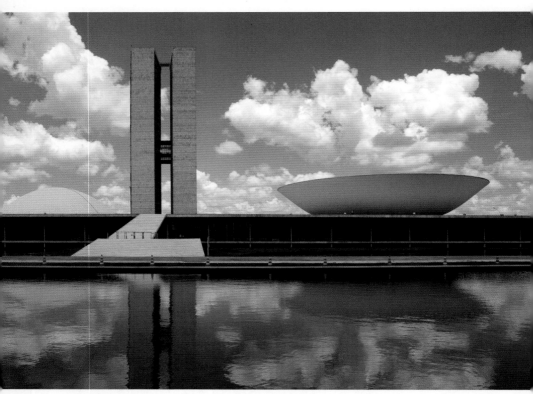

현실을 왜곡하고 미화한 사진들. 국회의사당(오스카르 니에메예르), 브라질 브라질리아.

없기 때문에 장소의 성격이 드러나지 않는다. 멋진 사진은 우리의 시각에만 어필하며 하루 중 가장 빛이 좋은 순간의 모습만을 담아낸다. 하지만 실제 건물과 조경은 삼차원으로 존재하며 우리는 이를 사차원적으로 경험하기 때문에 해 질 녘과 동틀 무렵, 맑은 날과 흐린 날에 대상이 다르게 보이고, 다르게 느껴진다. 루시우 코스타Lúcio Costa와 오스카르 니에메예르Oscar Niemeyer가 설계한 유명한 브라질리아 신도시를 직접 보고 온 베네수엘라 태생 지인의 설명을 들어보니 사진에 담긴 건축 환경 경험이, 그중에서도 특히 규모가 얼마나 부정확한지 알 수 있었다. 후기 근대 건축계의 상징적인 건축물이 여럿 모여 있는 곳에 다녀온 지인은 실제로 보니 건물들이 사진의 절반 크기로밖에 안 보였다고 말했다. "기껏해야 내가 다니는 카라카스의 헬스장 크기였어."

지면에 실린(혹은 웹사이트에 포스팅된) 당대의 프로젝트 사진 대부분, 적어도 다수는 디자이너가 직접 공개한 것이다. 이런 사진에서 다양한 정보가, 즉 신규 고객 유치를 막을 수 있는 모든 정보가 생략되었다는 사실은 놀라운 일이 아니다. 새하얀 색과 거대한 규모를 자랑하는 녹색 조경이 가득한 공원에 설치된 자하 하디드Zaha Hadid의 작품인 동대문디자인플라자 사진을 보면 마치 살아 숨 쉬는 거대 고래가 서울 시내 선큰광장에 나와 있는 듯한 자태에 눈길이 간다. 하지만 사진이 아닌 실물을 보면 다르다. 콘크리트는 금이 가 있고, 접합 부분들은 어긋나 있으며 조경 설계도 엉망이라 녹색은 다 말라버리고 멋없는 갈색만 남았다는 사실을 알 수 있다. 조슈아 프린스 래머스Joshua Prince-Ramus와 렘 콜하스Rem Koolhaas가 속한 다국적 건축사무소 OMAThe Office for Metropolitan Architecture가 디자인한 시애틀중앙도서관도 마찬가지다. 극찬을 받고 있는 이 건물의 사진만 봐서는 1층 공간을 통해 도서관을 도시의 공적 영역과 연결하는 데 실패했다는 사실을 알 수 없다.[43] 또한 중구난방인 세부 장식도 드러나지 않는다. 사진으로 보면 잘 모르겠지만 이 도서관에는 책을 읽을 만한 조용하고 편안한 공간도 부족하다. 10층 주 열람실을 사용하는 40명 정도의 사용자는 화장실에 갈 때마다 세 개 층 아래로 이동해야 하는 탓에 작업에 집중하기가 어렵다. 건축 환경을 담은 사진과 렌즈 뒤에 있는 사진작가가 자신도 모르게 또는 고의적으로 대상을 실제와 다르게 전달한다는 사실을 보여주는 예는 무수히 많다.

유감스러운 경관은 어째서 끝없이 재생산되는가

인간의 경험에 대한 생각을 완전히 바꿔놓은 인지 혁명으로 밝혀진 사실들은 우리가 디자인에 관해 알고 있는 내용을 다시 생각하도록 만든다. 사람이 환경에 반응할 때는 시각만이 아니라 여러 감각(청각, 후각, 특히 촉각 등)이 함께 작용한다. 위치와 관련된 인지를 비롯해 인간의 인지 작용 대부분은 무의식적으로 일어나기 때문에 주변 환경은 우리가 의식하는 것보다 훨씬 많은 영향을 미친다. 인지 혁명의 선구자들은 (아마 의도한 바는 아니겠지만) 건축 환경이란 우리의 감각 오케스트라가 음악을 연주하는 수단이라고 밝혔다. 베토벤 교향곡 5번 공연의 시작 부분을 보거나 들을 때 우리는 지휘자와 함께 손을 휘젓는 모습을 은연중에 상상한다. 이와 마찬가지로 어떤 환경에서 이동하거나 그 안에 머무를 때 우리가 의식적으로 '생각하는' 내용과 방식은 비의식적 시뮬레이션과 인지, 우리가 느끼는 감정과 밀접하게 연관되어 있다. 특히 건축 환경에서 느낀 감정과 상상한 행동, 무엇보다 그곳에서 얻은 기억은 건축 환경에 관련된 경험으로 깊게 자리 잡아 우리의 정체성을 형성하는 데 많은 영향을 미친다.[44]

건축 환경을 생각하는 사람은 거의 없으며 이를 체계적으로 분석하는 사람은 더욱 없다. 언론이나 공공 영역에서 건물과 도시 경관, 조경에 대해 다루는 빈도는 굉장히 낮다. 당신이 주로 구독하는 신문이나 웹사이트에서 건축 환경을 다루는 기사를 몇 번이나 보았는가? 그 가운데 단순한 사실 제시를 넘어 깊이 있는 분석을 담고 있는 기사는 어느 정도였는가?

사람들이 도시 경관과 건물, 조경에 관심을 두지 않는 이유는 여러 가지다. 가장 대표적인 두 가지 원인 가운데 첫 번째는 건물과 거리, 광장, 공원이 인간의 의식 경험에 영향을 주지 않아서다. 의식 경험은 변화한다 해도 그 속도가 매우 느려 알아채기가 쉽지 않다. 둘째로는 인간이 신경학적으로 정적이고 변화가 없고 위협적이지 않으며 어디에나 존재하는 대상에는 관심을 보이지 않도록 설계된 동물이기 때문이다.

사실상 대부분의 사람은 건축 환경 조성에 영향력이나 이해관계가 없기 때문에 더욱 관심을 보이지 않는다.[45] 건축 환경에 대한 사람들의 접근 방식은 몸이 아프면 의사를 찾아가고, 자동차를 수리할 때는 정비공을 찾는 일상적인 문제 처리 방식과 유사하다. 우리 대부분은 스스로도 모른 채 혹은 알면서도 건축 환경에 대한 통제권을 포기하고 시의원, 부동산 개발업자, 건축업자, 건축 재료 제조업자, 디자이너 등 소위 전문가라는 사람들의 결정에 모든 것을 맡긴다. 자신이 건축 환경을 바꿀 수 있다고 생각하는 일반인은 거의 없다. 그리고 이런 무기력감으로 인해 역설적인 상황이 발생한다. 부동산 개발업자는 과거 소비자들이 어떤 부동산을 구입했는지 조사한 내용을 바탕으로 소비자가 원한다고 생각하는 물건을 만든다. 사실 소비자는 깊이 생각하지 않고 일반적인 디자인을 고르지만 이를 모르는 개발업자는 소비자들이 그런 물건을 원한다고 생각해 계속 비슷한 물건을 만들어낸다. 어떤 건물이 더 사용하기 좋을지, 실제로 어떤 건물이 사람들에게 더 필요하고 '좋아할지' 한 걸음 물러나 곰곰이 생각해보는 일은 없다.

소비자는 일반적이고 익숙한 디자인을 선호하는 수준을 넘어 '그 디자인이 굉장히 불편하다 해도' 일반적인 디자인을 고를 가능성이 매우 높다.[46] 이는 흔히 관찰되는 심리적 역동성 때문이다. 다시 말해 특정 자극에 노출되는 빈도가 늘어나면 그것이 기분 좋은 자극이 아니더라도 점점 익숙해지고 결국에는 여러 가지 선택지가 주어져도 익숙한 자극을 선택할 뿐 아니라 그것이 '마땅한 선택'이라고 생각하게 되는 것이다. 그 결과 사람들은 별로 좋지 않은 열등한 장소, 심지어 자신에게 은근히 해를 끼치는 장소라 하더라도 '객관적으로 훌륭한' 장소라고 판단하기도 한다.

우리는 무한 반복되는 건축 환경적 타성에서 벗어나야 한다. 다행히도 인지 연구 분야의 혁명 덕분에 질 낮은 도시 경관과 건물, 조경이 삶의 질을 떨어뜨린다는 사실이 알려졌다. 당신은 타성에 젖은 관습, 대출 기관과 개발업자의 이윤, 시대에 뒤떨어진 토지 용도 제한법, 도로와 트레일러 너비까지 규정한 건축 법규에 따라 도시나 시설의 외관, 기능, 느낌이 결정되기를 바라는가? 표준화된 디자인을 비롯해 모든 종류의 디자인을 실제 사람들의 필요라는 측면에서 다시 생각해봐야 하지 않을까?

인지 혁명을 계기로 우리는 건축 환경에 대한 미적 경험을 포함한 모든 미적 경험이 즐거움을 제공하는 목적 이상을 추구해야 하며, 디자인을 고려한 '아키텍처', 즉 '건축 작품'은 엘리트의 영역이고 일반적인 '빌딩'은 대중의 영역이라는 과거의 구분 방식을 완전히 없애야 한다는 사실을 깨달아야 한다.[47] 우리의 관점(인간이 공간을 경험하는 방식과 건축 환경이 인간의 행복에 미치는 영향력에 대한 관점)에서 보면 과거의 구분 방식은 악의적이며 도저히 이해할 수 없다. 사람들이 삶의 터전을 어떻게 경험하는지 알면 알수록 분명해지는 것은, 좋은 건축 디자인은 일반적인 건물에 예술을 덧붙인다고 나오는 것이 아니라 인간의 기본 욕구와 권리를 보장하는 데서 나온다는 사실이다.

2장

당신이 사는 장소가 바로 당신이다

사각모자를 쓴 이성주의자들이

사각형의 방에서 생각에 잠겨

바닥을 응시하고

천장을 바라본다.

그들은 직삼각형 안에

자신을 가둔다.

마름모에 들어갔더라면

원뿔, 물결선, 타원에 들어갔더라면

만약 반달의 타원 안에 들어갔다면

이성주의자들도 솜브레로(챙이 넓고 장식이 요란한 멕시코 모자 – 옮긴이)를 썼을 텐데

　　−윌리스 스티븐스Wallace Stevens, 「특별한 여섯 가지 풍경Six Significant Landscapes」

우리를 둘러싼 것들을

'관찰하면 우리 자신을 알 수 있다'.

　　−조지 오펜George Oppen, 「수많은 존재Of Being Numerous」

건축 환경이 우리의 경험과 내면 세계에서 수행하는 복잡한 역할 대부분은 강력한 은유 하나로 요약할 수 있다. 바로 맹시盲視다.

맹시를 통해 보는 비의식적 인지 활동

맹시란 시각 자극을 의식적으로 처리하지 못하는 장애를 말하는데 이를 겪는 사람은 계속해서 자기 눈에는 아무것도 보이지 않는다고 말한다. 하지만 이는 사실이 아니다. 맹시인 사람을 방에 앉혀놓고 불빛이 어디에 있는 것 같은지 물으면 정확한 장소를 가리킬 확률이 높다. 방 안에서 특정 물건이 놓인 장소를 물어도 우연이라고 하기에는 정답을 맞히는 빈도가 상당히 높을 것이다. 뇌신경학적으로 설명하면, 맹시인 사람은 시각 피질 일부에 있는 병변 때문에 눈에 보이는 것을 '의식적'으로 자각하지 못한다. 하지만 뇌의 다른 부분[두정엽, 상구(눈 운동 조절에 중요한 뇌의 기저부에 있는 구조 – 옮긴이), 시상(간뇌에 속하며 많은 신경핵군으로 이루어져 있음 - 옮긴이)]은 계속해서 시각 정보를 의미 있는 내용으로 기록한다.

맹시인 한 여성의 사례는 사람들이 건축 환경을 어떻게 경험하는지 이해하는 데 중요한 역할을 한다.[1] 이 여성은 맹시의 변종인 좌뇌 무시left hemisphere neglect라는 질환을 겪고 있었으며 오른쪽 시야에 아무것도 보이지 않는다고 주장했다. 연구원은 여성에게 집 사진 두 장을 보여주었다. 왼쪽 절반은 동일하지만 한 장은 집의 오른쪽 절반('안 보이는' 쪽에 있어 '보이는' 눈에 들어오지 않는 부분)이 불길에 휩싸인 사진이었다. 사진이 어떻게 보이는지 물었을 때 여성은 계속해서 두 장이 똑같아 보인다고 대답했다. 하지만 둘 중에 더 마음에 드는 집을 고르라고 강하게 요구하자 여성은 이유를 확실히 설명하지는 못했지만 불길에 휩싸이지 않은 온전한 집을 골랐다.

우리가, 심지어 전문가가 건축 환경을 지각하는 방식도 맹시를 앓는 사람과 유사하다. 대부분은 우리가 사는 장소를 뇌가 어떻게 받아들이는지 의식하지 못하고, 우리가 그 정보를 어떻게 경험에 통합시키는지도 모르며 이것이 어떻게 우리의 움직임을 결정하고 인지와 정서, 선택에 영향을 미치는지도 거의 알지 못한다. 그래도 맹시와 다른 점은 있다. 맹시인 사람은 뇌가 기록하는 시각 정보를 의식하는 게 뇌신경학적으로 불가능하지만 다행히도 우리는 보는 방법을 배울 수 있다.

건축 환경과 우리의 관계는 풍요롭고 다층적이며 인간의 기억 작용과 하루의 리듬 변화에 따라, 일시적으로 복잡해지기도 한다. 우리는 건축 환경을 파악할 때 수많은 감각 신호와 인상을 처리하지만, 이것만이 건축 환경에 대한 경험을 형성하지는 않는다. 동네 카페에서 우연히 만난 친구와 대화를 나누거나 점심시간에 계약을 체결한 뒤 우리의 인지를 저장하는 방식도 (건축 환경에 대한 경험과) 관련이 있다. 우리는 이때, 사실 대부분의 순간에 우리의 생각과 경험이 우리가 머무른 장소의 특수성에 아무런 영향을 받지 않는다고 여긴다. 하지만 실제로는 특정 사건을 떠올릴 때마다 배경이 된 장소의 환경에 관한 기억도 함께 떠오른다. 그러기에 인지의 복잡한 구조에 관한 기본 원리(사람이 처음에 감각과 심적 인상을 어떻게 처리하며 이를 어떻게 떠올리고 기억하는지)를 이해할 필요가 있다. 이 기본 원리는 건축 환경이 인간 경험의 중심에 확실히 자리 잡고 있다는 사실을 보여준다.

인지 구조:
건축 환경 경험을 이해하는 새로운 패러다임

여러 분야의 연구 결과가 모여 인간의 인지에 관한 새로운 설명이 등장했다. 이와 관련한 핵심 지식은 영향력 있는 새로운 두 과학 분야, 인지신경과학과 인지신경심리학에서 왔다. 둘 다 기술 혁신으로 인간의 뇌와 기능에 관한 정확한 연구가 가능해지면서 최근에 등장한 분야다. 이 두 과학 분야의 지식을 환경, 사회, 생태심리학, 인공지능, 행동경제학, 인지언어학, 신경미학을 비롯한 수많은 분야와 접목한 연구도 활발히 진행 중이다.

아직 발전 단계인 인지 이론은 우리가 어떤 대상을 보고, 듣고, 냄새 맡고, 생각하고, 만지고, 느끼고, 행동하는 순간에 받는 통합된 인상,

즉 인간 경험에 대한 상식을 벌써부터 송두리째 바꾸고 있다. 감각 지각과 내면의 사고는 인간이 외부 세계에서 오는 정보를 이해하는 방식을 관장하며 이 둘은 경험을 형성하는 데 근본적인 역할을 한다. 외부 세계나 우리 마음속에서 어떤 일이 일어나면 그 '어떤 일'은 우리 몸에, 어떤 시간, 어떤 장소에 항상 '존재'한다.

인지에 대한 새로운 설명은 우리가 생각하는 '내용'과 '방식'에 관한 기본 틀을 구성하고 제공하는 데 환경이 얼마나 광범위하게 영향을 미치는지 보여준다. 우리는 건축물로 가득한 세계에 맹시와 비슷한 방식으로 반응한다. 몇 가지 예를 들어보겠다. 한 변의 길이가 1.5미터인 정육면체 상자 안에서 생각해낸 답은 상자 밖에서 생각해낸 답보다 창의성이 떨어질 가능성이 높다.[2] 당신의 배우자가 공간이나 언어, 수학 문제를 풀고 있다면 형광등을 켜주는 것보다는 (밝은 불빛 아래서 더 좋은 아이디어가 떠오르기 때문에) 책상 위 스탠드를 켜주는 편이 더 효과적이다.[3] 그리고 빨리 물건을 팔고 싶은 부동산 중개인이라면 고객에게 거실이 직선인 집보다 곡선인 집을 보여주는 편이 유리하다.[4] 사람들은 곡면에 '다가가려는' 경향을 보이고 보통 직선보다 곡선을 선호하기 때문이다.

상대적으로 넓은 공간에 있으면 '틀을 깬 사고'를 할 가능성이 커진다는 것을 누가 상상이나 했을까? 형광등보다 스탠드가 창의력을 높여준다는 사실은 누가 짐작이나 했을까? 이와 유사한 (수백 건이 넘는) 연구를 진행한 결과 '인지'가 모든 경험의 핵심에 있다는 사실이 확실해졌다. 외부의 자극을 받는 동안 뇌도 계속해서 작동하기 때문에 인간 경험은 정신세계로부터 자유로울 수 없다. 우리의 경험을 구성하는 것은 바로 특정 사건에 대한 우리의 인지(감정도 이 안에 포함된다)다.

이 사실은 우리가 여기서 다루는 주제를 구성하는 데 도움이 된다. '경험'은 사람에 따라 달라지는, 설명하기 애매한 개념이다. 하지만 '인지'는 그렇지 않다. 인지란 감각적, 사회적, 내적으로 생성된 데이터를 자신의 필요에 따라 이해하고 해석하고 조직하는 수많은 과정을 말한다. 우리는 과거에 우리의 길잡이가 되어준 직관과 추측, 육감보다 인지에 관해 더 많은 것을 알고 있다. 인지에 관한 지식이 있는 것이다.

인지의 본질과 인지가 건축 환경 경험에서 수행하는 역할을 제대로 탐구하려면 생각을 전환해 다음 세 가지 사실을 받아들여야 한다. 첫째, 신체는 인간의 정신적 사고 작용을 형성하고 깊은 영향을 준다. 둘째, 인간의 신체는 그간 살아온 환경에 따라 형성되며 내면의 인지적 삶 대부분은 인간의 의식 수준 아래, 언어 세계 바깥에서 일어난다. 셋째, 이런 요소는 인간이 세상을 살아가는 방식을 다르게 이해하도록 만든다. 지금껏 우리가 생각해온 바와 달리 인간은 자신의 경험을 스스로 완벽하게 통제할 수 없으며, 우리가 거주하는 지역을 멀리서 바라보면 알 수 있듯이 환경의 영향을 많이 받는 존재다.

인지를 구성하는 세 가지

인지에 대한 새로운 패러다임은 인간의 사고와 신체의 관계를 재구성하는 데서 시작한다.[5] 인지는 과거 몇 세기 동안 믿어왔던 신체적 자아를 강화한 개념도, 심신 문제mind-body problem(인간의 정신과 신체의 관계를 어떻게 바라볼 것인지에 관한 문제 – 옮긴이) 이분법으로 요약되는 패러다임에 등장하는 탈신체화된 마음에서 나온 개념도 아니다. 인지란 '마음'과 '신체'와 '환경', 이 세 요소가 결합해 만들어진 산물이다. (생명이 신체 안에 존재한다는) 인간 신체화human embodiment(영혼, 감정, 사상 등이 신체를 지닌 인간으로 구체화된 것 - 옮긴이)라는 개념에는 신체가 머무는 물리적 환경이 인간의 인지에 지대한 영향을 미친다는 생각이 깔려 있다. 신체는 단순히 환경이 주는 감각을 수동적으로 받아들여 마음이 이를 순차적으로 해석하도록 도와주는 저장소가 아니다. 오히려 인간의 마음과 신체는 (다양한 측면에서 능동적, 지속적으로) 내적, 외적 환경을 능동적, '상호적', 의식적, '비의식적Nonconscious(의식이 없는 상태를 일컫는 무의식unconsciousness과는 구별된다 - 옮긴이)'으로 처리하는 과정에 관여한다.

이는 전부 최근에 들어서야 등장한 설명이다. 인간의 사고와 경험에 대한 서구 사회의 일반적인 생각은 17세기에 르네 데카르트René Descartes가 발전시킨, 인간의 의식적인 마음은 신체와 어느 정도 독립적으로 작용한다는 주장에 근거한다. 데카르트 이원론Cartesian dualism의 기본 내용은 다음과 같다. 우선 우리는 (시각과 촉각, 미각 등) 여러 감각을 통해 환경에 관한 정보를 얻는다. 자극을 감지한 다음에는 이를 지각한다. 다음은 정보 처리 과정이다. 우리는 해당 정보를 내면의 데이터 저장소에 있는 낯익고 익숙한 패턴과 비교하고 정서적으로 반응하면서 정보에 대한 일차 판단을 내린다. 그러면 초기 자극의 일차 해석이 끝난다. 이제 드디어 가장 높은 단계의 인지 처리 과정을 시작한다. 우리는 의식적으로 논리와 이성, 추상적 관념을 이용해 우리가 겪은 자극의 중요성을 평가하고 이 자극에 어떻게 대응할지 결정한다. 아직까지는 가장 지배적이지만 머지않아 자취를 감출 이 인지 모델은 인지에 대

한 민간 모형(특정 문화권 사람들이 경험과 직관을 통해 형성한 상식적 세계
관 - 옮긴이)으로서 데카르트의 모든 사상 가운데 서구 문화와 사람들의
뇌리에 가장 깊이 자리 잡고 있다. 이 인지 모델은 (일반인은 물론 공공정
책 입안자, 환경과 도시, 건물 디자이너 등) 모든 사람을 잘못된 길로 이끌
어왔다.

　인지가 마음과 신체, 환경의 결합이라는 최신 패러다임은 시작부
터가 다르다.[6] 뇌가 신체 안에 존재한다는 명백한 사실과 뇌, 마음, 신
체의 결합체가 지구에, 공간 안에, 사회적 세계 안에 살고 있다는 사실
에 주목한다. 인간 마음의 존재와 기능 방식은 뇌와 신체의 구조에 따
라 달라지며 인간의 뇌와 신체는 함께 힘을 합쳐 마음이 잘 기능하도록
돕는다. 인간의 인지 작용은 이 지구, 이 공간에 살고 있는 물리적 신체
안에서 일어난다. 나아가 우리가 신체를 지닌 존재라는 사실은, 때로는
놀라운 방식으로 우리의 인지 형성에 영향을 준다. 폐쇄된 공간 (내부가
아니라) 밖에서 더 창의적인 생각을 할 수 있는 것처럼 말이다.

다양한 인지의 종류

　새로운 패러다임에서 인지는 언어적일 수도, 전(前)언어적인 것일 수
도 있으며 비의식과 의식 사이 어디에서든 발생할 수 있다. 복잡하고
다층적이며 때로는 비밀스러운 인지의 특성을 이해하려면 언뜻 스쳐
지나가는, 특히 별생각 없이 무시하기 쉬운 사고와 지각에 관심을 기울
여야 한다. 또한 건축 환경에 대한 인간의 인지를 이해하려면 이와 더
불어 우리를 둘러싼 환경에도 집중해야 한다.

　공원을 걷는다고 상상해보자. 당신은 곧 있을 회의에 관해 골똘히

상자 안에서 생각하기.

생각하며 혼자 길을 걷고 있다. 이제 (같은 시각, 같은 장소, 같은 길을) 친구와 함께 천천히 걸으며 주변을 관찰하고 대화를 나누는 경험과 비교해보자. 마지막으로 혼자 아주 편안한 상태에서 활짝 핀 진달래를 바라보고 공원의 신선한 공기를 마시면서 새의 노랫소리와 신이 난 아이들의 목소리를 듣는 경험과도 비교해보자. 당신이 무엇에 집중하든 건축 환경에 대한 사고와 지각은 끊임없이 생겨난다. 하지만 이는 곧 더 크게, 끊임없이 밀려오는 다른 종류의 인지 때문에 흩어지기 쉽다. 내가 싫어하는 정치인을 지지하는 동료, 내가 응원하는 스포츠 팀의 예상 성적, 코로 전해지는 꽃 냄새, 아이들이 떠드는 소리처럼, 우리의 삶과 관련된 인지에 밀려나는 것이다.

이런 인지는 더 알아듣기 쉽고 뚜렷하며 대부분 말의 형태로 머릿속에 들려온다. 언어는 내면의 생각을 표현하도록 도와주는 조력자이자 매개체이며, 사회적 의사소통도 가능하게 해주는 수단이다. 말이 갖는 지배력은 엄청나기 때문에 언어와 사고를 연구하는 철학자들 가운데는 오랫동안 우리가 속으로 하는 혼잣말이나 입 밖으로 내뱉는 말이 인지의 전체에 해당한다고 오해하는 사람이 많았다. '우리가 의식적으로 자각하는' 인지 다수가 우리 머릿속에 계속 맴도는 혼잣말처럼 언어적 틀 안에 존재하는 것은 사실이다. 하지만 새롭게 알려진 사실에 따르면 인지 가운데는 언어적이지 않은 것이 훨씬 많다. 우리가 생각해낸 단어로는 그 인지를 제대로 표현할 수 없는 경우도 있다.

어휘력만큼 쌓이는 추상적 관념, 스키마

(차가운 발이나 상쾌한 방, 올록볼록한 질감의 깔개 같은) 감각 인상이나 (기하학적 도형, 속이 꽉 차 보이지만 실제로는 빈 공간처럼) 보는 순간 지각할 수 있는 패턴은 비언어적 인지다. 우리를 감싼 부드러운 곡면이 주는 편안함 같은 수많은 감정이나 정서도 비언어적 인지에 속한다. 세상을 살아가면서 얻은 경험을 심적으로 구성한 연상 패턴, 즉 스키마도 비언어적 인지다. 갑자기 켜진 백열전구의 불빛을 새로운 아이디어를 떠올리는 경험과 관련짓는 것이 스키마의 대표적 예다. 패턴화된 일련의 연상 작용(스키마)이 불이 탁 들어오는 전구를 본 시각적 경험을 아이디어가 번뜩이는 추상적 관념과 연결한 것이다.

우리는 순식간에 사라지는 수많은 감각 경험을 이해하고 이를 바탕으로 이후에 더 복잡하고 추상적인 개념을 이해한다. 현대 언어학자들을 비롯한 여러 분야의 인지과학자들은 우리가 감각 경험을 이해하기 위해 하는 생각의 많은 부분이 말로 표현할 수 '없을' 뿐 아니라 전 언어적이라고 주장한다.[7] 타인에게 의존할 수밖에 없는 아이였던 우리는 매일 일상의 어려움에 맞서 시련을 극복하며 주체적인 어른이 된다. 그 과정에서 육체를 제어할 수 있게 되고 세상살이에 점점 자신감을 갖는다. 그 과정에서 우리는 엄청난 양의 심적 스키마를 축적한다. 인지

덴버 미술관(다니엘 리베스킨트).

전문가이자 철학자인 마크 존슨Mark Johnson은 이를 '유기체-환경 상호작용' 패턴이라고 설명한다.

우리는 살아오며 축적한 정보 창고를 이용해 우리를 둘러싼 물리적 환경과 그 안에 있는 대상을 의식적인 노력 없이 재빠르게 찾고 해석하고 이해한다. 스키마를 비롯한 비언어적 인지는 처음에는 우리가 인식하지 못하는 사이 머릿속을 끊임없이 맴도는 혼잣말 아래에서 생겨난다.[8] 다니엘 리베스킨트Daniel Libeskind가 증축 공사를 맡은 덴버 미술관 안의 기분 나쁘게 기울어진 벽 옆에 서 있으면 불안과 공포 사이의 감정이 느껴진다. 이 감정을 따라가면 나타나는 비의식적 인지는 이렇게 말하는 듯하다. 그 벽에서 떨어져! 이 책에서 사용하는 '비의식적'이라는 용어는 '언어화할 수 없다'는 뜻이 아니라 단순히 '단어나 생각, 말의 상태가 아님'을 뜻한다. 인간이라면 누구나 비의식적 인지를 경험한다. 이에 관한 지식을 쌓고 관심을 집중하면 비의식적 인지를 의식의 수준으로 끌어올려 말로 자세히 설명할 수 있다.

비의식적 인지가 우리 행동을 지배한다

인지혁명을 통해 비의식적 인지가 삶 곳곳에 널리 퍼져 있는 것을 넘어 삶을 거의 지배한다는 놀라운 사실이 밝혀졌다.[9] 인지의 90퍼센트가 비의식적 인지라고 추정하는 사람도 있다! 이는 곧 스스로 사고하는 능력과 자신의 통제력이 미치는 범위를 우리가 매우 과대평가하고 있다는 뜻이다. 의식적 인지는 우리가 무언가를 느끼고 지각하고 생각할 때 자신이 의도하지 않는다 해도 의식적으로 모든 과정을 처리한다고 믿게끔 만든다. 통제력에 대한 이 왜곡된 감각은 인류 번영에 중요한 역할을 한 듯하다. 만약 인지 대부분 혹은 전체가 의식적으로 일어 난다면 복잡한 일은 물론 단순한 과제를 처리할 때도 전전긍긍했을 테 니 말이다. 인간은 중요한 과제를 처리해야 할 때를 대비해 한정된 의 식적 인지를 비축해둔다. 그 결과는 어떨까? 우리는 심리학자 대니얼 카너먼Daniel Kahneman의 말대로 "우리가 얼마나 무지한지 무시할 수 있는 무한한 능력"을 마음껏 사용하며 "눈이 멀었다는 사실조차 모른 채" 살 아간다.[10] 하지만 그러는 동안에도 확실한 형태가 없는 (건축 환경에 대 한 인지를 포함한) 비의식적 인지들은 언어의 영역 밖 모든 곳에 존재하 고 있다. 이런 의미 없어 보이는 생각이 앙상블을 이루며 매일매일 우 리의 정서와 판단, 행동을 결정한다.

건축 환경에서의 비의식적 인지 경험하기: 마을 산책

당신이 맨해튼 웨스트빌리지에 산다고 잠시 상상해보자. 아침 일 찍 일어난 당신은 평소처럼 아침 일과를 수행하며 출근을 준비한다. 그 런데 냉장고를 열었다가 모닝커피에 넣을 우유가 없다는 사실을 깨닫 고 순간적으로 근처 구멍가게에 다녀오기로 결정한다. '이런! 우유가 없잖아!'라고 생각한 순간부터 구멍가게 점원에게 돈을 건네기까지 걸 린 15분 사이에 당신의 의식은 여러 생각을 떠올린다. 어젯밤 남동생과 싸우다 끊어버린 전화 통화, 시카고 출장을 위한 예약 내역, 주말에 친

도시 경관. 뉴욕시 웨스트빌리지.

한 친구와 놀러 갈 때 십 대인 자녀를 데려갈지 여부 등 다양한 생각이 머릿속을 채운다.

한편, 같은 15분 동안 무수한 비의식적 인지도 당신의 정신세계를 바쁘게 돌아다닌다. 그 대부분은 인접한 환경(다시 말해 건축 환경)이나 그곳에서 벌어지는 활동에 대한 복합 지각과 관련되어 있다. 우유가 떨어졌다는 사실을 깨닫는 순간 동네 구멍가게의 복잡하면서도 활기찬 이미지가 언뜻 떠오른다. 어쩌면 우유가 들어 있는 냉장고 유리문을 향해 손을 뻗는 장면이 잠시 떠올랐다 사라질 수도 있다. 이는 일종의 비의식적 인지다.[11] 기억회로에 저장되어 있는 인상을 이용해 이미 몸이 기계적으로 알고 있는 행동을 수행하는 자신의 모습을 마음속으로 '시뮬레이션'하는 것이다. 다음으로 당신은 현관문을 흘깃 바라본다. 가게에 가려면 사람이 거주하는 공간과 그러지 않은 공간을 구분해주는 약 2미터짜리 구멍, 즉 현관문을 통과해야 한다. 현관문을 보는 순간 당신 마음속에서는 출발이라는 익숙한 행동 패턴 시뮬레이션이 비의식적으로 일어난다. 대부분의 경우가 그렇듯이 이 시뮬레이션도 '교차 양상'(시각과 청각, 시각과 촉각 등 서로 다른 감각 양상에 걸쳐 감각이 발생하는 경우 – 옮긴이)을 보이며 '감각 운동'이 관련되어 있어서 당신의 감각 기능(여기서는 시각과 고유 수용성 감각)과 운동계(몸이 문밖으로 나가도록 근육을 움직이는 것)가 동시에 활성화된다.[12] 이 경우에는 현관문으로 다가가 옷걸이에서 재킷을 빼내고 서랍 위 그릇에서 열쇠를 들고 손을 뻗어 차갑지만 매끈한 놋쇠 손잡이를 돌린 뒤 당겨서 문을 여는 감각 운동 시뮬레이션이 일어난다. 의식적으로 생각할 필요도 없을 만큼 몸에 밴 이 행동 시뮬레이션 역시 스키마라고 볼 수 있다. 스키마는 마치 이 세계에 존재하는 구조물이나 물체에 내재되어 있다가 우리의 비의식적 인지를 활성화하는 시그널 역할을 하는 것이 아닐까 싶을 정도로 건축 환경 경험 곳곳에 자리 잡고 있다.[13]

잘 알려지지 않은 감각들의 상호작용

현관문으로 가는 길을 언뜻 보는 행위, 눈높이에 있는 동네 구멍가게 유제품 냉장고 선반, 아파트 밖으로 나가게 해줄 놋쇠 손잡이가 달린 문. 우리는 이런 대상과 관련된 감각 기능이 따로따로 작동한다고 생각한다. 하지만 비의식적 인지 대부분은 다양한 종류의 감각 기능이 만들어낸 것이며, 이런 기능에 의해 생성된 여러 인상이 결합된 결과물이다. 그래서 이를 (하나 이상의 감각 기능이 공조하는) '상호 감각'이라고 부를 수 있다. 건축 환경에 대한 비의식적 인지는 시각적 인상과 다른 감각 기능이 만들어낸 인상이 결합한 것이다. 이들 가운데는 (촉각과 청각, 후각처럼) 익숙한 감각도 있고 최근 몇십 년 사이에 개념화된 데다 (적어도 미국에서는) 어릴 때부터 배우는 기본적인 오감만큼 중요성을 인정받지 못한 탓에 아직 낯선 감각도 있다.[14]

우리에게 아직 낯설지만 중요한 대표적인 감각으로는 통증 같은 신체 내부의 감각과 장기들이 보내는 생리학적 신호를 감지하는 '내수용성 감각'이 있다. 또 '온도 감각'은 실제로든 머릿속으로든 온도를 감지하고 이에 반응하는 감각이다. 건축가 알바르 알토Alvar Aalto는 자신의 고향 핀란드 북부에 건물을 만들면서 층계 바닥을 밝은 노란색으로 칠하고 금속 난간은 목재로 감쌌다. 사람들이 샛노란 계단에 나무 난간이 있는 것을 '보기'만 해도 따스함을 느낀다는 사실을 직관적으로 알

밝은 노란색 층계에 나무 손잡이 난간은 우리의
온도 감각을 비의식적으로 자극해 따뜻한 느낌을 받게 만든다.
파이미오 요양소(알바르 알토), 핀란드 파이미오.

아치의 높이를 계단식으로 배치하여
인위적 원근법을 적용한 복도. 스파다
궁전(프란체스코 보로미니). 이탈리아 로마.

지나치게 거친 질감을 보는 것만으로도
도망치고 싶어진다. 예일 대학교 예술
건축학부 건물(폴 루돌프). 뉴헤이븐.

왔기 때문이다. 지각은 감각 정보의 교차이다. '고유 수용성 감각'은 눈을 감고도 손과 발의 위치를 알 수 있듯이 신체와 각 부위의 공간 내 위치를 판단하고 자신을 둘러싼 공간과 물체를 기준으로 신체의 위치를 파악하도록 돕는다. 로마 스파다 궁전 계단의 미학적 효과는 시각과 고유 수용성 감각이 다르게 정보를 받아들인 데서 발생한다. 이탈리아 건축가 프란체스코 보로미니는 인위적 원근법을 사용해 복도를 실제보다 훨씬 길어 보이게 만듦으로써 지나가려면 굉장히 오래 걸릴 것처럼 느껴지게 했다.

'햅틱' 인상은 우리가 마음속으로 촉각 시뮬레이션을 하게 만드는 시각 자극으로, 알토의 난간처럼 단지 대상을 보는 것만으로도 머릿속에서 감각 운동을 일으킨다.[15] 그래서 직접 앉아보지 않더라도 일명 '부드러운' 교실에 놓인 쿠션감 있는 의자를 본 학생들은 온기와 편안함을 느끼는 것이다. 폴 루돌프Paul Rudolph가 설계한, 외부는 울퉁불퉁한 자갈이고 내부는 콘크리트 벽인 뉴헤이븐의 예일 대학교 예술 건축학부 건물은 햅틱 감각이 건물과 장소에 대한 전체적인 인상을 형성하는 데 얼마나 중요한지 보여준다. 사람들이 이 건물을 싫어하는 이유는 십중팔구 몸이 벽에 스쳐 아픈 느낌을 비의식적으로 떠올리기 때문이다.

우유를 구해 오는 여정 동안 당신은 넓은 범위의 비의식적 인지와 이런 인지를 만들어내는 여러 기능, 내면 세계에 존재하는 인지의 상호 감각에 의지한다. 외투를 입고 문을 잠근 뒤에는 내수용성 감각과 고유 수용성 감각에 의지해 형광등이 켜진 낯익은 복도를 지나 현관에서 건물 입구까지 이동한다. 건물 밖으로 나오면 얼어붙은 층계를 밟고 인도까지 안전하게 내려가도록 도와줄 철제 난간에서 반사적으로 손을 떼게 된다. 거리를 걸으면서 당신은 근처 창고와 주택 사이의 좁은 틈을 통과해 불어오는 차가운 겨울바람에 몸을 떤다. 구멍가게까지 가는 동안에는 고유 수용성 감각, 시각, 감각 운동 기능을 이용해 주택 현관 입구 계단을, 후각을 이용해 근처 음식점 외부에 쌓여 있는 쓰레기 악취를 비의식적으로 피한다. 뉴욕의 '요일별 주차 제한' 표지판은 대충 보아 넘기고 근처 대로를 지나는 자동차의 소음은 귀담아듣지 않는다. 특별히 애쓰지 않아도 당신의 다양한 감각 기능은 바닥 여기저기가 움푹 팬 인도와 소화전, 울타리 뒤에서 필사적으로 하늘을 향해 뻗어 있는 앙상한 나무들을 피할 때 필요하면 협력하려고 항상 대기 상태로 있다.

비의식적 인지와 의식적 인지는 종류도 다르지만 무엇보다 강도에서 큰 차이를 보인다.[16] 강도가 센 인지는 어떻게든 주의를 집중하게 만든다. 비의식적 인지는 강도가 약한 편이지만 의식의 영역에 접근할 수 있기 때문에 이를 자각하는 훈련만 한다면 얼마든지 말로 표현할 수 있다. 작곡가 필립 글래스Philip Glass는 작곡이란 의식의 속도를 늦춰 자신이 관심을 기울이지 않을 때도 항상 머릿속 깊숙한 곳에 흐르고 있는 소리의 강물을 듣는 작업이라고 설명했다. 글래스의 머릿속에 흐르는 강처럼 비의식적 인지도 의식의 수면 아래에서 한결같이 흐른다.[17] 유유히 흘러가는 비의식적 인지의 강에는 우리의 몸 상태, 우리의 환경을 구성하는 물체와 공간, 우리가 이들과 상호작용하는 패턴화, 도식화된 방식에 대한 정보와 기억이 녹아 있다.

우유를 사러 아침 산책을 하기로 결정하고 움직이는 전체 과정 동안 당신 깊은 곳에 있는 비의식적 인지의 강은 계속해서 흐르고 당신은 그 흐름을 따라 움직인다. 집을 나서기 전 당신은 주방에 서서 주변 시야에 들어온 아파트 현관문을 쳐다봤다. 스스로는 인식하지 못했겠지만 그 행위로 인해 블랙커피에 만족하는 대신 밖에 나가 우유를 사 오는 방향으로 마음이 흘러간 것이다. 문이 열린 냉장고 앞에 선 당신의 시야에 현관문이 들어오지 않았다면 밖에 나갈 생각을 아예 안 했거나, 했다 해도 우유를 사러 나갔다 오는 일은 시간 낭비라고 생각했을 수 있다.

프라이밍 효과(점화 효과)

우리가 건축 환경을 의식적으로 인식하지 않을 때, 혹은 일부 측면에만 관심을 기울일 때(그럴 때가 대부분이다) 우리의 경험 속에서 건축 환경은 사회심리학자들이 말하는 '프라임prime', 혹은 '점화'의 끊임없는 연속체로 기능한다.[18] 프라임이란 사람이 비의식적으로 지각하는 환경적 자극으로 기억이나 정서, 다양한 인지적 연상을 활성화해 이후의 사고나 느낌, 반응에 영향을 미치곤 한다. 현관문의 모습은 문턱을 넘어 건물 밖으로 나가는 기억을 떠올리게 하기 충분하다. 다시 말해 현관문이 프라임으로 작용해 머릿속에서 출발 시뮬레이션을 가동하는 것이다.[19]

밖으로 나갈지 말지 고민하는 동안 당신은 머릿속으로 집에서 구멍가게까지 가는 길을 시뮬레이션한다. 이제 당신은 의식 수준에서 고민을 이어가는데, 시뮬레이션 과정은 가게에 가는 행위를 실제보다 덜 수고스러워 보이게 만들어나가고자 하는 충동을 강화한다.[20] 당신은 가게까지 가는 길을 잘 알고 있다. 사람은 같은 거리라 해도 길을 찾는 데 정신을 더 집중해야 하는 낯선 길보다 익숙한 길을 더 가깝게 느낀다. 그래서 당신은 결국 나갔다 오기로 결정한다.

그날 오전과 관련해 당신 의식 속에 남는 기억은 지난밤 남동생과의 전화 통화 내용을 내내 고민했으며 동생이 당신에게 심한 말을 한 건 부당했다는 결론 정도일 것이다. 그래서 가게에 다녀온 경험이 불쾌했다고 느낀다. 당신은 주변 건물 사이로 불어온 얼음장 같은 바람이나 수거하지 않은 쓰레기에서 난 역겨운 악취를 기억할 수도, 그러지 못할 수도 있다. 하지만 남동생의 쓴소리를 떠올릴 때 느꼈던 신체적 불쾌감이 남동생의 행동을 모질게 평가하는 데 영향을 미쳤다고 생각할 가능성은 매우 적다.

감정과 신체는 서로 영향을 준다

현대 심리학의 아버지 윌리엄 제임스William James는 인간이 감정을 처음에는 신체적 상태(다시 말해 우리 신체가 느끼는 '느낌'으로)로 경험한 뒤에야 인지로 경험한다는 가설을 제기했다. 현재 우리는 감각 정보를 받아 근육 반응을 일으키는 소뇌가 감정 처리 과정에도 관여한다는 사실을 알고 있다.[21] 공포를 느끼면 갑자기 에너지가 요동쳐 근육이 경직된다. 실망하면 어깨가 축 처지고 웃으면 행복해지며 행복하면 웃음이 나온다. 감정과 신체는 양방향으로 영향을 주며 특정 감정과 관련된 신체나 얼굴 부위의 위치는 해당 감정을 유발한다. 예를 들어 억지로 입술을 웃는 모양으로 만들면서 위를 쳐다보면 내면에서도 '미소'가 지어진다. 심리학 연구 결과 투쟁-도피 반응을 비롯해 두려움을 느끼면 활성화되는 모든 경우에서, 우리가 '느낌'이라고 일컫는 것은 신체가 '느끼는' 바에 대한 인지 반응이라는 사실이 밝혀졌다.[22] 감정은 신체와 떼려야 뗄 수 없는 관계이며, 우리 '몸속에' 있다. 즉 '체화'되어

체화된 마음, 체화된 인지.
신체의 위치는 기분에 영향을 준다. 억지로 입술을
웃는 모양으로 만들면 '웃는' 느낌을 받을 수 있다.

있는 것이다.

감정과 신체의 관련성은 비의식적으로 인식하는 경우가 많다. 그
래서 체화된 감정 상태를 객관적으로 전혀 관련 없는 인지 과정과 결합
하는 실수를 저지르기도 한다. 예를 들자면 이렇다. 집을 나와 근처 구
멍가게까지 한 블록을 걸어가는 동안 당신은 악취 나는 쓰레기와 매섭
고 차가운 바람에 노출된다. 얼굴은 창백해지고 냄새를 피하려고 숨을
참는다. 추위로 인해 신체적 불쾌감이 높아지면서 근육은 점차 긴장하
고 방어 태세를 취하게 된다. 당신은 신체의 변화를 마음속 분노와 외
로운 고독감과 연결시킨다.[23] 신체적 불쾌감에 대한 반응으로 몸이 움
츠러든 순간 우연히도 남동생과의 불쾌한 전화 통화를 떠올릴 수도 있
다. 이렇게 환경적, 신체적, 인지적 사건이 동시에 맞물리면 의미 있는
결과가 나타난다. 다른 환경에 처했을 때보다 남동생의 말을 더 불쾌하

게 판단하는 것이다. 회사 일 때문에 기분이 나쁘면 주변 사람에게 쉽게 짜증을 내듯이 (건축 환경에 영향을 받는) 신체적 위치는 당신의 기분을 넘어 행동에까지 영향을 미친다.

감정 상태에 대한 인지적 해석은 이런 식으로 정신의 의식 상태에 깊은 영향을 준다. 날씨가 더 따뜻했거나 건물 사이로 세찬 바람이 불어오지 않게 거리를 설계했다면, 쓰레기통이 인도에 나와 있는 대신 눈에 안 보이게 숨겨져 있었다면, 남동생의 말에 언짢음보다 연민을 느꼈을지도 모른다. 분노와 괴로움이 유발하는 신체적 반응이 나타난 탓에 당신은 비의식적으로 불쾌한 신체 상태를 감정 상태와 연결했고 이것이 결국 인지에 영향을 준 것이다.

세찬 바람과 쓰레기 더미가 프라임 역할을 했다고도 볼 수 있다.[24] 건축 환경에는 프라임이 가득하기 때문에 디자인을 활용해 사람들이 특정 행동을 선택하도록 유도할 수 있다. 웨스트빌리지를 걷는 동안 디자인이 만들어낸 프라임을 여럿 마주칠 수 있다. 벽의 배치에 따른 시축visual axes과 (냉장고와 현관문 사이에 있는) 아파트의 다른 기능 요소, 공간 시퀀스 또는 이동 경로(집에서 구멍가게까지가 일직선이 아니라 모퉁이를 돌아야 했다면 실제 거리와 상관없이 거리를 더 멀게 계산했을 것이다), 한데 모여 있는 건물들(그래서 세찬 바람이 생겨났다)이 이런 프라임에 해당한다. 시축과 공간 시퀀스를 바꾸고 거대한 건축물들이 한데 모여 있지 않게 디자인했다면 프라임이 다른 인지를 자극했을 것이다.

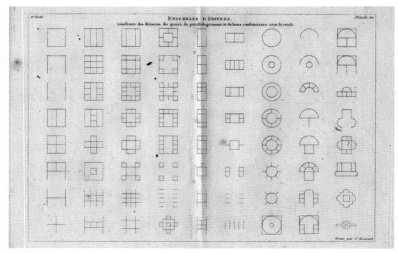

다양한 그리드. 장 니콜라 루이 뒤랑, 『파르티 그라피크Partie graphique, 1821』(강의 도판).

프라임과 공간 속 길 찾기: 직각 그리드와 육각 그리드

우리가 사는 이 세상에서는 모든 건축 요소, 일련의 빈 공간, 모든 표면, 모든 건축 디테일이 인지의 잠재적 프라임이 될 수 있다. 그렇다 해도 우리가 마주치는 모든 것이 프라임은 아니며 대부분의 환경 요소는 우리에게 아무런 영향도 미치지 않는다. 그렇다면 비의식적 마음이 우리에게 주어진 환경적 특성 가운데 무엇에서 영향을 받을지는 어떻게 결정되는 걸까? 이 중대한 질문에 대한 답은 수도 없이 많지만 우선 이렇게 답할 수 있다. 우리의 의식 저 아래 있는 건축 환경에 대한 비의식적 인지는 인간의 체화를 고려하지 않은 디자인 요소나 특성에 긍정적으로 반응하는 일이 드물다. 설명할 필요도 없을 만큼 누구나 잘 알

위쪽 사진: 그리드 디자인을 적용한 주택. 바이센호프 16번 집(발터 그로피우스). 독일 슈투트가르트.

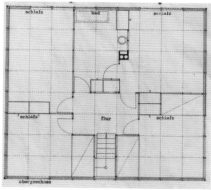

위와 왼쪽 사진: 그리드 시스템은 건설을 용이하게 한다. 바이센호프 17번 집(발터 그로피우스). 슈투트가르트.

아래 사진: 그리드 디자인을 적용한 도시들. 루트비히 힐버자이머. 『새로운 도시The New City』.

고 있는 내용 같지만 세계 곳곳에 있는 유감스러운 장소와 지루한 건물을 보면 그렇지도 않은 듯하다. 건축 환경(주택과 학교, 사무실, 공원, 도로)의 수많은 요소와 대상, 특징을 보면 디자인과 건축 과정에서 인간 경험의 구조를 전혀 고려하지 않은 듯 보인다.

직사각, 정사각 그리드가 대표적 예다. 디자인 역사에서 그리드 디자인이 광범위하게 사용된 가장 큰 이유는 실용성 때문이다. 컴퓨터를 디자인 작업에 이용하기 전에는 디자인에 직선과 직각을 활용하면 단순하고 일정한 치수에 따라 건축물의 배치를 결정할 수 있어서 건축 과정이 훨씬 수월하고 토목 공사와 시공도 한결 쉬웠다. 모든 방과 통로, 복도, 입면과 빈 공간도 그리드의 명료한 논리에 따라 배치할 수 있었다. 19세기 후반과 20세기에 건축 자재 제조업자들이 대량생산을 시작하면서 그리드 방식은 더욱 유용해졌다. 오늘날까지도 상업용 빌딩, 특히 고층 건물은 150센티미터짜리 그리드 모듈을 사용해 바닥판 치수를 계산하고 실내 공간을 디자인하는 경우가 많다.[25] 모듈 치수는 다르지만 대규모 주택 단지 프로젝트에서도 그리드 템플릿을 디자인에 널리 사용한다.

1900년대 초반, 그리드 시스템을 고안한 영향력 있는 프랑스인 교수 장 니콜라 루이 뒤랑Jean-Nicolas-Louis Durand은 수많은 학생에게 아무리 복잡한 건물도 크기에 상관없이 정사각 그리드 모듈을 따르면 이상적으로 디자인할 수 있다고 가르쳤다. 건축가들은 그 이후로 그리드의 실용성을 옹호해왔다. 대량생산의 가능성에 매료된 발터 그로피우스Walter Gropius 같은 초기 모더니즘 건축가들은 값싼 주택 건설을 위해 뒤랑의 디자인을 재해석했다. 그 결과 1927년 독일 슈투트가르트에 바이센호프 주거 단지가 들어섰다. 그로피우스는 자신이 만든 16번과 17번 집의 평면도, 내부 공간과 외관에 그리드 디자인을 도입했으며 그리드 시스템을 이용하면 건축 재료 제조와 운송비가 줄어들고 건축 공정이 단순해져 비숙련 노동력을 이용할 수 있기 때문에 주택 가격을 낮출 수 있다고 주장했다. 그로피우스와 동시대에 활동한 건축가들은 다른 이유에서 그리드 디자인을 옹호했다. 루트비히 힐버자이머Ludwig Hilberseimer는 소형 단독주택뿐 아니라 고층 아파트와 도시 계획에도 그리드 디자인이 유용하며 그리드 디자인을 적용한 건물 디자인과 건축은 통일성이 있어서 (이곳저곳 옮겨 다니는 유목 성향이 있는) 도시 거주자들이 어디를 가도 편안함을 느낄 것이라고 주장했다.[26]

건축과 디자인 측면에서 그로피우스와 힐버자이머의 주장은 옳았다. 그리드 시스템은 의심할 여지 없이 실용적이고 편리하다(맨해튼이나 미국 중서부 도시 계획만 봐도 알 수 있다). 하지만 수직으로 뻗은 직선과 직각으로 구성된 단조로운 건물과 도시는 근대와 현대 건축계에서 지속적으로 지탄의 대상이 되고 심지어 희화화되기도 한다. 나폴레옹 3세 시대에 오스만Georges-Eugène Haussmann 남작은 중세 파리의 구조를 관통하는 거대한 직선 대로를 놓는 도시 개조 사업을 추진했다.[27] 이에 대해 한 평론가는 오스만이 할 수만 있었다면 "하늘의 별도 직선 두 줄로 배열했을 것"이라고 조롱했다. 그로부터 약 100년 후, 이탈리아 아방가르드 건축가 그룹 슈퍼스튜디오Superstudio는 그리드 시스템의 비인간적 특성을 보여주는 풍경과 도시 경관을 담은 이미지들을 발표했다.

사람들이 공간 속에서 길을 찾을 때 사용하는 인지 기법에 대한 최근 연구 결과는 왜 그리드 디자인이 넘쳐나는 데에 일부 디자이너들이

불편함을 느끼는지 잘 보여준다.[28]

공간 속 길 찾기는 복잡한 과정이다. 한 장소에서 다른 장소로 안전하게 이동하려면 뇌 속 해마와 주변 구조에 분포하는 장소 인식 세포와 그리드 세포의 공동 작업이 필요하다. 주변에 있는 물체를 기준으로 우리의 위치 정보를 계속해서 갱신하게 해주는 이 시스템은 '추측 항법'이라는 멋진 이름으로 불린다.

하지만 추측 항법에 사용하는 우리 뇌 속 그리드는 직각이 아니다. 공간을 자유롭게 움직이기 위해 인간의 뇌는 비의식적으로 '육각' 그리드를 머릿속에 그리고, 같은 공간에 있는 물체 두 개와 자신의 몸이 육각 그리드 안에서 정삼각형을 이루도록 위치를 설정한다. 또한 내가 위

슈퍼스튜디오가 제작한 비디오 프로젝트 〈Supersurface— I. Life (1972)〉의 일부.
슈퍼스튜디오의 공동창업자인 나탈리니Adolfo Natalini는 새로운 삶의 방식을 "영구적인 유목 문화", "제품 없는 삶" 및 "일하지 않으면서 소외되지 않는 인간관계"라고 선언했다. 이러한 조건은 나탈리니가 "네트워크"라고 부르는 격자 구조로 구현이 가능하다.

치한 정삼각형과 인접하는 정삼각형은 내가 지금 있는 지점에서 60도
를 더한 곳에 존재한다.

　이 사실에 기반해 그로피우스의 바이센호프 주거 단지와 프랭크
로이드 라이트_{Frank Lloyd Wright}가 캘리포니아주 스탠퍼드에 만든 한나 하
우스_{Hanna House}를 비교해보자. 라이트 역시 디자인이 훌륭하면서 값싼
집을 만들 방법을 고민했지만 자동차 제조업계의 대량생산 기술을 도
입해 저렴한 주택을 만드는 그로피우스의 방식에는 반대했다. 자본이
적은 사람들을 위해 수백 채의 집을 지으면서도 라이트는 단순한 직선
그리드를 멀리했다.[29] 1936년, 스탠퍼드에 폴과 진 한나를 위한 집을
디자인하면서(현재는 스탠퍼드 대학교 소유) 라이트는 육각형 안에 정삼

라이트는 "사물을 다른 시각으로 보았다". 한나 하우스(프랭크 로이드 라이트) 내부.

각형을 배열한 독특한 기하학을 이용했다.

이 형태는 벌집이나 비누 거품 같은 자연 형태와 비슷하다. 라이트는 그렇기 때문에 사람들이 이런 형태의 공간에 본능적(다시 말해 비의식적)으로 끌린다고 생각했다. 그럴싸한 생각이다. 그뿐 아니라 라이트는 인간의 시지각이 보내는 명령과 충돌하지 않고 공간 경험을 더 수월하게 만들어주는 육각 구조에 따라 배치한 공간에 사람들이 매력을 느낄 거라고 직감했다. 라이트의 아들은 이렇게 말했다. "아버지는 건물을 지을 때 사물을 다른 시각으로 보셨어요." 인지신경과학자인 에드바르 모세르, 마이브리트 모세르 부부와 존 오키프는 라이트의 직감이 사실임을 증명했다. 인간은 공간 속 자신의 위치와 인접한 두 점을 잇는

공간 내에서 우리는 신체와 두 지점(혹은 두 물체)의 위치를 삼각형으로 만들며, 인간의 뇌는 정사각이나 직사각 그리드가 아니라 삼각과 육각 그리드를 이용해 우리가 공간을 이동하도록 도와준다. 한나 하우스(도면).

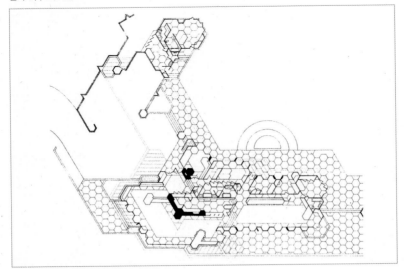

가상의 삼각형을 만드는 비의식적 습관을 바탕으로 길을 찾는다.

직각 그리드 체계는 나름의 장점이 있고 건축 환경에서 항상 중요한 위치를 차지할 것이다. 하지만 이제 실용성을 이유로 그리드 시스템을 무분별하게 사용할 시기는 지났다. CAD와 제조 기술이 발달한 덕분에 요즘 디자이너들은 단순한 대량생산을 넘어 인간 경험의 본질적인 요구에 맞춘 디자인을 대량으로 구현할 능력이 충분해졌다.[30] 과거에는 기술의 한계 때문에 불가능했지만 지금은 프로젝트의 전체적 구성과 각 요소를 더 복잡하게 디자인하거나 건설 현장과 사용자, 내부 기능(프로젝트의 '프로그램')에 딱 맞게 맞춤 디자인할 수 있다.

환경을 이해하는 두 가지 방식: 직접 반응과 은유적 스키마

우리가 건축 환경 사이를 이동할 때 마음속에서 쉴 새 없이 흐르는 비의식적 인지는 두 종류의 반응을 나타낸다. 바로 직접 반응과 간접 반응이다. 직접 반응은 배우지 않아도 절로 나오는 생리적 반응이다. 이 경우에는 환경이 지닌 특징 '자체가 자연스럽게' 신속하고 자동적인 반응을 이끌어낸다. 쓰레기 악취에 움찔하거나 누벨의 서펜타인 파빌리온에서 극도의 불안감을 느끼거나 리베스킨트가 디자인한 미술관에서 미묘한 두려움을 느끼는 게 바로 직접 반응이다. 직접 반응을 일으키는 주체는 일명 투쟁, 도피, 정지fight, flight, or freeze 반응을 일으키는 뇌의 공포 중추, 즉 편도체다.[31]

유령의 집에 가봤거나 디즈니랜드의 헌티드 맨션(유령의 집과 비슷한 놀이 시설 – 옮긴이)에서 이동할 때 쓰는 '둠 버기Doom Buggy'를 타본 사람이라면 인간의 직접 반응 시스템이 얼마나 강력한 자동 반응 장치인지 경험했을 것이다.[32] 평소에 냉철한 사람이라도, 아무리 내부에서 벌어지는 일이 다 가짜고 연기일 뿐이라고 되뇌어도 공간의 크기를 정확히 측정할 수 없는 어두침침한 장소 혹은 출구가 안 보이는 방에 갇히거나, 잘못하면 까마득한 공간 아래로 떨어질 것만 같은 불안정한 바닥 위에 서 있거나, 생각지 못한 움직임 소리나 커다랗고 높은 소리가 갑자기 들려오면 논리적 사고 능력을 잃기 마련이다. 헌티드 맨션에 들어간 사람들도 객관적으로는 전혀 위험하지 않다는 사실을 안다. 하지만 그 사실이 우리가 본능적으로 두려움을 느끼는 것을 막지는 '못한다'. 신체가 느끼는 생리적 공포와 실제로는 위험하지 않다는 의식적 인지가 충돌하면서 우리는 끔찍한 공포보다는 스릴에 가까운 감정을 느낀다.

정보를 너무 조금 혹은 너무 많이 제공하는 환경에 있을 때 느끼는 어렴풋한 불쾌감도 직접 반응에 속한다. 과도한 자극을 주는 환경은 우리를 지치게 한다. 소설 『황폐한 집Bleak House』에 등장하는 챈서리 법정 서기의 숨 막힐 정도로 어수선한 사무실이나 붐비는 지하 환승 통로는 주변을 끊임없이 훑어보게 만든다. 이는 우리에게 위협을 가할 수도 있는 움직임을 주시해야만 하는 야외에서 수만 년 동안 살아온 탓에 생긴 특성이다.[33] (『황금방울새』의 시오가 묘사한 전원주택 단지나 디자인이 형편없는 학교 복도처럼) 자극이 너무 적은 환경은 기력을 떨어뜨리고 사람을 권태롭게 만들어 스트레스와 슬픔을 가중시키고 중독 상태에 빠뜨

내부가 붉은색인 매장.

내부가 옅은 녹색인 매장(프라다).

리기도 한다.[34] 이런 환경을 접하면 우리는 인지 활동이 좀 더 활발하게 일어나는 건강한 공간으로 도피하고 싶어진다.

장소에 대한 직접 반응이 전부 공포 같은 부정적 감정인 것은 아니다. 어떤 장소는 유쾌한 반응을 이끌어낸다.[35] 모르는 장소로 이어지는 길은 호기심을 자극하고 곡면은 편안함을 준다. 직접 반응과 관련해 가장 폭넓게 연구가 진행된 주제는 색깔이 감정에 미치는 영향일 것이다. 사람들은 차가운 느낌의 채도가 낮은 색상을 보면 차분해지고, 따뜻한 느낌의 채도가 높은 색상을 보면 활력을 느낀다. 그래서 붉은색 요소가 두드러지는 방에서 시험을 보면 더 낮은 점수를 받는다. 색상은 예상치 않은 부분까지도 영향을 미친다. 천장을 하늘색으로 칠한 방에서 IQ 검사를 받은 사람들은 더 높은 점수를 기록했다. 어떤 미식축구 팀은 상대 팀이 사용할 탈의실에 마음을 차분하게 만들어준다고 알려진 분홍색을 칠하기도 한다.[36] 물론 색상을 지각하는 방식은 개인과 문화에 따라 크게 다르다. 하지만 색상에 대한 기본적인 지각은 인간의 생물적 특성 깊숙이 자리 잡고 있어 대부분의 사람들에게서 거의 비슷하게 나타나며 한결같은 직접 반응을 이끌어낸다. 새로운 인지 패러다임이 등장할 것을 예견한 철학자 모리스 메를로퐁티Maurice Merleau-Ponty는 『지각의 현상학Phenomenology of Perception』에서 급진적인 문화적 상대주의 지지자들을 비난하며 복잡한 현실을 자세히 설명했다.[37] 그는 피 색깔인 붉은색이 어째서 "고된 노력이나 폭력을 의미하는지", 왜 자연의 색인 녹색이 "휴식과 평화를 의미하는지 궁금해하는 것을 멈춰라"라고 조언했다. 메를로퐁티는 그 대신 우리가 살아가는 실제 환경 속에서 "우리가 육체와 더불어 살아가는 것처럼 이 색상들과는 어떻게 더불어 살아갈

라스커 수영장. 뉴욕시 센트럴파크.

지" 다시 생각해봐야 한다고 주장했다.

비의식적 지각 가운데 일부는 간접적이다. 이들은 인간의 생리 기능이 아니라 우리가 세상을 살아가면서 만들어낸 인지적 스키마에서 비롯한다. 현관문을 흘깃 보며 집 밖으로 나가는 모습을 떠올릴 때, 우유를 집기 위해 냉장고로 손을 뻗는 모습을 머릿속으로 그릴 때, 동네의 인지 지도를 떠올려 집에서 가게까지 걸리는 시간을 계산할 때 당신은 과거 경험을 통해 만들어낸 스키마를 이용했다. 만약 집이 똑같았다 하더라도 낯선 도시에 있었다면 같은 현관문을 봐도 뒤이어 시각과 운

런던 올림픽 수영장(자하 하디드). 영국 런던.

워터 큐브(국가수영센터. PTW 건축 회사와 아룹 엔지니어링). 중국 베이징.

동, 길 찾기 스키마가 활성화되지 않았을 수 있다.

이런 스키마는 연상 작용을 일으키는, 주로 비논리적인 수많은 인지를 발생시킨다. 콘크리트와 강철은 움직임이 없고 무겁고 단단하며 물은 물결과 거품을 만들고 유동적으로 흐른다는 사실을 모르는 사람은 없다. 그런데 뉴욕시 센트럴파크에 있는 라스커 수영장의 퍼걸러per-gola(덩굴식물을 올리기 위해 설치한 시설 – 옮긴이)와 PTW가 디자인한, 워터 큐브라는 별명으로 불리는 베이징 국가수영센터, 자하 하디드가 디자인한 런던 올림픽 수영장의 곡선을 이루는 측면은 기존 관념에 의문을 품도록 '건축되었다'. 뉴욕과 런던 수영장의 지붕은 콘크리트 구조물이고 베이징 수영장의 단단한 플라스틱 벽을 지탱하는 입체 뼈대는 강철이다. 그런데도 불구하고 디자인을 이용해 사람들이 소재의 물리적 특성과는 논리적으로 맞지 않는 모습을 연상하도록 만들어냈다. 지그재그식 수평선 형태의 라스커 수영장 콘크리트 퍼걸러를 보면 물결이 연상되는 듯하다. 베이징 올림픽 공원에 있는 워터 큐브를 보면 비눗방울이 생각날 것이다. 하디드가 디자인한 수영장의 곡선은 물의 유동성을 떠올리게 한다. 이처럼 디자인은 어떤 장소에 대한 경험에 영향을 미친다.

대표적인 은유 1. '집 같다'

이는 전부 건축 환경의 체화된 은유 사례다.[38] 사람들은 보통 은유를 시적 장치라고만 생각한다. 하지만 사실 은유란 우리가 어떤 장소나 대상이 지닌 (시각적, 감각적, 청각적, 언어적, 고유 수용적, 내수용적 또는 이들이 결합해 만들어낸) 내용이나 의미를 다른 장소나 대상으로 전이하는

144

역학을 뜻한다. '은유'라는 단어는 '옮기다, 가로지르다'라는 뜻의 '메타 meta'와 '끌고 가다'라는 뜻의 '포레오phoreo', 이 두 고대 그리스 단어에서 유래했다. 어원을 통해 알 수 있듯이 은유란 다양한 방식으로 사용할 수 있는 인지 도구다.

당신이 낯선 도시에서 머물 아파트를 찾고 있다고 치자. 마음에 드는 집을 찾은 당신은 친구에게 전화를 걸어 그 사실을 알린다. 왜 그 집이 마음에 드는지 묻는 친구에게 당신은 한마디로 대답한다. "'집' 같아서." 바로 이것이 은유다. 물론 본인은 그게 은유적 표현이라는 사실을 인식하지 못했을 수도 있다. 하지만 실제로는 사람이 사는 공간을 제공하는 커다란 건축물을 뜻하는 집이라는 개념을, 가정에서 느끼는 육체적, 감정적 편안함을 표현하는 데 사용한 것이다. 낯선 동네에 있는 새로운 주거 공간은 당신의 내적 안정감에 어떤 영향을 미칠까? 이 질문에 답하기 위해 당신은 한 영역(건축 환경)에서 이끌어낸 의미를 다른 영역(행복감)으로 '끌고 갔다'. 우리는 신체 속에서 살아가면서 하는 여러 경험, 그리고 자연과 건축 환경 속에서 하는 경험을 통해 이런 은유를 익힌다. 그래서 은유는 우리에게 체화되어 있다고 할 수 있다.

은유는 스키마다.[39] 은유는 스키마의 특정한 (그리고 커다란) 범주를 구성하며 익숙하고 구체적인 것에 관한 경험을 이용해 추상적인 관념과 느낌, 생각을 전달한다. 패턴은 벽지나 깔개의 무늬를 설명할 때 쓰는 단어지만 우리는 "그녀가 보이는 고통의 '패턴'이 걱정스럽다"라고 말한다. 리듬은 원래 음악 용어지만 "그는 자기 일상의 '리듬'을 좋아했다"라든가 "저 고층 건물의 창문에서 나타나는 리듬은 특이하다"라고 말해도 모두가 알아듣는다. "'거친' 시련이었다"처럼 촉각과 관련한 단어를 사용할 때도 있다.

뉴욕과 런던 수영 시설의 물결 같은 선이 그곳에서 하게 될 경험의 느낌을 전달하듯이 '집 같다'라는 은유는 단순히 새로운 아파트가 '편할 것 같다'고 말하는 것보다 당신이 느끼는 바를 더 잘 전달한다. 은유는 감정을 자극하는 시각 이미지, 신체 감각, 청각적 기억 등을 이끌어 낸다. 집에 있는 느낌이 어떤지(혹은 그 느낌이 어때야 하는지) 모르는 사람은 없다. 은유는 추상적인 개념(이 경우에는 안전한 느낌과 행복감)을 구체적이고 쉽게 떠올릴 수 있는 이미지('집이 최고다'라는 익숙한 표현)와 연계해 이해하기 쉽게 도와준다.

효율적으로 사용하면 건축 환경 속에서 은유는 프라임으로 기능할 수 있다. 워터 큐브의 비눗방울 모티프는 부력, 움직임, 순간성 같은 물의 특성을 연상시킨다. 이와 동시에 축축함과 차가움, 무거움, 잠재적 위험이라는 물의 부정적 속성은 덜 강조하며 은근슬쩍 넘어간다. 원래의 대상과 비유 대상 사이의 왜곡, 즉 이 경우에는 보는 사람의 연상과 물리적 건물 또는 건물이 지닌 기능의 차이가 은유를 효과적으로 만든다.[40] 은유는 건물의 기능이나 건물에 대한 경험을 부각하고 과장하는 한편, 보는 사람이 연상하고 해석할 여지를 남김으로써 건물의 기능이나 경험의 중요한 측면을 강조한다.

대표적인 은유 2. '중요한 것은 크다'

앞서 예로 든 '집 같다'라는 은유처럼 많은 사람이 공감하는 은유는 보통 어린 시절 경험에서 비롯한다.[41] 우리는 익숙한 대상이나 패턴, 경험, 행동과 연계해 다양한 추상적 개념, 때로는 금세 잊히기도 하는 개념을 익히곤 한다. 크기의 중요성은 대표적인 은유다. 오랜 옛날부터 여러 문화권에서 커다란 크기를 물리적, 사회적 힘과 연관지었다. 인지언어학자 조지 레이코프George Lakoff와 마크 존슨은 이를 '중요한 것은 크다' 은유라고 부른다. 이 은유는 어린 시절 우리보다 훨씬 크고(물리적 속성), 훨씬 강한(사회적, 관계적 속성) 보호자에게 보살핌을 받은 전 세계인의 공통적인 경험에서 비롯한다. 보호자들은 우리를 보호해주고 우리와 놀아주었다. 우리를 높이 들어 흔들어주고 우리의 작은 몸을 들어 올려 품 안에 안아주었다. 육체를 지닌 사람이라면 누구나 이런 은유적 연상을 공유한다. 우리의 건축 환경 경험을 떠올리게 하는 다른 은유로는 '튼튼한 것은 무겁다, 높은 것은 좋다, 낮은 것은 나쁘다, 장소

트렌턴 배스하우스(루이스 칸과 앤 그리스월드 팅). 뉴저지주 트렌턴.

(백악관)는 사건(국정 운영)이다' 등이다. 언제 어느 곳에서 살았든 간에 사람들은 성장 발달 단계를 거치면서 기본적이고 도식적인 수많은 은유적 개념을 받아들인다.

은유가 기능하는 방식을 생각하면 건축 환경 곳곳에 은유가 스며 있다는 사실이 당연하게 느껴진다. '중요한 것은 크다'와 '튼튼한 것은 무겁다'라는 은유를 살펴보자. 역사적으로 보면 국가가 군주제인지 전체주의, 신정주의, 공산주의, 민주주의 국가인지에 따라 정부의 제도와 구조, 가치 체계가 크게 달랐다. 하지만 정부의 특성이나 제도적 구조와 상관없이 오래 지속되는 정부만이 성공했다고 볼 수 있다. 그리고 정부는 오래 존속하기 위해 시민들에게 계속해서 정부의 본질과 지속성, 중요성을 상기시키곤 한다. 역사적으로 볼 때 자원이 풍부한 정부는 높고, 크고, 무거운 건물을 지어 정권의 권력을 강력하게 드러냈다. '중요한 것은 크고, 튼튼한 것은 무겁다'라는 은유를 이용한 것이다. 이집트 파라오의 피라미드부터 말리에 있는 술탄 쿤부루의 젠네 모스크, 로마의 하드리아누스 판테온은 물론, 오늘날 해당 도시, 국가, 대륙, 반구, 세계에서 가장 높은 건물을 지으려는 나라들이 벌이는 엄청난 액수의 건축 경쟁도 같은 맥락이다. 통치자들은 누구나 크고 무거운 건축물을 만들고 싶어 한다. 도시를 구경하다가 대규모 인민대회당이 들어서 있는 베이징의 톈안먼광장처럼 놀랍도록 거대한 건축물을 만나면 우리는 즉시 비의식적으로 어릴 때 내면화했던 스키마를 소환한다. '중요한 것은 크다, 튼튼한 것은 무겁다'. 이 은유가 전하는 사회적 메시지를 오해하는 사람은 없다.

사람들이 물리적 규모와 크기를 사회적 권력과 연관시키는 경향을 이용해 건축가들은 장엄하지 않은 건물을 장엄해 보이도록 디자인하기도 한다. 비율과 디자인을 이용해 아주 작은 건축물로도 장엄한 느낌을 줄 수 있다. 건축가 루이스 칸과 앤 그리스월드 팅이 뉴저지주 트렌턴에 만든 탈의장은 소년 소녀들이 여름 수영을 즐기기 전 수영복을 갈아입을 수 있는 밀폐된 옥외 공간에 불과하다. 하지만 칸과 팅은 무게감을 강조하고 건물 규모를 예측할 수 있는 외부 표지를 전부 숨김으로써 이 작은 건물을 기념비적인 건축물로 만들었다. 트렌턴 배스하우스에는 기단부도 코니스(수평의 띠 모양으로 돌출한 부분 - 옮긴이)도 창문도 문도 없다. 수평으로 쭉 이어지는 가공하지 않은 콘크리트 블록이 만들어낸, 기하학적으로 군더더기 없고 텅 빈 사각 각기둥 위로 피라미드식 낮은 지붕이 살짝 올라와 있다. 이 건물을 보면 중요한 것은 크다는 은유가 기반 인지에 근거한 다른 은유적 스키마, 즉 무거운 것은 튼튼하고, 오래 지속되며, 중요하다는 스키마와 함께 작용함을 알 수 있다.

연구자들은 최근 실시한 심리학 실험에서도 물리적인 무게를 사회적 권력에 대한 지각과 은유적으로 동일시한다는 사실을 증명했다. 이 실험에서 피험자 일부에게는 무거운, 나머지에게는 가벼운 클립보드를 주고 일자리에 지원한 후보자들을 면접하도록 했다. 그러자 무거운 클립보드를 받은 피험자들은 자신들이 면접한 후보자가(실제 모든 후보자의 자질은 동등했다) 더 지적이고 전문적이며 지원한 업무에 적합하다고 평가했다.[42] 칸과 팅은 건물의 비율을 조작함으로써 크기와 무게를 내구성, 중요성과 연관시키는 은유적 스키마를 이용해 실제로는 소박하고 평범한 기능을 지닌 트렌턴의 작은 콘크리트 블록 건축물을 품위 있고 영속하는 존재처럼 보이게 만들었다.

의도적 경험과 비의도적 경험:
베를린의 홀로코스트 기념관

트렌턴 배스하우스와 헌티드 맨션은 사람들이 건축 환경을 이해하는 방식(직접 반응과 은유의 스키마)을 조작해 상업적, 사회적 또는 다양한 다른 측면을 강조할 수 있다는 사실을 보여준다. 하지만 그러려면 기술과 감성, 지식이 필요하다. 인간의 인지와 은유적 연상 과정은 매우 복잡해서 디자인을 통해 이를 바꾸는 일은 실력이 뛰어난 건축가들에게조차 어렵다. 베를린 시내 브란덴부르크 문 근처에 1만 9000제곱미터에 달하는 부지를 차지하고 있는 유대인 학살 추모공원, 즉 홀로코스트 기념관만 보아도 잘 알 수 있다. 미국 건축가 피터 아이젠먼Peter Eisenman이 디자인한 홀로코스트 기념관에는 2771개의 콘크리트 비석이 직교 그리드형으로 배열되어 있다. 비석의 높이는 서로 다르지만 길이는 2.4미터, 너비는 0.9미터로 동일하다. 공원 가장자리에서 20센티미터 정도 들어온 곳에서부터 시작하는 비석은 가운데로 갈수록 점점 높아진다. 가장 높은 회색 콘크리트 비석의 높이는 4.9미터에 달한다.

사진이나 주변 도로, 특히 높은 곳에서 홀로코스트 기념관을 보면 무서울 정도로 단조롭다는 느낌이 든다. 독일 연방의회 의사당과 멀지 않은 생기 넘치는 대도시의 심장부에 있는 홀로코스트 기념관을 처음 보면 어리둥절해지며 이런 의문이 들 것이다. "이게 뭐지? 나중에 이곳에 뭔가를 건축하기 위해 콘크리트 판을 공들여 배열해 미리 자리를 잡아놓은 건가?" 이런 혼란 역시 디자이너가 의도한 바였다. 아이젠먼은 (그리드의 단조로움에 녹아 있는) 합리성이 광기로 변한 느낌을 전달하고

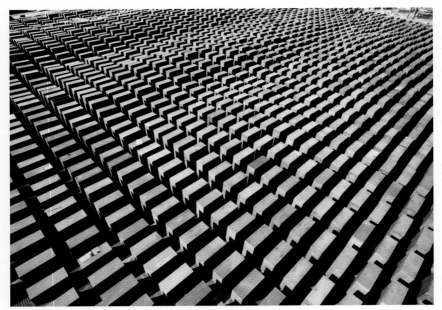

홀로코스트 기념관 위성사진(피터 아이젠먼). 독일 베를린.

베를린 홀로코스트 기념관에서 휴식을 취하는 사람들.

자 했다. 그런 측면에서 볼 때 아이젠먼의 디자인은 성공적이었다.

하지만 인도나 줄지어 있는 비석 사이에서 홀로코스트 기념관을 경험하면서 우리가 느끼는 감정과 인상은 보기만 할 때와 다르다. 낮고 불규칙적으로 배열된 콘크리트 비석이 만들어낸 주변부의 나선형 공간에는 방문객이 편안하게 모여든다. 우리는 안으로 들어오라는 부드러운 손짓을 따라 점차 이동하게 된다. 깊숙이 들어갈수록 거대한 회색 비석은 점점 높아지고 경사진 지면의 높이는 기념관 정중앙으로 갈수록 점점 낮아진다. 디자이너는 지면과 비석의 높이를 의도적으로 조절해 방문객이 미지의 세계로 내려가면서 주변 비석에 둘러싸여 갇힌 느낌을 받도록 했다. 하지만 홀로코스트 기념관을 돌아다니면서 우리가 느끼는 인간성 말살의 공포는 헌티드 맨션이 주는 스릴보다도 약하다. 직선 그리드를 따라 배열된 비석과 빈 공간이 불쾌감을 약화하기 때문이다. 또한 규칙적으로 등장하는 시각 통로를 따라 혼잡한 도로와 붐비는 인도, 일상을 살아가는 사람들이 있는 인간적인 도시로 시선이 이동하기 때문에 방향감각을 상실할 때 느껴지는 공포도 없다. 비석으로 가득한 홀로코스트 기념관 어디에 있든지 고맙게도 그리드의 축이 등장해 출구를 알려주고 우리가 다른 통로를 탐험할 수 있도록 인도한다. 그래서 방문객은 갇힌 느낌을 받거나 두려움을 느끼지 않는다. 게다가 홀로코스트 기념관은 (조성 당시부터 기대했던 대로) 인기 있는 관광 명소가 되어서 많은 사람이 모인다. 아이들이 비석을 뛰어다니며 놀고 낮은 비석에 앉아 점심 도시락을 먹는 사람도 많기 때문에 누구도 혼자라는 느낌을 받지 않는다. 가끔은 다른 방문객과 부딪히는 생각지 못한 낯선 상황이 연출되기도 한다.

아이젠먼은 체화된 경험과 마음속에 체화된 은유를 이용해 홀로코스트 기념관을 만들었다. 자극 부족이 유발하는 답답함, 현실과 동떨어진 직교 그리드, 타의에 의해 낮은 곳으로 내려가면서 느끼는 불쾌감을 이용한 것이다. 아이젠먼은 홀로코스트 당시 인간이 아닌 숫자로 취급되고 비인간적, 조직적으로 살해당한 유대인이 독일인에게 느꼈을 감정을 일깨우고자 일부러 회색 비석을 반복적으로 배열했다. 하지만 아이젠먼은 자신의 의도를 건축물에 제대로 구현하지 못했다. 그리드를 이용해 콘크리트 비석을 배열한 탓에 이용자들이 건축가의 의도를 제대로 경험하지 못한 것이다. '강압적인 반복'이라는 은유를 드러내려 했던 공간은 의도와 정반대인 '반복적이라서 안심이 되는' 공간으로 바뀌었다.

홀로코스트 기념관이 아이젠먼의 의도를 효과적으로 전달하지 못한 이유는 두 가지다. 우선 아이젠먼은 기념관을 직접 방문한 사람들이 처리하게 될 다양한 종류의 자극을 고려하지 않았다. 방문객들은 본인의 키보다 높은 비석 사이를 다니며 점점 아래로 내려가고 있다는 느낌을 받긴 하지만, 시각 통로 덕분에 항상 위치 감각을 유지할 수 있다. 또한 아이젠먼은 도시에서는 건물과 조경, 장소를 구성하는 데 형태뿐 아니라 그 안에서 벌어지는 사회생활도 큰 역할을 한다는 사실을 알지 못했다. 그래서 사람들이 자신을 사회집단의 구성원이 아니라 고립된 존재로 인식한다고 가정한 채 기념관을 디자인했다. 그 결과 베를린에 인류의 역사를 크게 바꿔놓은 잔인하고 소름 끼치는 대량 학살의 희생자들을 기리는 장소를 만들어내는 데 실패했다. 그 대신 아이들이 비석 사이를 뛰어다니고 연인들은 벽 뒤에서 키스를 나누고 직장인들은 무

률 높이의 비석을 벤치 삼아 점심 도시락을 먹는 커다란 건축물이 탄생
했다. 홀로코스트 기념관 방문객은 도심 속 놀이터가 된 이 장소를 보
면서 건축가의 의도가 제대로 구현되지 않았다는 사실을 깨닫는다.

자전적 기억의 중심에 자리 잡다 :
장소는 곧 우리가 된다

아이젠먼의 베를린 홀로코스트 기념관 같은 기념비적 건축물은 역
사적으로 중요한 인물이나 사건, 조직을 기념하려는 목적을 안고 만드
는 물리적 표지다. 이들의 목표는 사람들에게 기억되는 것이다.[43] 그렇
다면 인간의 기억과 물리적 장소 사이에는 어떤 관계가 있을까? 기념
물이 그리고 그 디자인이 영향을 미치기는 하는 걸까? 인간의 기억(특
히 장기 기억)은 지난 몇십 년 사이 놀라울 만큼 많은 정보가 발견된 수
많은 인지 영역 가운데 하나다. 과학자들은 한때 뇌 속에 장기 기억을
저장하는 별개의 저장소가 있다고 생각했지만 이는 사실이 아니라고
밝혀졌다. 과거에 벌어졌던 특정 사건을 기억할 때 우리는 뇌 곳곳에
흩어져 있는 수많은 감각 인지 시스템에서 여러 이미지와 패턴, 인상
을 소환한다. 우리의 과거를 구성하는 이들 기억은 물리적 위치와 장소
에 대한 인지와 결합하는 방식으로만 강화할 수 있다는 사실도 밝혀졌
다. 다시 말해 뇌가 기억을 강화하는 방식을 보면 우리가 해당 경험을
할 당시 속했던 물리적 환경이 기억과 크게 관련되어 있다고 할 수 있
다. 인간을 둘러싼 환경이 대부분 '건축' 환경인 현대 사회에서는 우리

가 살고 있는 건물, 조경, 도시 지역이 우리의 자전적 기억을, 나아가 자아정체성을 형성하는 데 중요한 역할을 한다. 우리가 '어떤' 사람인지는 우리가 '어디에' 머물렀는지와 깊은 관련이 있다.

선명한 어린 시절 기억이나 청소년기에 가장 뿌듯했던 기억, 혹은 어른이 되어 얻은 첫 직장의 첫 출근 날을 떠올려보자.[44] 기억에 집중하다 보면 당시 느낀 감정이 떠오를 것이다. 잘 따르던 형과 함께 종이상자 요새를 디자인하고 만들면서 느꼈던 행복이나 반 아이들 앞에서 과제를 잘했다고 칭찬받았을 때의 기쁨, 첫 직장에서 자신의 가치를 증명하기 위해 열의를 불태웠던 느낌 말이다. 기억을 떠올릴 때 관련 사건만 떠올랐는가? 그럴 가능성은 극히 적다. 함께 있던 사람들, 그때 본 장면, 들었던 소리, 당시 느낀 촉감 등 물리적 장소와 공간에 녹아 있는 여러 기억이 같이 떠올랐을 것이다. 자전적 기억을 떠올리는 일은 그 일이 발생했던 '공간에 대한 정신적 시뮬레이션'을 동반한다. 그래서 학생들이 관련 내용을 배웠던 교실에서 시험을 보면 점수가 더 높게 나오는 것이다.

과학자들은 최근에 와서야 기억과 장소의 관계를 설명할 수 있게 되었다. 신경학적으로 볼 때 뇌에 있는 자전적인 장기 기억을 강화하거나 장기 저장을 준비하는 부위는 해마와 주변 구조라고 알려져 있다.[45] 이 부위는 뇌의 다른 부위들과 함께 작동하며 우리가 길을 잘 찾을 수 있도록 도와준다. 장기 기억을 형성할 때 가동하는 뇌의 부위는 우리가 장소를 파악하도록 도와주는 보편적인 부위와 다르지만 똑같은 세포(장소 세포)를 사용한다.[46] 즉 장소를 파악하고 장기 기억을 강화하는 일 둘 다 장소 세포가 담당하는 것이다. 당신이 결혼하고자 하는 상대

에 관해 어머니와 나눈 중요한 대화나 승진과 관련해 상사와 나눈 대화
는 대화를 나눈 장소(부모님 집 현관 계단이나 상사의 책상 맞은편 소파) 관
련 정보와 함께 기억 관련 암호로 바뀐다. 장소와 장기 기억의 관련성
을 바탕으로 왜 세 살 이전에는 장기 기억이 없는지 설명할 수 있을 듯
하다. 바로 세 살이 되어야 공간 길 찾기 전략이 발달하기 때문이다.

인지에 대한 또 하나의 충격적인 사실은 사람이 물리적 세계를 경
험하는 방식을 이해하는 데 결정적인 단서를 제공한다.[47] 우리는 사건
이 발생한 장소와 관련한 요소를 (의식적이 아니면 비의식적으로라도) 몇
가지는 떠올려야만 당시 기억을 소환할 수 있다. 이 사실을 바탕으로
'장소와 관련된 경험이 우리의 자의식과 정체성 인식의 틀을 구성한다'
고 말할 수 있다. 사람은 건축 환경을 바탕으로 과거, 현재, 미래의 자신
을 만들어낸다.

환경이 나를 만들어 간다

자전적 기억을 떠올리는 과정을 생각해보면, 우리의 기억과 이어
진 감각 요소가 새롭게 마주치는 환경에 의미를 부여할 때 우리의 선택
에 큰 영향을 미치리라는 사실을 알 수 있다. 예를 들어 새로운 주거 공
간을 찾을 때 우연히 보게 된 햇빛이 쭉 들어오는 바닥이, 늦은 오후 창
문을 통해 비슷한 각도로 들어오던 빛줄기를 받으며 형과 함께 종이 요
새를 만들던 기억과 그때의 감각, 느낌을 떠오르게 한다는 이유로 그
집을 선택할 수도 있다. 사랑하는 형제와 함께 놀며 느꼈던 친밀감과
소중한 기억이 새로운 장소에 대한 인상에 영향을 끼치는 것이다. 그리
고 그 기억을 떠올릴 때마다 우리는 장소와 사건을 점차 강하게 결합하

자전적 기억은 장소와 함께 저장된다. 뉴저지주 프린스턴 앨리슨 로드 74번지.

고 현재의 기억을 새로운 내적, 외적 자극과 연결해 점점 뇌 깊숙한 곳
에 새긴다. 이런 방식으로 우리의 경험, 그리고 우리의 경험에 대한 기
억은 본질적, 필연적으로 환경 속에 뿌리내린다.

　　자전적 기억에 대한 새로운 설명은 무엇을 의미하는가? '건축 환경
이 곧 우리 자신이다'는 말은 약간 과장일 수 있다. 하지만 건축 환경이
우리의 모습을 형성하고 우리가 이 세상을 신체적, 사회적, 인지적으로
경험해나가는 방식을 결정하며 더불어 우리의 정체성을 확립하고 바

꾸는 과정에 깊이 관여한다고 보는 것은 절대 과장이 아니다. 나는 경험으로 그 사실을 알고 있다. 나는 태어나서 열네 살 때까지 대부분의 기간을 뉴저지주 프린스턴에서 보냈다. 나무가 무성하고 조경이 멋진 4000제곱미터가 넘는 부지에 건축가가 디자인한 주택이 옹기종기 모여 있는 조용한 거리였다. 우리 집을 디자인한 프린스턴 대학교 건축과 교수 마틴 L. 벡Martin L. Beck은 현대의 집은 자연 속에 위치한 조용한 안식의 공간이어야 한다는 프랭크 로이드 라이트의 비전에 영향을 받은 사람이었다. 교외 주택을 점점 크게 짓는 오늘날의 기준과 비교하면 우리가 살던 집은 크기는 작은 편이었지만 매우 귀중한 휴식 공간이었다. 입구는 우묵 들어가 깊은 그림자가 드리워 있고 짙은 나무색으로 칠한 집 앞쪽으로는 앞마당과 거리 일부가 보였다. 그 대신 반대편인 집 뒤쪽으로는 녹색이 드넓게 펼쳐져 있었다. 바닥에서 천장까지 이어진 여닫이 유리창은 다른 집이 전혀 보이지 않는 녹음 가득한 커다란 뒷마당으로 이어졌다.

우리 가족은 조용한 길을 따라 금세 프린스턴 대학이나 주요 상점가까지 갈 수 있는 위치에 있으면서도 층층나무와 목련, 개나리 등이 만개한 화단을 사이에 두고 주변 집들과 분리된 전원적인 환경이 삶에 주는 특별한 즐거움을 잘 알고 있었다. 나무 판으로 장식한 내부는 온화한 적갈색 빛을 발산했고 벽난로와 층계가 있는 중심부 주위를 둘러싼 공간은 앉아서 책을 읽거나 놀기 좋은, 조용하면서도 개인적인 장소를 제공했다. 그 집에서는 조용히 혼자 앉아 있을 때도 늘 다른 가족 구성원이 집 안 어디에 있는지 알 수 있었다.

이 집(부모님이 40년 전에 팔아버리셨지만!)은 지금까지도 나라는 사람을 이루는 데 중요한 부분을 차지한다. 프린스턴 집에 살며 느꼈던 특권은 지금 내가 살고 있는 뉴욕 이스트할렘에 대한 생각과 그곳에서 내가 살아가는 방식에 많은 영향을 주었다. 나는 프린스턴 집에 살면서 많은 사람(실제로 세계 인구 대부분)이 사는 상대적으로 불운한 환경에 대한 공감 능력을 키웠다. 디자인이 훌륭한 장소가 지닌 놀라운 영향력 (안전하고 편안하고 행복한 공간을 만드는 건축과 자연이 지닌 위로의 힘)에 대한 이해 역시 교과서가 아닌 개인적 경험에서 온 것이다. 프린스턴 집은 자연 속에 있어서 생동감이 넘쳤다. 공공 공간에는 햇빛이 가득하고 풍경은 철마다 모습을 바꾸었으며 그림자는 아이가 몰래 숨기 좋은 공간을 마련해주었다. 지금 이 순간 그 집을 떠올리는 것만으로도 내 안에서 따뜻하고 편안한 행복감이 퍼져나간다.

어린 시절 기억이 어떻든 간에 당신이 느낀 감각 인상과 생각, 감정, 이 모든 것이 과거와 현재의 자신에게 갖는 의미를 하나로 묶어주는 요소는 신체, 그리고 많은 시간을 보낸 특정 장소라고 할 수 있다. 당신이 아이티 판자촌이나 니덤의 대형 주택 단지, 달에 있는 펜트하우스 아파트에서 자랐다면 지금 이 책을 읽고 있는 모습과 다른 모습으로 자랐을 것이다. 건축 환경을 경험하고 상기하는 단계적 고정은 우리가 공간과 장소 안에서 자신을, 그리고 타인을 이해하는 방식의 근간을 이룬다는, 당연한 듯하지만 어떻게 보면 당연하지 않은 사실을 암시한다.

자전적 기억에 대한 새로운 지식은 인간의 전반적인 경험, 특히 건축 환경에 대한 인간의 경험을 이해하는 방식에 관해 많은 것을 알려준다. 타인에 대한 이해, 세계에 대한 이해, 우리 자신에 대한 이해가 모두 물리적 환경과 깊이 연관되어 있다면 건축 환경과 그 디자인이 우리 인생과 사회, 정치에 갖는 중요성은 헤아릴 수 없을 정도로 커진다. 자전적 기억의 인지 구조는 '건축 환경이 다시 우리 안에 자리 잡게 하며' 건축 환경은 우리 삶의 내적 구조를 형성한다. 우리가 건축한 세계는 별생각 없이 무시해도 되는 단순한 배경이나 별로 중요하지 않은 무대 장치와는 거리가 멀다. 우리가 스스로를 인간으로, 또 타인을 우리와 같은 인류로 인식하고 우리와 타인의 관계를 인지적으로 구성할 때 사용하는 디딤돌이기 때문이다. 이는 그야말로 어마어마한 결과로 이어진다. 우리의 유감스러운 건축 환경은 사람들과 공동체의 삶을 크게 손상한다.

그러기 때문에 우리는 인간의 기본적인 신체적, 생물학적 필요를 충족하는 피난처의 기능을 제공하는 장소를 만드는 데 만족해서는 안 된다. 장소는 우리의 모습과 우리 자녀의 현재와 미래 모습, 우리가 현재 타인을 어떻게 인식하며 앞으로 어떻게 바라볼지를 결정하는 데 중요한 역할을 한다. 건축 환경은 우리의 자아정체성과 타인에 대한 개념을 구성하고, 우리 자신과 과거를 형성하고, 혼자 또는 남들과 함께 이 세상을 살아가는 방식을 결정하는 데도 '능동적이고 중심적인' 역할을 한다. 건축 환경 디자인은 우리가 현재를 살아가는 데는 물론이고, 앞으로 어떻게 행동해나갈지에도 중요한 영향을 미친다.

지금까지는 건축 환경을 총체적으로 살펴보았다. 하지만 실제 건축 환경은 다양한 구성 요소의 총합이다. 거리는 모퉁이와 인도, 건물 현관 계단, 가로등과 도로 포장재로 구성되어 있다. 건물에는 창문과 지붕, 문턱, 후면과 전면이 있다. 도시 광장, 식물원, 간척지, 나무가 있는 놀이터, 놀이기구, 분수 등은 그 지역의 풍경을 결정한다. 이런 구조물이 우리의 경험과 인지, 정체성을 어떻게 구성하는지 이해하려면 작은 단위로 쪼개서도 살펴봐야 한다. 사람이 지금까지 만들어내고 앞으로 만들어낼 건축물은 결국 사람을 위한 것이다. 그리고 사람의 손에서 탄생하는 건물에 사는 사람들은 건물 이전에, 땅을 딛고 서 있는 신체 속에서 살아가고 있다.

3장

마음과 육체는 하나로 연결되어 있다

높은 나무에 기대어

내 키를 재본다.

나는 나무보다 훨씬 크다.

눈을 들면

태양까지 닿을 수 있고

귀를 기울이면

바닷가까지 닿을 수 있으니.

—월리스 스티븐스, 「특별한 여섯 가지 풍경」

마음과 육체가 철저하게 맞물려 있다는 사실은 노인을 돌볼 방법을 고민해본 사람이 가장 잘 이해할지도 모른다. 나이 든 가족, 예를 들어 어머니가 가장 가까운 슈퍼마켓과 은행이 차로 10분 거리에 있는 턱없이 넓은 교외 주택에 계속 살고 있다고 생각해보자. 어머니는 더 이상 안전하게 차를 끌고 다닐 수도 없고 계단을 쉽게 오르지도 못한다. 집을 제대로 관리하지 못한 지도 10년이 다 되어간다. 신체 능력이 점차 퇴화하고 있는 어머니를 노인 요양 시설이나 당신 집과 가까운 친척 집으로 모셔야 하는 게 아닌지 고민될 것이다.

하지만 가능하면 거처를 옮기지 않는 편이 낫다. 노인들은 낯선 환경으로 이사하기보다 익숙한 공간에 머물 때 더 잘 지낸다. 새로운 환경에서 지금과 똑같은 수준의 건강관리를 받는다고 해도 어머니는 기존 집에서 지낼 때 훨씬 건강하고 행복할 가능성이 높다. 실질적으로 더 편리한 위치에 있는 주택에 살면 일상생활의 부담은 줄어들겠지만 어머니의 신체적, 정서적 건강은 더 빠르게 나빠질 수 있다. 왜 그럴까?

바로 오랜 세월 함께한 집을 떠난다는 '인지적' 경험이 '신체' 건강에 해롭게 작용하기 때문이다. 마음과 육체는 하나다. 새로운 환경으로 옮긴다는 데 대한 부정적인 생각은 실제 새로운 환경이 제공하는 이점보다 앞선다.

오늘날 인간의 인지에 대한 주요한 과학적 설명은 내용 차이는 있지만 전부 마음과 신체가 분리된 존재가 아닌 '통합'된 존재라는 사실에 입각한다. 우리의 마음은 마음속 사고의 형태와 내용(비의식적 인지, 신체를 지니고 살아가며 구성하는 스키마와 은유적 연상, 우리의 기억, 감정, 의식적 인지)을 구성하는 신체와 깊이 얽혀 있다. 인지는 인간이 특유의 신체를 지니고 살아간다는 사실과 밀접한 관련이 있으며 인간의 인지는 '체화된' 인지로만 나타난다. 그런데 인지가 체화되었다는 건 정확히 어떤 의미일까?

체화된 마음

일반적인 인간의 형상을 살펴보자. 나는 르네상스 시대 이탈리아 화가 마사초Masaccio가 에덴동산에서 쫓겨난 아담과 이브를 그린 벽화를 좋아한다. 이 벽화에 등장하는 신체는 우리가 거울과 여기저기에서 수도 없이 봐온 모습이다. 아담과 이브의 머리 크기는 전신의 8분의 1 정도에 해당하며 정수리부터 발바닥까지 관통하는 수직축을 기준으로 왼쪽과 오른쪽이 거의 대칭을 이룬다. 아담과 이브의 몸 가운데 다리와 몸통이 가장 큰 부분을 차지하고 손과 손가락, 발, 발가락이 차지하는

타인의 눈에 비치는 신체, 마사초,
「낙원에서의 추방Expulsion from the Garden of
Eden」, 1425.

부분은 매우 작다. 눈은 기껏해야 약상 자만 하다.

　우리가 사는 장소의 디자인은 아담 과 이브의 크기, 인간 신체의 특징과 조 화를 이루어야 한다. 이는 반박의 여지 가 없는 사실이다. 마사초가 정확하게 묘사한 구부정한 나체의 아담과 이브에 게는 거대하고 혹독한 세상으로부터 자 신들을 보호해줄 옷과 피난처가 필요하 다. 이들이 지낼 피난처 출입구의 높이 와 너비는 아무리 큰 사람이라도 선 채 로 통과할 수 있는 정도여야 한다.

　하지만 인간이 직립 보행을 하고 팔 과 다리, 눈이 두 개씩에 손가락이 열 개 라는 사실을 아는 것은 우리가 신체를 가지고 이 세상을 살아가는 동안 인지 면에서 스스로를 어떻게 경험하는지 탐 구하는 데 더 이상 도움을 주지 못한다.[1] 인간이 생각하는 방식에 대한 새로운 설명에 따르면 우리는 신체를 실제 세상에 존재하는 개체로서 의 육체와는 다른 것으로 경험한다고 한다. 다시 말해 우리가 머릿속으 로 생각하는 신체는 거울 앞에 섰을 때 보이는 아담과 이브를 닮은 신 체와 다르다는 뜻이다. 우리가 살면서 경험하는 것과 거울을 바라보는 것은 많이 다르다. 주변 환경을 눈으로 보고, 피부로 느끼고, 귀로 듣고,

그 안을 돌아다니면서 여러 가지 생각을 하고 나중에 다시 지난 경험을 곱씹어보곤 한다. 우리가 직접 경험하는 신체와 마음은 거울로 보는 모습과 상당한 차이가 있을 수 있다. 단순한 예로 우리는 크기가 작은 손가락을 엉덩이보다 훨씬 큰 존재처럼 느낀다.

호문쿨루스

우리가 내적, 주로 비의식적으로 우리의 신체를 어떻게 경험하고 (즉 우리의 신체 스키마) 신체 안에서 세상을 어떻게 경험하는지 보여주는 색다른 모형이 있다. 인지과학자들에게 익숙한 우스꽝스러운 이 존재는 호문쿨루스 또는 '작은 사람'이라고 부른다. 호문쿨루스는 자극을 처리하는 뇌의 인접한 두 주요 부위, 운동피질과(사진 오른쪽) 감각피질을 눈에 보이게 형상화한 것이다. 우리의 감각 기능을 나타낸 감각 호문쿨루스와 운동 능력을 나타낸 운동 호문쿨루스는 다양한 신체 부위와 각 신체 부위에서 수집한 정보를 처리할 때 우리가 뇌를 어떻게 할

감각 호문쿨루스.　　　　　　　운동 호문쿨루스.

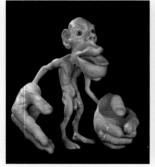

당하는지를 삼차원으로 보여준다. 그래서 이를 보면 우리가 여러 공간, 여러 장소 안에서 우리의 신체를 어떤 식으로 경험하는지 알 수 있다. 좀 더 전문적으로 말하면 호문쿨루스는 인간의 신체 표면과 오른쪽 대뇌반구 중심후회(중심구와 중심후구 사이에 낀 두정엽전부의 뇌회 – 옮긴이)에 걸쳐 있는 인간의 모든 감각 기능과 신체 표면을 표현한다.[2]

인간의 어깨 위에 있는 머리와 비교해보면 호문쿨루스 머리의 비율이 놀라울 정도로 왜곡되어 있다는 사실을 알 수 있다. 운동 호문쿨루스는 눈과 코가 튀어나와 있으며 두 손은 괴기스러울 정도로 거대하고 입은 발보다 몇 배나 크다. 이와 비교하면 뼈만 앙상한 몸통과 이쑤시개 같은 다리는 우스꽝스럽다(감각 호문쿨루스는 귀와 생식기도 눈에 띈다). 바로 이 모습이 우리의 마음이 느끼는 신체 부위의 상대적 중요성이다. 우리는 아담, 이브와 비슷한 비율의 신체 속에서 인지 호문쿨루스로서 대부분의 일상을 살아간다. 또한 호문쿨루스의 커다란 부위가 수집한 정보에 훨씬 많은 관심을 집중한다. 커다란 부위에는 신경말단이 더 많이 분포한다. 눈과 귀는 우리 마음에 정강이보다 훨씬 많은 정보를 전달한다. 우리는 호문쿨루스의 큰 부위가 보내는 자극을 강렬하게 느끼며 작은 부위가 보내는 자극에는 상대적으로 둔감하다. 그래서 종이에 손가락을 베인 고통은 보통 넓적다리에서는 느껴지지 않는다.

우리가 아담과 이브를 닮은 신체를 지녔다는 사실은 우리의 인간 경험에 대해 한 가지 정보를 준다. 인간이 타인의 신체를 어떻게 느끼는지, (자신과 분리된 외부의) '타인 중심' 시각으로 바라보는 우리의 육체에 대한 심적 스키마가 어떤지 알려주는 것이다. 인간 경험에 대해 더 완벽하게 알고 싶으면 신체를 사용해 서고 앉고 움직이고 자는 등

일상을 살아가면서 만들어내는 자신의 신체에 대한 심적 스키마, 즉
(내면의) '자기 중심적' 관점도 고려해야 한다. 우리의 마음이 생각하는
신체의 표상을 타인 중심적, 자기 중심적 스키마 단 둘로만 설명할 순
없다. 우리가 어디에 집중하고, 어떤 능력을 계발하고, 언제 어떤 행동
을 하는지에 따른 신체 경험을 바탕으로 세 번째, 네 번째, 다섯 번째,
여섯 번째 스키마까지도 생성된다. 무용가의 신체 스키마는 택시 운전
기사나 미식축구 선수의 스키마와 다르다.[3] 나 자신의 신체 스키마도
중년의 무릎을 이끌고 계단을 올라갈 때와 조용히 앉아 필립 글래스의
명곡 「사티아그라하Satyagraha」를 감상할 때가 다르다. 딸이 입을 스웨터
에 단추를 달기 위해 바늘에 실을 꿸 때나 머릿속으로 어려운 수학 문
제를 풀 때 사용하는 스키마도 다르다. 세 번째부터 n번째까지의 신체
스키마는 능력과 관련되어 있고 과제 중심적이며 다양한 활동을 할 때
우리의 마음이 바라보는 신체가 어떤 모습인지를 드러낸다.

　　인지가 신체에 존재한다는, 즉 '체화되어' 있다는 사실은 우리가 건
축 환경 경험 방식을 이해하는 데 많은 영향을 미친다. 우리의 마음이
어떻게 작용하고 무엇을 기록하는지는 인체의 해부학적 구조와 감각,
운동 기능의 구체적인 작동 방식에 달려 있다. 신경말단이 손가락 끝
에 몰려 있고 엉덩이에는 상대적으로 없다는 사실과도 관련이 있다는
뜻이다. 몸통 위로 솟아오른 머리, 얼굴에서 눈의 위치, 눈이 선과 각도,
빛, 그림자, 색상을 처리하는 방식도 관련이 있다. 이 모든 요소는 우리
가 보고 듣고 느끼고 생각하는 것을 가능하게 만들거나 제한한다. 일례
로 눈과 귀, 코, 입이 있는 인간의 머리는 우리가 세상과 상호작용하게
도와주는 중요한 기능을 담고 있다. 머리가 몸 아래에 달린 냄새나는

발과 몸 뒤에 위치한 배설 기관과 비교해 몸에서 높은 부분에 달려 있다는 사실 때문에 우리의 마음은 다른 불쾌한 부위를 '하등하다'고 여긴다. 예를 하나 더 들어보자. 바닥에서 천장까지 높이가 2.4미터 정도 되는 근무 공간에서는 높이가 3미터인 공간에 들어갔을 때보다 훨씬 답답한 느낌을 받는다. 하지만 높이가 3.6미터인 공간과 3.9미터인 공간의 차이는 크게 느끼지 못한다. 천장이 수직 도달 범위(서서 팔을 뻗은 높이)를 한참 넘어서면 우리의 높이 측정 능력이 감소하기 때문이다.

세계를 가득 채우고 있는 육체

우리를 둘러싼 환경 어느 곳에서나 타인 중심적 신체의 자취를 찾을 수 있다. 건축가들은 인간의 형상과 감각, 운동 기능이 어떤 식으로 물리적 환경을 사용하고 이와 관계를 맺는지 고려해 문의 높이나 창틀 깊이, 복도 크기, 관객석의 시선 등을 계산한다.[4] 하지만 디자이너들은 종종 우리의 신체뿐 아니라 체화된 특성의 세부 요소를 더 종합적이고 깊이 있는 접근 방식과 접목하고, 그 결과 우리가 그 요소들이 만들어내는 미묘한 차이에 집중하게 만든다.

전통적인 일본식 주택은 이를 설명하기에 매우 적절한 예다.[5] 다다미 매트는 가로 약 0.9미터, 세로 약 1.8미터로, 손에 들고 이동할 수 있는 크기다. 무엇보다도 다다미는 잠잘 때 일본인의 신체를 편안하게 감싸준다. 또한 다다미 매트의 짧은 면은 전통 주택에서 일반적으로 사용하는 0.9미터 너비의 미닫이 벽 모듈, 도어 패널과 길이가 같다. 각 요

일본의 전통 다다미는 신체에 잘 맞는 크기다.

소(누워 있는 신체와 매트, 매트와 벽, 벽과 서 있는 신체)의 적절한 비례는 인체 중심의 멋진 반복 디자인 시스템을 탄생시켰다.

인간 발달 단계에 따라 달라지는 신체 크기와 비율에도 이를 확대해서 적용할 수 있다. 노르웨이 건축가 그룹 헬렌 앤드 하드Helen & Hard 는 노르웨이 최대의 석유 생산 운송 허브 스타방에르에 있는, 지금은 사용하지 않는 광대한 부둣가 부지에 멋진 지오파크Geopark를 건설했다. 헬렌 앤드 하드는 사람들이 '자기 중심적' 경험을 할 수 있도록 어린아이 신체 크기에 맞는 볼풀장과 새장을 닮은 그네를 만들고, 자전거나 스케이트보드를 타는 청소년을 위해 넓고 완만한 터레인파크terrain

여러 연령대와 다양한 종류의 경험을 위한 디자인. 지오파크(헬렌 앤드 하드), 노르웨이 스타방에르.

park(다양한 기술을 시도해볼 수 있게 꾸민 장소 - 옮긴이)를 디자인했다. 그뿐 아니라 재활용 플라스틱 계선부표mooring buoy(부두 이외의 지점에 선박을 계류하기 위한 설비 - 옮긴이)와 맨 위에 닻이 달린 기다란 금속 스탠드로 재미있는 아케이드를 만들어 엄청나게 거대한 항구와 아주 작은 인체의 극심한 크기 차이를 완화해 '타인 중심적' 경험도 할 수 있게 했다.[6]

건축 세계는 이를 이용하는 타인 중심적 인체에 맞게 구성되어야 한다. 의자는 사람이 앉은 상태로 특정 활동(식사, 독서, 휴식, 옷 입기)을 할 때의 자세를 주의 깊게 분석해 디자인해야 한다. 하지만 자세 분석은

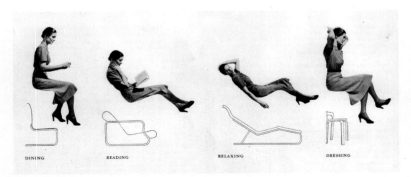

식사, 독서, 휴식, 옷 입기를 위한 물건. 행동에 따라 몸의 자세가 달라진다.
「알토: 건축과 가구Aalto: Architecture and Furniture」(뉴욕 현대미술관).

좋은 디자인을 만들어내기 위한 복잡한 단계의 첫 시작에 불과하다. 아
담과 이브를 닮은 인체에 맞게 만든다고 다가 아니기 때문이다. 의자는
자기 중심적 신체에도 적합해야 한다. 헝가리에서 태어난 미국 건축가
마르셀 브로이어Marcel Breuer가 디자인한 바실리 의자Wassily Chair는 20세기
에 등장한 가장 유명하고 시각적으로 뛰어난 가구 가운데 하나다. 바실
리 의자는 자전거용 금속관을 연속적인 기하학 형태로 구부려 만든 의
자로, 가벼우면서도 인체를 지탱할 만큼 튼튼하다. 이 의자는 (특히 건축
가들 사이에서) 많은 인기를 끌었지만 마치 기계처럼 보일 뿐 아니라 차
가운 느낌마저 준다. 브로이어의 동료 건축가 알토는 의자 디자인이 타
인 중심적 신체에만 맞춰져 있지 감각이 예민하고 동그란 눈과 커다란
손을 지닌 감각 호문쿨루스에게는 맞지 않는다며 불평했다. 알토는 "집
에서 매일 사용하는 가구는 빛을 너무 많이 반사하면 안 되고 피부와
직접 접촉하는 물체에 열전도율이 높은 재료를 사용해서는 안 된다"라

구부러진 금속관은 외형이나 느낌이 모두 차갑다. 바실리 의자(마르셀 브로이어). 1926.

면서 바실리 의자를 인도적 디자인으로 볼 수 없다고 주장했다.

　　우리가 사는 동네와 도시 공간 디자인에서도 가구에 대한 알토의 조언은 똑같이 무시된다. 보통 다리 길이의 평범한 여성은 적당한 속도로 400미터를 걷는 데 5분 정도가 걸리며, 목적지가 15분 거리 이내라면 많은 사람이 차를 모는 대신 걸어갈 것이다. 도시 계획 이론가와 환경 파괴 없는 지속 가능성 옹호자들은 이 정보를 합리적 알고리듬으로 만들 수 있다고 주장한다.[7] 학생들이 학교에, 부모들이 직장에 갈 때는 물론 가정에 필요한 기본 물품을 구입할 때도 걸어서 이동할 수 있도록 동네를 구성해야 한다는 것이다. 하지만 미국과 아시아에 이 조건을 거스르는 도시가 얼마나 많은가! 휴스턴에서 베이징에 이르기까지 수많은 도시가 거대한 크기의 주택, 상업 지구와 그 주변으로 뻗어나간 교외 지역으로 구성되어 있다. 그 탓에 우리는 체화된 인간에게 적합하지 않은 동네에 고립되어 살 수밖에 없다.

　미묘하게 무언가를 연상시키는 형태를 이용해 물리적 환경과 체화된 인간이 조화를 이루게 할 수도 있다. 건축가들은 우리를 놀라게 하는 매력적이고 흥미로운 방식으로 우리의 모순된 타인 중심적, 자기 중심적 신체 스키마를 교란할 수 있다. 우리가 천천히 한 발 한 발 직접 걸어가는 직선의 길과 눈으로 주변을 빠르게 훑으면서 만들어내는 전체적인 표상의 차이를 과장하는 것이 대표적 방법이다. 일본 건축가 안도 다다오安藤忠雄는 상하이에 폴리 그랜드 극장을 디자인하면서 바닥에서 천장까지의 공간 일부를 잘라 내부 공간이 외부에서 보이게 만들었

발과 눈이 향하는 길의 차이를 보여주는 건물. 폴리 그랜드 극장(안도 다다오). 중국 상하이.

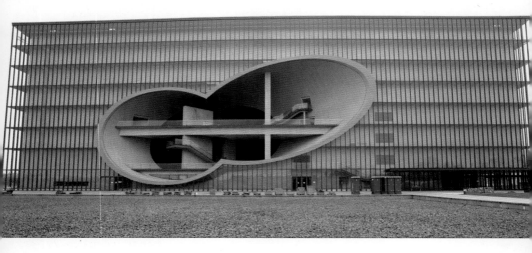

다. 건물 가까이 다가가면 건축가의 의도대로 원래 우리가 서 있는 곳에서는 볼 수 없는, 건물 안에 있는 사람들이 눈에 들어와서 우리의 발이 있는 길과 눈이 보는 길 사이에 불일치가 일어난다. 네덜란드 건축가 렘 콜하스와 그가 이끄는 OMA는 쿤스탈 로테르담을 방문한 이들에게 더욱 놀라운 순간을 선사한다. 아래층 전시관에서 예술작품 관람에 흠뻑 빠져 자기 중심적 자아를 경험하다 보면 머리 위에서 활발한 움직임을 감지하게 된다. 투명 천장을 올려다보면 신발 밑창들이 눈에 들어오고 그 너머로는 우리 머리 바로 위 전시관에 서 있는 관람객의 놀라울 정도로 축소된 몸이 보인다. 아래에서 바라보았을 때 우리 육체의 모습이 어떤지 아는 순간, 객관적인 대상으로 가득한 우리를 둘러싼 타인 중심적 세계 속에서 체화된 자아란 어떤 존재인지 깨닫는다.

우리의 또 다른 인지 자아, 즉 호문쿨루스의 각 부위는 인간이 건축 환경을 경험하는 방식을 어느 정도까지 좌우할까? 우리의 눈과 귀, 코, 손, 손가락, 입술, 혀, 발은 외부 세계로부터 모습과 소리, 냄새 등을 받아들이는 주요 수용기이며 모든 감각 기능은 운동계와 공조해 우리가 균형을 유지하면서 걷고 대상을 만지고 촉각 정보를 해석하는 등 다양한 활동을 하게 해준다. 호문쿨루스의 각 부위를 보면 타인 중심적 신체에서는 작아 보이는 부위 가운데 일부가 경험과 관련해 커다란 역할을 한다는 사실을 알 수 있다. 위성 안테나를 닮은 귀는 아주 작은 청각 자극(조용한 방에서 들리는 종이 바스락대는 소리)에도 귀가 반응한다는 사실을 드러낸다. 손가락을 감싼 부드러운 피부에는 수많은 신경세포가 분포해 있다. 그래서 질감에 대해 간접 경험(바닷가 울타리 위에 있는 무시무시한 철조망을 보는 행위)만 해도 햅틱 지각 탓에 몸을 움찔하게 된다.

　도시 공간과 건물, 조경을 디자인할 때는 이런 섬세한 감각을 철저히 반영하고 완전히 녹여내야 한다. 이따금 그런 디자인이 탄생하기도 한다. 타인 중심적, 자기 중심적 신체 스키마 모두에 집중한 유명한 현대 건축가 가운데 가장 대표적인 인물은 페터 춤토어Peter Zumthor일 것이다. 스위스 출신 건축가 춤토어는 정서적 울림이 큰 장소를 만들려면 다감각 경험이 중요하다고 생각했다. 다감각 경험을 가능하게 하려면 프로젝트의 전체 형태는 물론 눈에 잘 띄지 않는 아주 작은, 때로는 보이지도 않는 세세한 요소까지 신경 써서 디자인해야 한다. 춤토어는 스위스 시골에 만든 한 칸짜리 성 베네딕트 예배당의 나무 건물 형태와 구조적 연결, 그리고 재료를 결정할 때, 사용자의 시각, 청각, 촉각 경험의 질을 고려했다. 그는 이 작은 언덕 예배당을 작업하며 나무 속마루 위에 십자형으로 가문비나무 판자를 덧대 깔았다. 바닥에 굴곡을 만들어 사람들이 위를 걸을 때 마룻장이 휘어져 삐걱거리게 하면 실제보다 더 오래전에 지어진 건물에 와 있다는 느낌을 주기 때문이다. 춤토어는 이렇게 말했다. "건물 내부는 거대한 악기 같아서 소리를 모으고 증폭시켜 다른 장소로 전송합니다. …… 바이올린 상판에 쓸 법한 훌륭한 가문비나무 판자를 나무 위에 놓았을 때와 콘크리트 판 위에 붙였을 때를 비교해봅시다. 소리가 다른 걸 아시겠어요?"[8]

　배 모양의 조그마한 성 베네딕트 예배당을 방문한 경험은 오래 기억에 남는다. 예배당으로 가는 길에 있는 너무나도 아름다운 알프스의 풍광을 지나다 보면 자연은 인간을 필요로 한 적도, 앞으로 필요로 하지도 않으리라는 사실을 수긍할 수밖에 없게 된다. 언덕의 작은 마을에

도착해 흙길을 벗어나 우리의 존재에 관심조차 없는 교회로 들어간다. 발소리만이 우리가 이 공간에 있다는 사실을 상기시킨다. 방문객이 이런 세세한 사항까지 의식적으로 인식하지는 못할 수도 있다. 하지만 조

보고, 듣고, 만지고, 움직이기 위한 디자인. 성 베네딕트 예배당(페터 춤토어), 스위스 숨비츠.

그맣게 잦아드는 발소리는 우리가 바로 그곳에 있다는 사실을 재차 확인시키고, 우리의 존재 자체가 이 장소를 변화시킨다는 사실을 의식하게 한다.

스위스 태생 프랑스 건축가 르코르뷔지에Le Corbusier가 프랑스 롱샴에 만든 멋진 순례 교회 노트르담 뒤오는 신체와 건물의 색다르면서도 감동적인 협주를 보여준다. 콘크리트 질감을 살려 만든, 동굴을 연상시키는 어두운 교회 안에는 마치 두꺼운 벽을 손으로 파서 만든 듯한 창문이 보인다. 색색의 유리창을 끼운, 사람이 살 수도 있을 만큼 깊어 보이는 창문 앞 공간은 튼튼한 요새처럼 우리를 위험과 시련으로부터 보호하면서 바깥세상의 아름다움을 보여주겠노라며 어서 올라오라고 초대하는 듯하다.

춤토어와 르코르뷔지에가 건축한 교회는 각각 체화된 인간이라는 개념에 절묘하게 부합한다. 하지만 사람들이 사는 장소는 대부분 그렇지 못하다. 쇼핑몰에 있는 섬유로 만든 가짜 식물, '나뭇결'이 살아 있는 플라스틱 합판 조리대, 건물 외관을 장식한 유리섬유 '돌벽' 등 인공 표면이 급증하고 있다. 이런 질 떨어지는 디자인 요소는 재료의 겉모습만 모방했을 뿐 밀도나 질감, 냄새는 실제와 다르고 주위 온도를 반영하거나 공기의 흐름, 음파에 반응하는 능력도 떨어진다. 코가 냄새를 맡고 손과 손가락, 발이 촉감을 느끼는 것보다 눈이 더 많은 정보를 기록한다. 이 때문에 디자이너들은 이런 형편없는 모조품으로 우리를 속여서, 실제 재료를 경험했을 때 만들어진 장기 기억이 지닌 긍정적인 감정을 유발할 수 있다는 헛된 희망을 품는다. 하지만 우리 신체는 그렇게 멍청하지 않다. 인간의 환경 경험이 얼마나 복잡한지 이해하지

보고, 상상하고, 느끼기 위한 디자인. 노트르담 듀오(르코르뷔지에), 프랑스 롱샹.

못한 채 사용하는 책략은 실패할 수밖에 없으며 이는 우리의 다감각 심상을 얼어붙게 만든다. 우리는 의식적 또는 비의식적으로 우리를 둘러싼 것들이 생명력 없는 질 낮고 시시한 모조품이라는 사실을 직감하며, 우리가 살고 있는 모조품으로 둘러싸인 세상은 호문쿨루스를 자극하지 못한다. 풍요롭고 여운이 깊은 자극은 대부분 모조가 아닌 진짜 질감과 표면에서 온다.

우리의 신체가 마음이 생각하는 내용과 방식을 어떻게 만들어내는지 더 자세히 이해하기 위해 기능과 형태, 목적이 서로 다른 세 종류의 환경을 깊이 들여다보자. 시카고에 있는 기념비적인 공공 조형물, 벨기에 앤트워프에 있는 지역 역사박물관, 프랑스에 있는 고딕 성당을 중심

で始める

으로 하는 도시 경관을 디자인한 디자이너와 예술가들은 체화된 인간의 원리와 특징을 서로 다른 측면에서 다루었다. 체화된 인지를 다루는 새로운 과학 분야에 대해 잘 아는 사람은 없었지만 모두가 나름의 방법으로 알토와 춤토어가 제시한 의견, 즉 때로 인간의 직감은 놀라울 정도로 '극도의 합리성을 보인다'는 사실을 명심하고 작업에 반영했다.[9]

신체와 '더 빈': 시카고의 주변 공간과 외적 공간 그리고 행동 유도성

미시간호수와 시카고 시내 스카이라인 사이에 위치한 밀레니엄파크에는 2006년, 애니시 커푸어Anish Kapoor가 설치한 110톤짜리 유명 조형물이 있다.[10] '더 빈The Bean'이라는 이름으로 더 많이 알려진 이 조형물의 실제 이름은 (아주 적절하게도) '클라우드 게이트'다. 미시간 거리를 벗어나 회양목 울타리를 지나면 등장하는 사각형 마당에 클라우드 게이트가 있다. 거대하고 추상적이며 곡선 형태의 거울 같은 강철 조형물이다. 고유 수용성 감각(공간 속에서 우리의 위치를 알 수 있게 도와주는 감각)과 시각을 자극하는 타원형 물방울을 닮은 가로 20미터 세로 10미터짜리 이 조형물은 주변의 사물과 사람들을 비추며 우리를 사로잡는다. 광장에 들어서기 전까지만 해도 공원 입구와 좁은 통로, 사람들이 주로 눈에 들어온다.[11] 눈높이보다 약간 높은 곳에서 시작한 인간의 시야각은 땅바닥 쪽으로 이어지기 때문이다. 그런데 곧 조경 사이에 위치한 단일 물체의 거대한 규모와 신비로운 반사면, 부드러운 곡선의 표

클라우드 게이트('더 빈', 애니시 커푸어). 시카고 밀레니엄파크.

면이 우리 눈을 위로 잡아끈다. 그래서 저도 모르게 머리를 하늘로 향하게 된다. (기분과 상관없이) 입술로 웃는 모양을 만들면 진짜 미소를 띠게 하는 평온한 감정이 생겨나듯이 머리를 들어 위를 보면 그 자세와 연관된 내재화된 은유적 스키마가 활성화된다. 주변을 둘러싼 고층 건물과 비교하면 클라우드 게이트의 크기는 작은 편인데도 '중요한 것은 크다'라는 은유가 떠오른다. 우리로 하여금 의식적이든 아니든 이 말 없는 조형물에 어떤 중요성을 부여하게 만든다. 가까이 다가가면 클라우드 게이트의 거울 같은 오목한 표면에 비친, 우리가 육안으로 볼 수 있는 것보다 훨씬 많은 시카고의 도시 경관이 한눈에 들어온다.

클라우드 게이트는 놀라울 정도로 상반된 두 가지 인상을 준다. 우선 예상치 못하게 갑자기 등장해 우리를 순간적으로 무력하게 만든다.

동시에 우리의 통제감도 강화한다. 조형물에 맺히는 상을 계속 변화시키려면 관람객의 참여가 필요하기 때문이다. 우리의 크고 작은 움직임, 시선의 방향 모두가 클라우드 게이트 표면에 나타나는 상을 변화시킨다. (낯선 물체 앞에서 우리가 잠시 느꼈던) 무력감과 우리와 다른 관람객의 눈에 비치는 상을 바꿀 수 있다는 통제감이 동시에 발생하면서 생산적인 긴장감이 발생한다.

우리는 도시나 도시 공간을 돌아다닐 때 대부분의 경우 신체를 자기 중심적으로 경험한다. 클라우드 게이트의 경쾌하고 완만한 곡선은 우리를 매료한다(사람이 곡선 표면에 끌리고 긍정적인 의미를 부여한다는 사실을 기억하라). 그리고 수수께끼를 던져 계속 관심을 기울이게 만든다. 육체의 곡선을 닮은 조형물의 부드러운 곡선 덕분에 멋지게 가공된 표면을 보면 살아 있는 생명체가 떠오른다. 표면에는 우리와 주변 사람들의 몸이 비친다. 역설적이게도 거울은 보통 타인이 보는 자신의 신체를 사적으로 관찰할 때 사용하는 도구인데 클라우드 게이트는 이 개인적이고 은밀한 행위를 공적이고 사회적인 행동으로 바꾼다. 이런 이유로 클라우드 게이트가 주는 자극은 잔잔하지만 형언할 수 없는 강력한 초월감을 불러일으킨다. 우리는 공개적인 동시에 개인적으로 신체를 마주하도록, 즉 외부에서 보는 타인 중심적, 내부에서 보는 자기 중심적 신체와 마주하도록 강요받는다. 클라우드 게이트는 (가장 극적으로 변형시킨) 인체의 형상 그리고 평소에는 직선적이고 정적이며 배경처럼 느껴지는 주변 환경(도시)과 신체의 관계에 대한 무의식적 추측을 수면 위로 드러낸다. 우리의 움직임 하나하나, 발걸음 하나하나에 우리와 다른 관람객의 신체, 시카고의 스카이라인이 모습을 바꾼다. 우리는 지금

3장 마음과 육체는 하나로 연결되어 있다 **183**

껏 본 적 없는 멋진 유령의 집에서 손님이자 주인이 된다.

클라우드 게이트를 방문하면 신체와 정신, 환경이 형성하는 관계의 다양한 측면이 눈에 띈다. 거울 같은 표면을 통해서는 남들 눈에 비치는 모습과 똑같은 우리의 (자극적으로 왜곡된) 타인 중심적 신체를 볼 수 있다. 왜곡된 상을 보면 타인 중심적 신체와 자기 중심적 신체의 차이를 알 수 있다. 엄청나게 축소된 몸통과 그에 비해 거대하게 부풀어 오른 머리는 우리의 자기 중심적 신체 스키마가 부여한 신체 각 부위의 상대적 중요성을 보여준다. 우리와 다른 관람객의 수많은 신체상을 놀라울 정도로 왜곡해 조합하는 재미있는 경험을 통해 우리는 다양한 생각을 하고, 이는 장기 기억에 저장된다.

사람들은 종종 신체를 자아가 담겨 있는 그릇이라고 은유적으로 생각한다. 그리고 이런 생각은 사람이 타인과 물체로 가득한 '바깥'으로 둘러싸인 몸 '안'에 살고 있다는 관념으로 발전한다. 하지만 클라우드 게이트에서 우리와 타인은 모두 안의 존재인 동시에 바깥의 존재다. 우리와 우리 눈에 보이는 사람들, (형태상 겉보기에 생명력이 넘치는 듯한) 끊임없이 변화하는 인공 조형물은 전부 부드러운 곡선의 물체다. 대부분의 경우 우리는 신체가 우리의 정체성을 구성하는 고정적인 요소라고 느낀다. 클라우드 게이트는 우리 자신과 타인의 왜곡되고 우스꽝스러운 모습을 반복적으로 비추고 또 없애는 과정을 통해 신체와 '자신'이 하나라는 가정을 깨뜨린다.

클라우드 게이트에서는 조형물에 비치는 자기 신체의 모습보다는 주변 경관과 관련한 신체의 모습이 더 중요하다. 마사초가 그린 아담과 이브가 호문쿨루스와 다른 것처럼 우리가 생각하는 신체의 모습도 머릿속으로 생각하거나 직접 경험하는 외부 공간에 따라 달라진다. 우리는 타인 중심적 신체가 동물이나 채소, 무기물 같은 수많은 물체 가운데 하나일 뿐이라는 사실을 알고 있다. 이들 물체가 차지하는 공간은 이론적으로 인식 가능한 좌표를 이용해 지도에 나타낼 수 있다.

하지만 이 지도로는 세상의 여러 경관과 공간 속에서 우리가 신체 공간을 어떻게 경험하는지 알기 어렵다. 자기 중심적 신체 공간의 관점에서 보면 세계는 서로 완전히 다른 자극으로 구성된 끊임없이 변화하는 몽타주와 닮았다. 생활 공간은 삼차원과 사차원으로 펼쳐지는 기회의 향연이며 이런 기회는 우리에게 여기저기에 관심을 기울이고 주의를 집중하고, 이런저런 행동을 하도록 부추긴다. 신체 속에서 살아가는 사람들은 물체와 공간을 삼차원 지도 위의 좌표로서 경험하지 않고 이들과 서로 상호작용하면서 역동적으로 경험한다.

인간의 인지에 관한 민간 모형은 사람이 순차적 과정을 거쳐 주변을 파악한다고 설명한다. 가장 먼저 '바깥에 있는' 환경을 지각하고 이어서 환경적 자극이 감각계에 도달하면 '내부'의 인지와 판단 과정이 활성화되며 마지막으로 '바깥을 향한' 행동이 일어난다는 것이다. 물론 알고 보니 '바깥'과 '내부'의 관계는 단순히 한 단계의 과정으로 설명할 수 없는, 서로 얽혀 반복되는 복잡한 과정이었다. 심리학 연구와 신경생리학적 근거, 다양한 종류의 뇌 영상 연구 결과는 인지에 의한 감각 지각과 운동 동작에 의한 감각 인지를 구분하는 경계가 굉장히 모호하며, 어쩌면 존재하지 않을 수도 있다는 사실을 보여준다. 무엇에 대해 생각할 때 당신은 생각과 관련한 모든 행위가 자신의 마음속에서 이루어진다고 여길지 모른다. 하지만 사실 체화된 마음은 이미 물리적 환경과 관계를 맺고 있다. 조용히 '바깥'에서 수행할 행동 계획을 짜고 있는 것이다.

　사람이 생각을 하려면 마음속에 어떤 목표가 있어야 한다. 어떤 유명한 신경과학자는 뇌를 생각하는 장치가 아닌 '본질적인 행동 기관'으로 봐야 한다고 주장한다.[12] 어떤 사람은 감각 인지란 세상에 있는 여러 존재에 '반응하기 위한 기본적인 잠재적 준비 과정'이라고 주장하기도 한다. 즉 사람들은 인식하든 그러지 못하든 특정 공간이나 물체, 구조가 제공하는 기회에 선택적으로 집중하는 방식으로 건축 환경을 경험한다는 뜻이다. 생태심리학의 아버지 J. J. 깁슨J. J. Gibson은 1970년대에 사람들이 자신이 지내는 환경을 실제로 어떻게 경험하는지 알려주는 유용한 개념을 만들어냈다. 그는 환경이 제공하는 기회에 대한 우리의 인지적 이해를 '행동 유도성'이라고 불렀다. 깁슨이 제시한 행동 유도성이라는 개념은 우리에게 특정 행동을 유도하는 물체의 속성이나 환경의 특성과 관련되어 있다. 출입구는 우리에게 그 사이를 통과하라고 요구한다. 마치 공간이나 물체, 구조 속 무언가가 우리에게 이용 방법에 관한 신호를 보내는 것만 같다.[13] 우리는 대부분의 건물과 도시 경관, 조경을 대상의 타인 중심적 공간이나 형태적 구성보다는 우리가 파악한 행동 유동성에 따라 결정된 본질적으로 체화된 방식에 따라 경험한다.

　건축가들은 보통 디자인 작업을 할 때 특별히 '공간'이라는 개념을 다루는 특권을 누린다. 이들은 물체를 인식 가능한 좌표에 배치한 추상적이고 기하학적으로 동질한 빈 공간으로 개념화한다. 발터 그로피우스가 슈투트가르트 바이센호프 주거 단지에 디자인한 모델 프로젝트를 떠올려보라. 하지만 사람들은 대부분의 경우 건축 환경을 구성하는 빈 공간과 물체와 마주할 때, 공간 자체에는 관심을 기울이지 않는다. 그 대신 비의식적 또는 의식적으로 그 장소의 행동 유도성이 제공하는 경험적 기회에 초점을 맞춘다. 계단을 예로 들어보자. 행동 유도성 관점에서 볼 때 계단에서 중요한 요소는 내 다리 길이와 계단 수직면 높이의 비율, 계단 디딤판의 폭이다. 아무리 아름답다 해도 계단을 추상적인 작품으로 인식하기는 어렵다. 실제로 계단을 오르든 안 오르든, 어쩔 수 없이 비의식적으로 그 계단이 유발하는 행동을 떠올리는 탓이다. 모든 공간은 다양한 행동 유도성을 지니고 있기 때문에 우리가 사는 환경은 아무 말 없고 동질한 빈 공간일 수 없다. 우리가 사는 환경은 활기가 넘치는 삶의 무대이며 움직이는 가상의 또는 실제 배우로 가득하다. 즉 우리가 삶을 영위해가는 '활동 무대'인 것이다.

우리는 자신의 생각과는 반대로 건축 환경을 전체론적이나 수동적으로 경험하지 않는다. 아예 관심을 끊지도 못한다. 그 대신 행동을 하거나 행동을 준비하며 목표를 세우는 동안 계속해서 건축 환경의 다양한 요소가 우리에게 얼마나 유용한지 판단한다. 우리가 취하는 '행동'이 단순한 관찰일 경우에도 그렇다.[14] 즉 스스로 자각하지는 못해도 우리가 다양한 감각과 운동계를 이용해(다시 말해 상호 감각과 교차 양상 방식으로) 건축 환경을 '능동적으로' 경험한다는 의미다. 예를 들어 클라우드 게이트가 보여주는 광경을 이해하기 위해서는 그것이 우리의 신

오르내리도록 만들어진 계단. 이타마라티 궁(오스카르 니에메예르). 브라질 브라질리아.

188

체, 이 도시, 이 세상 속에서 우리가 차지하는 장소에 관해 무엇을 알려주는지 곰곰이 생각하며 능동적으로 참여한다.

건축 환경의 모든 구성 요소가 우리의 운동계와 다양한 감각을 활성화해 점화 효과를 일으키지는 않는다.[15] 만약 그랬다면 우리는 계속해서 인지 과부하 상태에 놓여 있을 것이다. 끊임없이 밀려오는 자극의 폭격 속에서 뇌는 비의식적으로 무엇에 관심을 기울일지 결정한다. 이 결정은 그동안 세상을 살아가면서 발전시킨 선택 원칙에 근거한다. 우선 첫 번째 기준에 따라 해당 요소와 우리 신체의 근접성을 판단한다. 이 기준은 우리가 실제로 혹은 상상 속에서 그 요소와 어떻게 상호작용하고 관계할지 결정하는 데 도움을 준다. 두 번째 기준에 따라서는 우리의 목표를 달성하는 데 해당 요소가 얼마나 유용한지 판단한다. 가장 중요할 수도 있는 마지막 기준을 이용해서는, 주의할 가치가 있는지 판단한다. 환경이 지닌 특성은 '오직' 우리가 관심을 기울일 때만 우리의 감각과 운동 인지 체계를 활성화한다. 우리는 건축 환경 속에 거주하고 살아가면서 우리가 지각한 근접성과 유용성, 가치, 이 세 가지 요소를 이용한다. 그럼으로써 우리가 관여할 대상과, 관심을 둘 필요가 없거나 관심을 둘 수 없는 대상을 구분한다.

인지는 체화하려는 본성을, 인간은 계속해서 목표를 만들어내는 본성을 지닌 탓에 건축 환경은 정적인 비활성 상태로 존재할 수 없다.[16] 우리는 주변에 있는 물체, 장소, 공간과 계속해서 역동적, 능동적으로 관계를 맺는다. 건물과 공원, 조형물이 있거나 없는 공장과 거리는 항상 우리의 온 신체와 자기 중심적, 타인 중심적 사고방식, 모든 감각과 연결된다. 그리고 그 과정에서 우리는 '주변' 공간(타인이 접근하면 불편함을 느끼는 개인 공간보다 조금 더 넓은, 손을 뻗으면 닿는 정도 범위에 있는 공간 – 옮긴이)에 속한 요소에 더 많은 주의를 집중한다. 주변 공간에 있다 해서 그 요소가 신체와 물리적으로 가까운 것은 아니다. 우리는 주변 공간 안에 있는 물체를 상상 속에서 또는 실제로 도달 가능한 범위 안에 있는 것으로 인식한다. 우리의 삶을 구성하는 사건들이 펼쳐지는 곳은 대부분 (물리적 거리와 상관없는) 주변 공간이다. 그 범위 바깥에 있는 공간은 '외적' 공간으로 규정한다. 우리는 주변 공간에 포함되는 건축 환경 요소를 자신의 신체와 관련지어 판단한다. 그러기 때문에 창문 폭이 두 팔을 벌린 폭보다 넓으면 굉장히 널찍하다고 느끼고, 문 높이가 머리 위로 쭉 뻗은 손의 높이보다 훨씬 높으면 웅장하다고 느낀다.

클라우드 게이트가 매력적인 또 다른 이유는 무엇일까. 다채로운 주변 공간과 외적 공간을 구분하는 경계를 허물기 때문이다. 커푸어의 조형물은 시카고의 스카이라인을 우리의 주변 공간으로 끌어옴으로써 (마법처럼!) 존재하는지조차 몰랐던 경계를 없애준다. 밀레니엄파크를 돌아다닐 때 우리는 보통 앉아서 점심 식사를 할 만한 벤치, 시카고 미술관으로 이어지는 공원 맞은편에 난 길 등 주변 환경의 행동 유도성에 많은 관심을 기울인다. 그런데 클라우드 게이트 주변에서는 색다른 경험을 하게 된다. 조형물이 우리 육체의 공간, 육체를 둘러싼 공간, 그리고 세상의 공간을 균질하게 만드는 동시에 왜곡하기 때문이다. 우리의 육체는 눈에 보이는 시카고의 모든 스카이라인과 함께 주변 공간이 된다. 잠재 행동으로 가득한 삼차원 세계는 우리의 상상력을 자극하고 낯선 인지의 소용돌이를 유발한다. 주변 환경의 공간적 관계를 변화시키

는 클라우드 게이트는 스카이라인과 낯선 타인을 모두 우리 신체의 주
변 공간 안으로 모으고 이들을 도구 삼아 우리가 자신만의 작품을 만들
게 한다.

　거울이나 조형물을 사용하지 않고도 디자인을 통해 우리에게 체화
된 요소를 더 잘 자각하게 만들 수 있다.[17] 오하이오주 톨리도 미술관의
유리 전시관Glass Pavilion을 디자인한 세지마 가즈요妹島和世는 일본 건축사
무소 SANAA의 수석 건축가다. 가즈요는 시각적 연속성은 그대로 유
지하면서 회랑과 전시 공간, 부속 구역, 다른 벽들 사이의 물리적 경계
를 다양한 방식으로 구분하고, 희미하게 만들거나 잘 드러내기 위해 전
시관 벽을 따라 곡선으로 된 전면 유리창을 설치했다. 일본 출신 아티

아래: 유리 전시관. 톨리도 미술관(세지마 가즈요/SANAA). 오하이오주 톨리도.
오른쪽: 도전받는 고유 수용성 감각. 생명 연장의 집(아라카와). 뉴욕 롱아일랜드.

스트 아라카와 슈사쿠荒川修作도 부인 매들린 진스Madeline Gins와 함께 뉴욕 롱아일랜드에 작업한 생명 연장의 집Biosleave House에서 주변 공간과 외적 공간의 경계를 지웠다. 밝은 색상으로 칠하고 놀이터의 질감을 살린 기울어진 콘크리트 바닥 때문에, 내부에 들어온 사람은 균형을 잡기 위해 계속해서 자세를 바꿔야만 한다. 이 집은 이런 식으로 우리 신체를 둘러싼 주변 공간으로 들어와 고유 수용성 감각과 운동 감각의 감각 운동계를 활성화하고 그로 인해 자신의 신체가 평면에 존재하는 물체라는 인식을 강화한다.

체화된 마음의 작동:
앤트워프 스트림 박물관의 질감과 표면, 은유

커푸어는 클라우드 게이트를 공공 조형물이자 도시 경관으로 디자인했다. 예술은 보통 보는 이의 마음을 움직이는 기억에 남을 만한 경험을 만들어주려는 의도를 담고 있다. 건물도 마찬가지다. 건물은 항상 대중에게 영향을 미치며, 그 영향은 긍정적인 것이 아니라면 부정적일 가능성이 높다. 빌럼 얀 뇌텔링스Willem Jan Neutelings와 미힐 리데이크Michiel Riedijk가 디자인한 벨기에 앤트워프의 스트림 박물관Museum ann de Stroom, 즉 MAS와 프랑스 아미앵에 있는 노트르담 대성당은 공공 건물처럼 규모가 크고 복합적인 건물이 우리의 감각 기능을 어떤 방식으로 활용해 강렬하고 풍요로운 장소 경험을 만들어내는지를 두 가지 측면에서 보여준다. 각 건물을 설계한 디자이너들은 특정 구성 요소와 디테일을

스트림 박물관(뇌텔링스, 리데이크). 벨기에 앤트워프.

194

이용해 감각 인지 경험을 강화했다. 이들은 건물의 기능을 이용해 건물이 전하려는 스토리를 도드라지게 만들고자 했다.

9층 높이에 달하는 MAS의 외관은 붉은 사암과 유리로 감싸져 있다. MAS는 17세기, 세계 경제의 버팀목이었던 항구 도시 앤트워프의 특별한 역사를 알리기 위해 만든 박물관이다. 부두 쪽에서 찍은 멋진 외관 사진으로 잘 알려진 MAS는 최근 재개발한 앤트워프 시내에 들어선 치장 벽토를 바른 낮은 건물들 위로 불쑥 솟아 있다. 외벽이 사암으로 되어 있는, 낮고 옆으로 기다란 한 층 높이의 공간은 이 박물관의 시각적 플랫폼을 형성한다. 이 공간 안에는 카페와 기념품 판매점이 있으며 지붕의 커다란 채광창으로는 상당히 왜곡된 모습의 박물관이 보인다.

박물관으로 다가가면 잔물결 모양의 유리로 된 거대한 통로가 보인다. 이 유리는 개울이 흐르는 모습을 형상화함과 동시에 해양 역사라는 박물관의 주제를 잘 나타내준다. 이 경쾌한 통로는 무대에 드리우는 두꺼운 커튼을 연상시키기도 한다. 물과 연극성theatricality, 항구. 서서히 전개되는 이 세 개의 화음은 우리의 호기심을 자극한다. 의식적으로 생각하지 않는다 해도 우리 앞에서는 공연이 진행 중이다. 표면이 물결 유리로 된 세 구역과 붉은 사암으로 된 상자 형태의 네 구역이 번갈아가며 건물 외관을 구성한다. 요새를 닮은 불투명한 상자 구역은 박물관의 보물을 지키고 있다. 돌 상자의 불규칙적 형태는 회전하며 위로 올라가는 움직임을 연상시키고, 유리에 비치는 상 때문에 움직이듯 보이는 건물 외관에 한층 역동성을 더한다.

조밀하지만 가볍고, 단단하지만 관통할 수 있고, 정적이지만 나선

창문 커튼. 앤트워프 스트림 박물관.

형을 그리는 MAS는 매우 불가사의한 물체처럼 보인다. 유리와 돌로 된 상자 형태 구역 안에는 무엇이 있을까? 우리는 답을 찾기 위해 과거 경험의 데이터를 이용한다. 명확한 경계가 있는 건물을 비롯한 모든 '용기'는 보통 기능에 따라 '범주'를 구분한다. 유리는 물을 담는 용기, 두꺼운 종이 상자는 물건을 담는 용기로 구분하는 식이다. 우리는 '범주에 따른 용기' 스키마를 일상적 경험을 넘어 건축 환경, 그보다 더 나아간 경험에까지 확대한다.[18] 건물 '안'에 있다는 표현을 쓸 때와 비슷하게 누군가와 연애를 할 때는 관계 '안'에 있다는 표현을 사용한다. 물을 담고 있는 유리나 귀중한 물건을 보관하고 있는 박물관처럼, 명확한 경계가 있는 타인과 접촉하는 상태를 표현하는 것이다. MAS는 유리와 돌이라는 서로 다른 두 종류의 용기를 사용하기 때문에 우리는 유리로 막힌 공간과 사암으로 막힌 공간이 서로 다른 기능을 하리라 추론한다. 그 대신 서로 다른 용기가 한 건물에 함께 있기 때문에 각각의 기능은 서로 연관되어 있으리라고 추측한다. 이 건물은 우리에게 물과 연극성, 항구라는 다양한 주제를 전달하며, 우리는 이 건물을 한 번 보는 행위만으로도 많은 내용을 알 수 있다.

한편, 체화된 상호 감각적 은유도 벌써 작동하기 시작한다.[19] 깨끗한 물을 통해 안을 볼 수 있듯이 투명한 평면 창문을 통해서도 안을 들여다볼 수 있다. 창문은 보통 물결치지 않지만 이 박물관은 물결 모양 창문을 이용해 시간의 흐름과 산들바람, 춤추는 빛의 '변화'라는 감각을 전달한다. 현실과 다른 모습을 또 하나 찾아볼 수 있다. 보통 바람이 불면 유리는 움직이지 않고 커튼이 흔들리는데 이곳에서는 유리가 마치 바람에 나부끼는 커튼처럼 보인다. 이 모든 요소는 시간의 흐름에 따라 변화하는 촉각과 청각, 시각과 관련된 체화된 경험을 암시한다. 또한 이들은 우리의 운동 감각을 활성화해 건물과 물리적으로 접촉하도록 만들기 때문에 교차 양상을 보인다고도 할 수 있다. 알다시피 은유는 은유의 대상인 세계와의 특정한 상호작용을 마음속으로 그리거나 감각 운동적으로 시뮬레이션하도록 유도한다. 뇌텔링스 리데이크 건축 사무소의 디자인은 수많은 체화된 은유를 떠올리게 하며 이는 우리와 MAS의 비의식적인 신체적 접촉을 생성하고 강화한다.

우리가 MAS에서 느끼는 가장 강렬한 감각은 바로 촉감이다. 인간의 촉각은 질감과 유연성, 온도, 밀도, 진동 등 다양한 차원을 감지하는데 MAS의 디자인은 그 대부분을 활용한다. 디자이너들은 시각계와 촉각의 상호 의존성, 다양한 감각 기능과 운동계의 연결성을 삼차원으로 구현하고자 한 듯하다. MAS 건물은 보는 사람이 직접 표면을 만지도록 또는 만지는 모습을 상상하도록 끈질기게 유도한다. 그리고 이를 위해 시각 신호나 재료 선정, 건축 과정에서의 재료 준비, 규모 조절, 장식물 배치 등 다양한 방식을 활용한다. 뇌텔링스 리데이크 건축 사무소가 건축 재료로 선택한 진홍색 사암은 시각적 깊이와 복잡성을 갖추었으며 고대 느낌을 물씬 풍긴다. 건축가들은 벽돌을 일일이 손으로 준비하라고 주문해 사암이 지닌 질감의 매력을 증폭했다. 사람이 직접 만든 벽돌을 사용한 까닭에 사암 외벽 표면은 균일하지 않다. 그 덕분에 감각적인 통로를 바라보기만 해도 촉감에 관한 상상의 나래를 펼치게 된다. 한 팔로 잴 수 있는 크기의 벽돌을 사용한 건물의 규모는 시각적 신호가 불러일으키는 촉각적 상상을 강화한다. 뇌텔링스 리데이크 건축 사무소는 건축 디테일에도 이런 촉각적 연상을 더욱 강화해줄 장식을 사용했다. 손으로 만든 벽돌 세 개마다 앤트워프의 역사적 상징이기도 한 손 모양 금속 볼트를 박아 넣은 것이다.

손 모양 볼트는 박물관의 주제를 강화하는 수많은 촉각적 연상을 불러일으킨다. 이 도시를 건설한 것은 바로 손이다. 돌도 손으로 잘랐다. 공구가 등장하기 전까지는 손으로 벽돌을 쌓았다. 손으로 이 건물을 만들었고 이 건물 안에 있는 물건들도 모두 손으로 만들었다. MAS를 보면 원치 않아도 이런 생각들이 떠오른다. MAS는 디자인을 이용해 우리가 건물은 물론 그 안에 전시된 물건들과 깊은 관계를 맺는 경험을 하도록 만든다.

MAS의 광장에 서면 건물의 촉각적 속성을 깨달을 수밖에 없다. 보통 우리는 촉각을 단일 감각이라고 생각하지만 사실 촉각계에는 단일 인지에 정보를 전달하는, 서로 다르지만 연관되어 있는 여러 기능이 포함되어 있다. MAS의 거친 벽돌 표면을 손으로 훑거나 부드러운 은색 '손' 볼트를 만질 때 당신의 근육과 관절은 돌과 손 볼트의 밀도, 무게, 진동을 감지한다. 피부는 돌의 거친 표면, 은색 볼트의 부드러움과 온기를 느끼며, 과거에 경험한 돌과 금속의 질감에 대한 기억을 끌어낸다. MAS의 거친 벽돌을 '보기'만 해도 그런 표면이 피부에 닿을 때의 느낌(질감과 온도, 밀도나 표면의 구멍)에 관한 기억이 되살아난다.

일반적으로 사용하는 수많은 표현을 통해 우리가 일상에서 경험하는 시각-촉각의 영향력을 볼 수 있다. 동료가 아무것도 모른 채 꾐에 빠져 우리가 원하는 방향으로 결정을 내리는 경우 '상대를 마음대로 주물렀다'고 표현한다. 염원해온 목표에 거의 도달했다 싶을 때는 '곧 고지에 손이 닿겠다'는 표현을, 자신의 연애 능력을 자랑하는 동료는 연

수작업으로 만든 사암 외부에 손 모양의 볼트를 박았다. 앤트워프 스트림 박물관.

인을 '사로잡았다'는 표현을 쓰기도 한다. 촉각 경험의 심적 시뮬레이션에는 특별한 힘이 있다. 심적 시뮬레이션은 (우리가 알건 모르건) 대상의 표면에 대해 실제로 보일 반응을 마음과 몸으로 상상하거나 시뮬레이션하게 만들기 때문에 현실적으로 느껴진다. 우리의 지각 체계에서 일어나는 여러 종류의 상호 감각 공조 가운데 가장 활발한 것이 시각 인지와 촉각 인지의 공조다.[20] 뇌 정밀 촬영 결과를 보면 촉각은 시각과 청각피질 부위를 자극하고 시각은 청각과 체감각피질 부위를 자극한다는 사실을 알 수 있다.

대상의 표면, 즉 재료가 건축 환경에 대한 우리의 비의식적, 의식적 인지에 큰 영향을 미친다는 사실은 인지 혁명을 통해 디자이너뿐 아니라 비전문가들까지도 알게 되었다. 경험의 질을 높여주지 않는 표면은 경험의 질을 낮추기 마련이다. 우리의 실제 행동 또는 상상 속 행동(손으로 건물 외관을 훑는 등)과 관련되어 있는 촉각 인상은 우리가 환경에 온전하게 관여한다는 의식을 활성화한다. 보는 것보다 만지는 것을 훨씬 잘 통제할 수 있기 때문에 더욱 그렇다.

시각은 인간의 감각 인지 체계 가운데 가장 중요하다. 인간의 뇌가 시각 정보를 처리하는 데 할애하는 노력은 나머지 감각 기능이 전송한 모든 정보를 처리할 때의 노력을 합한 것과 비슷하다. 그렇지만 MAS에서의 경험은 눈이 다른 감각 기능이나 연상 스키마, 은유, 다른 기억의 도움 없이는 외부의 어떤 정보도 받아들이지 않는다는 사실을 보여준다. 뇌텔링스 리데이크 건축 사무소의 디자인은, 건축적 경험에서 눈에 보이는 대상은 촉각을 관장하는 감각 운동계 부위를 활성화한다는 전제에서 출발한다. 건축가들은 우리가 건물 전체에 그리고 한때 앤트

워프가 세계 무역의 중심지이자 일인자였다는 사실을 기념하는 박물관
의 전시품에 비의식적으로 반응하도록 유도하는 디자인 기법을 이용해
서 방문객들이 MAS에 오롯이 빠져들게 한다.

아미앵 대성당의 감각적인 오케스트라: 높은 존재가 있다는 것을 '느끼다'

800년의 역사를 자랑하는 아미앵 대성당을 작업한 숙련된 석공들
은 뚜렷하게 체화된 감각을 만들어내는 일보다 성당에 들어온 사람이
영적으로 고양되게 만드는 데 더 관심을 기울였다. 13세기 프랑스 고딕
건축의 대표작이자 아직까지 온전히 남아 있는 이 세계 최대의 건축물
은 고유 수용성 감각과 청각을 이용해 우리의 길 찾기 능력을 능숙하게
조작하는 동시에 아미앵 대성당이 매우 아름다운(범상치 않은) 주님의
집이라는 느낌을 강조한다.

이 세상에서 가장 멋진 건축적 경험 가운데 하나를 선사해줄 도시
광장을 가로지르는 데는 10분이 채 걸리지 않는다. 멋진 청회색 돌로
된 대성당의 서쪽 탑은 하늘을 향해 109미터 높이로 뻗어 있어 그 앞에
서면 자신이 매우 작게 느껴진다. 사람들은 이 거대한 건물 전체를 좀
더 잘 파악하기 위해 본능적으로 몇 발짝 뒤로 물러나 거리를 벌리고
눈에 비치는 대상이 조금 작아지게 만든다. 빛과 그림자가 엮어낸 조각
으로 가득한 성당 외관은 첨탑과 그리핀(사자 몸통에 독수리 머리와 날개
가 있는 상상의 존재 – 옮긴이), 세 잎 식물, 네 잎 식물, 작은 기둥, 관광객

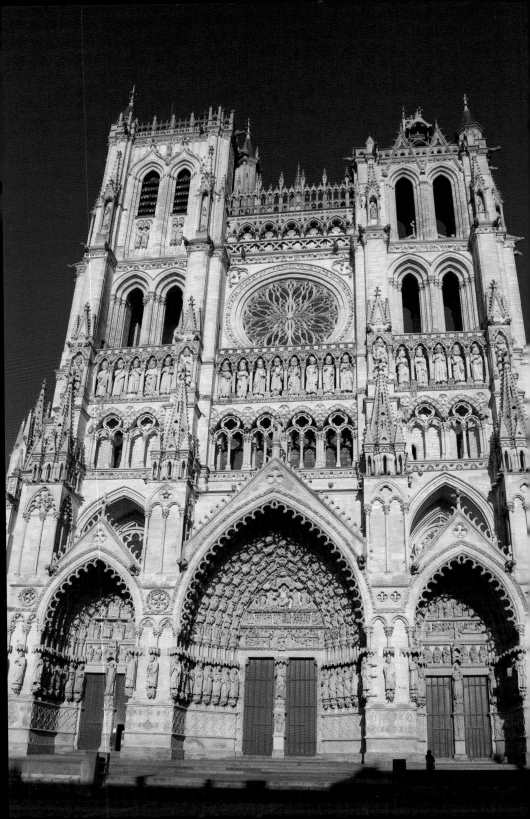

과 기도자들을 기쁜 눈으로 바라보는 듯한 유명한 성인들의 입상으로 가득 찬 생기 넘치는 태피스트리 같다. 기념비적 외관은 가로세로 모두 짜임새 있는 3부 구성을 보이며, 건물 전면에 등장한 성삼위일체 테마는 건물 안까지 이어진다. 1층에 있는 세 개의 문 안으로는 세 종류의 공간 구조가 펼쳐진다. 중앙 문 안쪽에는 신도석이, 양쪽 두 문 안에는 통로가 있다. 한데 모인 잎사귀 장식 기둥머리와 성인 조각상은 으리으리한 건물 정면에 머물러 있던 시선을 마치 우리에게 들어오라고 손짓하는 듯한 출입구 쪽으로 옮기도록 도와준다.

성당 내부로 들어서면 멋진 우주가 눈앞에 펼쳐진다. 몇 세기 동안 사용해 퀴퀴한 향을 풍기는 석회와 기다란 나무 의자, 어마어마한 규모의 어둑하고 고요한 신도석, 위에서 내려오는 빛줄기가 우리를 감싼다(제2차 세계대전 이전까지는 스테인드글라스 때문에 성당 안으로 들어오는 빛이 약했는데 폭격으로 중세에 만든 유리가 깨진 뒤 투명한 유리로 교체했다). 하늘로 날아오르는 듯한 익랑(십자형 교회의 좌우 날개 부분 – 옮긴이)으로 향하면서 거대한 원주 기둥 일곱 쌍을 따라 시선을 옮기다 보면 마치 영원으로 이어지는 느낌이 든다. 손바닥으로 젤 수 있는 크기의 가느다란 작은 기둥들 때문에 원주 기둥의 너비가 훨씬 넓어 보인다. 성당 안에 있으면 냉기가 피부에 스며든다. 난방비가 너무 비싼 탓에 성당은 연중 춥고, 기온이 영하인 겨울에는 입김이 보일 정도다. 우리가 성당의 크기를 가늠하는 동안 어마어마한 규모의 중앙 신도석과 작은 기둥들의 수직선은 우리의 시선을 위쪽으로 잡아끌어 아치형 구조와

노트르담 대성당. 프랑스 아미앵.

저 높이 있는 천장을 바라보게 한다. 중앙의 직선축은 눈과 다리를 앞에 있는 익랑 쪽으로 인도하지만 광대한 신도석 규모에 압도당한 사람들은 규모가 상대적으로 작은 양옆 복도 쪽으로 이동해 조각상과 불 밝힌 초들을 감상해가며 익랑과 성가대석 방향으로 천천히 움직인다.

다시 처음으로 돌아가보자. 이제는 아미앵 대성당 가까이 가서 주변과 내부를 걷는다고 생각하며 소리에 집중해보자. 성당 광장을 지나는 동안 프랑스 중소 도시(인구 약 14만 명) 아미앵의 소리 풍경이 보인다. 쓰레기 수거인이 내는 종소리와 달가닥 소리, 수거 차량이 공회전하는 동안 금속 쓰레기통이 서로 부딪히는 소리, 엔진이 윙윙대는 소리, 운전자들이 내는 경적 소리, 자전거 탄 사람들이 벨 울리는 소리 등이 들려온다. 그러다 대성당 안으로 들어가 뒤로 문이 닫히는 순간 모든 소리가 사라진다. 드디어 목적지에 도착했다. 공기 같은 광대한 공간이 당신을 휩쓸고 돌벽의 표면은 조용히 움직이는 발소리를 곳곳으로 퍼뜨린다.

보는 것뿐만 아니라 듣는 것도 아미앵에서의 경험, 아니 건축 환경 속 모든 장소에서의 경험을 구성하는 요소다. 인간은 소리에 매우 민감하다.[21] 종이가 바스락거리는 소리와 나뭇잎이 바스락거리는 소리도 구분할 수 있을 정도다. 그뿐 아니라 바스락거리는 소리와 비비는 소리, 긁는 소리와 긁어모으는 소리도 구분할 수 있다. 무한해 보이는 소리의 세계는 정의할 수 있는 한정적인 소리 인자들의 조합으로 구성된다. 소리의 강도, 주파수 또는 특정 음의 물리적 진동 속도(고주파 진동은 '높은' 음을, 저주파 진동은 '낮은' 음을 낸다), 음색 또는 진동의 특성, 음이 사라지기 전까지 소리가 얼마나 오래 지속되는지 뜻하는 음의 길이가 대

아미앵 대성당 정문.

내부. 익랑에서 올려다본 모습. 아미앵 대성당.

표적인 소리 인자다. 그리고 대부분의 소리는 한 번만 방출되는 게 아니라 일정 시간에 걸쳐 여러 번 방출되기 때문에 소리의 중요한 특징은 리듬과 변화라고 볼 수 있다.

성당은 매우 독특한 소리 풍경을 만들어낸다.[22] 아미앵 대성당처럼 내부가 넓은 장소에서는 소리도 오래 머무른다. 소리가 사라지는 데까지 걸리는 시간은 마치 우리가 드넓은 들판에서 소리를 듣고 있는 듯 느끼게 한다. 하지만 들판과 달리 아미앵 대성당의 이동 통로와 신도석, 부속 예배당, 익랑의 규칙과 불규칙이 혼재된 표면은 소리를 다양한 방식으로 흡수하고 반사하고 퍼뜨린다. 성당의 주요 재료인 돌과 유리는 소리를 흡수하기보다 반사하는 경향이 훨씬 강하다. 넓은 공간에 소리를 반사하는 재료를 주로 사용한 아미앵 대성당의 소리 풍경은 매우 독특하다. 이런 공간에서는 음파가 6~10초 정도, 굉장히 긴 시간 동안 울리기 때문이다. 방출된 소리가 오랫동안 울리면 소리가 여기저기에서 들려오는 것 같아 진원지를 유추하기 어려워진다. 음향 전문가들은 이를 '유비쿼터스 사운드'라고 부른다.

광대한 공간에서 들려오는 유비쿼터스 사운드는 다른 건축 공간에서 맛보는 일반적인 청각 경험과 다르다. 두 귀가 머리 양쪽 옆에 붙어 있기 때문에 음파가 두 귀에 도달하는 시점과 강도는 약간씩 다르다. 양안시binocular vision(좌우 양쪽 눈으로 상을 보는 것 – 옮긴이)가 원근감을 느끼게 해주듯이 양쪽 귀로 소리를 들으면 우리 몸을 기준으로 어디에서 소리가 나는지 파악할 수 있다. 이를 '반향 위치 측정'이라고 한

내부, 본당의 모습. 아미앵 대성당.

다. 사람은 반향 위치 측정과 고유 수용성 감각을 결합해 마음속으로 주변 환경을 점검하고 위험을 초래할 가능성이 있는 움직임을 확인한다. 천장이 높은 신자석 쪽에 서 있으면 모든 방향에 시선이 닿지만 귀에 들려오는 소리(사람들 발소리, 여행 책자 넘기는 소리, 감미로운 합창 음악)의 진원지는 파악할 수 없다. 그 탓에 아미앵 대성당 안에서의 경험은 독특하면서도 약간의 불안감을 유발한다. 교회 안이기 때문에 안전하다는 사실을 머리로는 안다. 하지만 아미앵 대성당 내부의 유비쿼터스 소리 풍경은 우리의 통제력을 일부분 빼앗는다.[23] 형태가 없고 정의하기 어려운 우리보다 더 강력한 존재, 다시 말해 저 높은 존재에게 복종하게 만든다.

사람들은 또한 인생이란 길을 따라가는 여정으로, 인생에서 힘들었던 일을 암흑 같았던 순간 또는 장소로 표현하는 등 시간을 체화된 공간 경험과 관련지어 개념화한다. 좁은 공간은 시간을 빠르게, 넓은 공간은 반대로 시간을 느리게 흐르도록 만드는 듯하다. 광대한 공간과 독특하고 강력한 소리 풍경 때문에 아미앵 대성당에 들어가는 일은 다른 차원의 시간과 공간에 자신을 맡기는 것과 같다.[24] 이곳에서의 경험은 우리를 경외감으로 가득 채워 일상적인 생각과 아집을 버리고 산 자와 죽은 자를 아우르는 온 인류의 존재적 보편성에 집중하게 만든다. 그러기 때문에 아미앵 대성당 같은 장소에서 30분만 보내도 하루를 알차게 보낸 느낌이 들거나, 이 하루의 경험으로 인생이 바뀌기도 하는 것이다.

인간 경험 측면에서 디자인은 중요하다. 클라우드 게이트는 시카고의 도시 경관과 연계해 우리의 자의식을 변화시켜 우리를 놀라게 한

다. 한 편의 연극처럼 우리에게 인간 역사의 흥망성쇠를 경험하게 하는
MAS, 초월적 감정과 생각으로 우리를 가득 채우는 빛으로 가득한 높
고 넓은 아미앵 대성당도 놀라울 따름이다. 우리는 이런 장엄한 장소를
처음 마주할 때 주로 시각적으로, 공간 속 물체로서 파악한다. 하지만
시간이 조금만 지나고 나면 우리의 모든 감각이 전달한 정보, 감각계와
운동계가 협력해 전달한 정보, 과거와 현재의 기억과 은유가 전달한 정
보가 모여 그곳에서의 경험을 구성한다.

클라우드 게이트와 MAS, 아미앵 대성당은 모두 디자인을 이용해
체화된 인지의 다양한 측면을 끌어내고, 이로써 특별한 경험과 장소를
만들어낸다. 이런 장소는 우리를 활기차게 만들고 생동감을 주며 기회
의 장을 열고 우리를 타인과 연결해준다. 좋은 건물과 조경은 인간의
시야를 구성하는 것을 넘어 확장하며, 우리로 하여금 건축적, 건축 환
경적 표현이 제공할 수 있는 경험적 가능성에 관해 인식하고 고민하도
록 만든다.

4장

환경을 경험하는 방식을
결정하는 것은 자연이다

걱정하지 마, 네가 어디를 가든

달은 뜰 테니. 여기에도 달은 뜨잖아,

붉은 헛간과 겨이삭이 있는 땅과

멀리 떨어져 있는 이곳에도.

—메리 조 뱅Mary Jo Bang, 「프레리를 떠나는 방법How to Leave a Prairie」

방수천이 하늘을 덮고 있다. 그래서

밖으로 빠져나갈 수 없다.

너도 여기에 심겨 있구나.

네가 원했던 건 아니겠지만……

—로재나 워런Rosanna Warren, 「사이프러스A Cypress」

몇 해 전, 석 달 동안 인도반도를 여행했다. 방글라데시 다카에서 출발해 기차 삼등칸에서 승객들과 부대끼고 땀을 뻘뻘 흘리며 밝은색으로 칠한 버스에 몸을 실은 채 인도 북부 곳곳을 쏘다녔다. 동부의 콜카타부터 서부의 뭄바이까지 이동하는 사이 북쪽으로 올라가 네팔에도 잠시 머물렀다. 석 달간의 여행은 나와 내 삶을 수없이 많은 측면에서 바꾸어놓았다. 그 가운데 한 가지 경험은 한 달에도 몇 번씩이나 생각나곤 한다.

어느 이른 아침 버스를 타고 델리에 도착했다. 옛 도시답게 여기저기 무너진 채 뒤죽박죽 모여 있는 거리와 건물은 지금까지도 내 기억에 고스란히 남아 있다. 델리는 뜨겁고 지저분했으며 화려한 색채를 뽐냈다. 경적을 울려대는 버스와 자동차, 자전거 벨, 사람들의 고함 소리, 아이들이 울고 웃는 소리가 가득했다. 타는 듯이 더운 델리에서의 첫날, 때로는 인력거를 타고 때로는 걸어서 먼지 가득한 거리와 지저분한 골목을 돌아다니던 나는 우연히 고요하고 깔끔한 녹색 공원 로디가든에

모하메드 샤의 무덤. 인도 델리 로디가든.

서 석양을 마주했다. 그러자 온몸에 안도감이 퍼졌다.[1] 자각하지는 못했지만 몇 시간째 나를 괴롭히던 스트레스 상황에서 드디어 탈출한 것이다. 공원 속 야트막한 언덕을 향해 올라가던 나는 돌로 만든 작은 기념물을 보고 마치 성난 남자가 날 억지로 멈춰 세우기라도 한 듯 그 자리에 우뚝 섰다.

1445년에 만들어진 모하메드 샤 사이이드의 팔각 무덤은 칸과 팅이 만든 트렌턴 배스하우스처럼 규모는 작지만 웅장함을 뿜어내는 보기 드문 건축 작품이다. 초기 로마네스크 양식 세례당과 뭔가 비슷해 보이는 이 무덤의 각 모서리를 지탱하는 육중하고 비스듬한 기둥은 단순한 석조 벽면의 무게를 실제보다 무거워 보이게 과장한다. 사벽(빗각을 이룬 벽 – 옮긴이), 압축된 크기, 불투명한 표면은 모하메드 샤의 무덤이 마치 조금 전에 땅을 뚫고 올라온 듯 보이게 한다. 이 건축물은 견고하고 둔탁하며 에너지로 가득하다.

해가 거의 저물 무렵이라 사진을 찍기에는 너무 어두웠다. 불빛을 찾아 하늘을 올려다보니 국자 모양 북두칠성 손잡이 부분의 별과 달이 눈에 들어왔다. 그 순간 이곳과 지구 반 바퀴 떨어진 버몬트의 광활한 들판에서 가족 농장을 탐험하던 어린 시절 기억이 떠올랐다. 해가 지고 달이 떠오르는 모습을 보며 북두칠성 국자 부분 별을 하나, 둘, 셋 세던 기억이다. 지금 나는 버몬트와 멀리 떨어진 인도의 탁 트인 녹색 풀밭에 서서, 다시 해가 지고 달이 떠오르는 모습을 보며 별을 하나, 둘, 셋 세고 있었다.

어디에 살든 상관없이('언제' 살았는지도 상관없지 않을까 싶다) 사람들은 달을 바라보며 빛을 찾는다. 나는 안도감을 느끼며 부드럽고 푸른 지평선을 올라가 푸른빛을 만들어내는 힘을 느낀다. 그리고 무덤의 사벽을 마주하는 순간 자연의 힘과 우리를 지구 표면으로 끊임없이 끌어당기는 중력을 목격한다.

현대인은 과거보다 훨씬 빽빽하고 자연과는 거리가 먼 건축 환경에 거주한다. 아주 오래전, 경제적 상황을 개선할 수 있는 장소보다 생존을 돕는 장소를 만들고자 시작한 건설 공정이 지속되어온 결과 인류는 자연과 멀어졌다. 자연에는 안전하고 튼튼한 보금자리가 별로 없다. 그래서 사람들은 보금자리를 직접 만들었다. 이런 공간이 모여 마을이 되었고 더욱 강력한 정치적, 사회적, 문화적 문명 집단이 등장하면서 더 많은 건축이 필요해졌다. 결과적으로 마을이 점점 커지면서 인프라가 필요해졌고 인간은 건축 환경에서 살아가는 데 필요한 건물과 수도관, 다리, 하수도 설비를 더 많이 만들었다. 자본과 신기술이 한데 모이기만 하면 때와 장소에 상관없이 고속도로와 지하철, 공원, 주차장, 슈퍼마켓, 발전소 등이 만들어졌다.

인간의 역사는 실제로 혹은 우리가 필요하다고 생각한 내용을 만족시키기 위한 건축의 역사라고 해도 과언이 아니다. 인간이 만들어낸 환경은 인간에게 필요한 기능을 충족하고 자연이 제공할 수 없는 편의를 제공한다. 그래서 우리는 이를 자연과 정반대에 있는 개념으로, 즉 흉포하고 변덕스러운 자연의 힘에 대항해 꿋꿋이 서 있는 기계 장치라고 생각하는 경향이 있다. 하지만 사실 인간이 만든 환경을 경험하는 방식을 결정하는 주체는 자연이다. (얼굴에 눈 두 개, 몸 양옆에 팔 두 개, 바닥을 디딘 발 두 개가 있고 중력을 거스르는 뼈대 위에 머리가 있는) 인체는 오랜 세월 자연의 형태와 리듬에 적응하고 자연의 도전에 맞서 기회를 붙잡으면서, 안전을 지켜줄 피난처와 가능성으로 가득한 광대한 공간을 찾아 진화해왔다. 우리의 육신은 바로 이 지구에서 살아가고 소멸한다. 인간은 생각하고 호흡하는, 지각 있는 생명체다. 어두울 때는 자고, 빛이 있을 때는 천천히 걷고, 물에서는 목욕을 하거나 목을 축이고, 짐승을 사냥하거나 채소를 찾아 먹으며 살다가 때가 되면 흙으로 돌아간다.

　자신에 대한 경험이 체화되듯이(신체 안에 존재하듯이) 우리의 육신은 자연 세계를 형성하는 기본적인 환경과 따로 떨어뜨려 생각할 수 없다. 자연의 모습과 물리적 요소는 다양한 방식으로 인지 경험의 기초를 형성한다. 자연은 우리를 회복시킨다. 자연이 얼마나 유익한지 알고 싶으면 건물 밖으로 나가 크게 심호흡하거나 사람 많은 인도를 지나 푸릇푸릇한 공원으로 가기만 하면 된다. 인간의 신체와 뇌는 자연이 주는 귀중한 선물에 생물학적, 신경화학적으로 반응한다. 이 때문에 자연은 우리가 의식하지 못하는 곳에서 가장 커다란 영향을 미친다. 당신은 신선한 공기나 녹지 또는 자연광이 부족하면 우울증에 걸릴 가능성이 높아진다는 사실을 알고 있을지도 모른다. 하지만 이런 내용만으로는 자연의 존재와 결핍이 인간의 인지와 정서 전반에 어떤 영향을 미치는지 제대로 알 수 없다. 자연의 중요성을 대충은 안다 해도 이를 우리의 경험과 접목하는 경우는 별로 없다. 꽤 오랜 세월 환경에 크게 관심을 기울이지 않고 실제보다 과장된 통제감을 누리는 데 열중한 사람이 대부분이기 때문이다. 기분이 우울하거나 갑자기 건망증이 생긴 이유를 찾을 때 자신이 창문 없는 방에서 몇 시간을 보냈다는 사실을 떠올리는 사람은 거의 없다.

　우리 마음과 신체의 구조, 역량은 자연 세계에서 살아오는 과정을 통해 형성되었다. 인간은 서로 다른 기후와 지형, 녹지를 지닌 다양한 서식지와 생태계에서 살아오며 오랜 세월에 걸쳐 각기 다르게 진화했다. 그리고 그 과정에서 해당 지역의 환경적 특성과 삶의 방식에 맞게 감각과 성향이 발전했다. 고갈된 인지 자원을 보충할 기회를 준 델리의 로디가든에 들어갔을 때 내가 느낀 안도감도 이런 진화의 산물이다. 사람들이 기회를 '조망'할 수 있는 개방된 넓은 공간을 보거나, 접근할 수 있으면서도 (몸을 숨길 수 있도록) 폐쇄된 공간을 좋아하는 것도 진화의 결과다.[2]

자연을 필요로 하는 인간

인간이 지구에 존재한 기간은 20만 년에서 45만 년 사이다. 인류는 약 1만 년 전까지만 해도 사하라 사막 이남에 띠 모양으로 걸쳐 있는 온화하고 풀이 가득한 사바나 지역을 비롯한 다양한 기후대에서 자유롭게 퍼져 살았다. 그러다 농사를 짓기 시작하면서 유목 생활이 점차 줄어들었고, 영구 정착지를 만들어 점점 크고 복잡한 사회적 집단을 이루기 시작했다. 여러 학자들은 초기 도시의 등장을 기원전 4000~3000년 사이로 본다. 인류가 건설한 초기 도시 가운데 하나인 고대 우루크(현재의 이라크)에는 5만~8만 명이 살았다고 한다. 하지만 사람들은 도시 사회가 등장한 이후로도 수천 년 동안은 대부분 건물이 없는 비도시적 환경에서 살았다.

근대적 경제 발전을 가능하게 만든 대규모 도시화 덕분에 지난 200년 동안 유럽을 시작으로 전 세계 곳곳에 철도로 지역의 문화와 자원을 전달할 수 있게 되었다. 오늘날에는 더 많은 사람이 대도시 지역에 산다. 하지만 호모 사피엔스가 지구에 존재한 아주 짧은 기간을 제외하면 우리가 살고 있는 환경은 항상 자연의 리듬과 패턴에 따라 변화해왔다. 과거 수십만 년 동안 인간은 여러 세대에 걸쳐 성공적으로 자연의 변화에 적응하고 자연의 시험대를 통과했으며 자연 요소에 대한 충분한 통제력을 손에 넣었다. 하지만 대도시는 고사하고 현대 도시가 등장한 것도 그리 오래되지 않았다. 진화론적 관점에서 볼 때 인간이 생물학적으로 도시에 완전히 적응하려면 아직 시간이 더 필요하다고 할 수 있다.

인간은 유전적으로 자연과 가까운 환경을 갈망하고 그런 환경에서 위안을 받는다. 개인의 성격이나 성별, 나이, 자라온 문화에 따라 자연에 대한 개인적, 전체적 성향이 다를 수는 있다(실제로 다르게 나타난다).[3] 하지만 인간이 '생물 친화적' 종으로 진화해왔다는 점은 분명하다. 그래서 자연에 마음이 끌리고 집과 사무실, 공동체가 자연과 연결된 느낌을 갖기 원하는 것이다. 인간의 유전자는 자연 세계와 밀접한 관계를 지속하는 것을 행복한 삶('존재'와 '감정'의 안녕)이라고 여기도록 설계되어 있다. 이는 도시 사람이든 시골 사람이든, 어떤 환경에 살든, 어떤 민족이든 간에 인간이라면 모두가 보이는 동일한 특성이다.

인간이 생물학적으로 자연에 크게 의존한다는 사실은 수많은 연구를 통해 밝혀졌다. 건축학적으로 동일한 안마당 두 곳이 있는 시카고의 한 저층 주택 단지를 살펴보자. 그중 안마당에 식물과 풀, 나무가 있는 곳은 녹색 뜰, 콘크리트로 포장된 곳은 회색 뜰이라고 부르겠다. 도시와 동네, 건물 디자인은 전부 동일했고 거주자들의 사회·경제적 지위와 배경도 유사했다. 하지만 사는 집에 따라 주민(특히 어린이들)의 삶은 다르게 나타났다. 녹색 뜰 주민들이 신체적, 정신적으로 훨씬 건강했다. 녹색 뜰 주민들은 스트레스에 더 강했고 인간관계에서 오는 갈등에도

주택 단지 거주자들의 삶은 자연이 눈에 보이고 접근 가능할 때 더 행복해진다.
아이다 B. 웰스Ida B. Wells 주택 단지. 일리노이주 시카고. 철거됨.

더 잘 대처했다. 가장 놀라운 것은 아이들의 인지 능력이 전체적으로 더 뛰어났다는 점이다.[4] 최근 볼티모어와 시카고, 필라델피아, 오하이오주 영스타운에 있는 공동체를 대상으로 한 수많은 후속 연구에서도 같은 결과가 나타났다.[5] 또 공공장소 녹지 증가는 범죄(재산 범죄와 폭력 범죄 모두) 발생률 감소와 밀접한 상관관계가 있는 것으로 밝혀졌다.

자연과 주기적으로 접촉하면 범죄율과 스트레스가 낮아지는 이유 가운데 하나는 자연과의 접촉이 인간의 인지 기능을 끌어올리기 때문이다. 필요할 때 원하는 것에 초점을 맞춰 집중할 수 있는 능력이 있으면 더 분명하고 효과적으로 사고할 수 있다. 하지만 이 능력은 쉽게 고갈된다. 환경심리학자 레이철 캐플런Rachel Kaplan과 스티븐 캐플런Stephen Kaplan에 따르면, 자연 경관을 즐길 때 그들이 노력 없는 집중이라고 부르는 기능이 활성화되어 주의 자원attention resource이 효과적으로 보충된다고 한다. 자연 환경은 자연스럽게 우리의 호기심과 관심을 이끌어낸다.

　녹지와 빛, 개방 공간에 대한 접근성이 높은 도시 거주자일수록 문제를 해결하거나 새로운 정보를 이해하고 받아들이는 능력이 좋아진다. 한정된 주의 자원을 적절히 제어해 원하는 곳으로 유도하거나 지속할 수 있고, 감정을 더 효과적으로 통제할 수 있게 된다. 이는 곧 심리적 행복감이 커지고 대인관계도 더 수월해진다는 뜻이다. 그게 다가 아니다. 식생(나무와 풀, 꽃)으로 둘러싸인 주택 단지에 거주하는 운 좋은 사람들은 이웃과의 사회적 유대감이 강하고, 건물은 유사하지만 식생이 부족한 장소에 사는 사람들보다 공동체 의식도 더 강하다. 녹색 뜰 주민들은 회색 뜰 주민들보다 주변 환경을 더 안전하게 느꼈으며, 범죄율 통계 데이터에 따르면 이런 인식이 옳은 것으로 나타났다.

　인간에게 자연이 필요하다는 사실을 무시한 채 도시를 건설하면 공공 자원을 낭비해 모두가 큰 대가를 치르게 된다. 그런데도 수많은 (이미 건설했거나 현재 준비 중인) 저렴한 주택 단지는 이 기본적 인간의 욕구를 무시하거나 관심 있는 척하는 데 그친다. 미국의 저가 주택 단지 대부분은 이 밖에도 여러 가지 이유로 도우려고 했던 대상에 손해를 끼친다. 그림쇼Grimshaw 건축 회사와 대트너Dattner 건축 회사가 함께 디자인하고 조너선 로즈 컴퍼니가 개발한 브롱크스의 비아베르데는 녹색으로 가득한 지붕과 멀티 테라스를 자랑한다. 이는 자연에 대한 인간의 욕구를 잘 반영한 몇 안 되는 단지 가운데 하나다.

　인간의 '생물 친화성', 즉 자연에 대한 사랑은 우리가 건축 환경적 경험을 하는 그 순간뿐 아니라 관련 기억에도 영향을 준다. 자연의 존

222

저렴하고 친환경적이고 녹색으로 가득한 인간적인 공간. 비아베르데 주택(그림쇼와 대트너). 뉴욕주 브롱크스.

재 또는 부재는 우리가 존재했던 장소를 기억하는 방식에 영향을 미치며, 이는 곧 우리의 존재에도 영향을 준다. 뇌에서 인지 지도를 그리는 부위가 인간의 자전적 기억을 처리한다는 사실만 떠올려봐도(자전적 기억은 장소에 의해 되살아난다) 우리가 어린 시절 자연과 관련해 쌓아온 경험이 자의식과 정체성 형성에 중요한 역할을 한다는 사실을 알 수 있다. 좀 더 구체적으로 살펴보자.[6] 사람들은 자연과 의미 있는 접촉이 가능한 동네에서 어린 시절을 보낸 경우 그곳을 더 좋게 기억한다. 당신 친구가 행복한 어린 시절을 보낸 것은 집 근처에 공원이 있었거나 침실에서 푸른 잎이 많이 보여서일지 모른다.

예상할 수 있듯이 인간이 생물 친화적 공간을 선호하는 경향은 집 이외의 공간에서도 드러난다. 사무실에서 열심히 일할 때나 헬스장에서 운동할 때도 자연과 접근성이 높을수록 행복도가 높아진다. 미시간주 질랜드에 본사를 둔 사무용 가구 기업 허먼 밀러Herman Miller는 낡은 제조 시설을 떠나 윌리엄 맥도너+파트너스William Mcdonough+Partners가 디자인한 공간으로 이사했다. 안마당과 내부 정원, 천장 채광창이 있는 '그린하우스GreenHouse'로 업무 공간을 옮기자 자연의 영향력을 체감할 수 있었다. 그린하우스의 복도를 비롯한 내부 공간은 햇빛과 녹지로 가득했다. 새로운 공간으로 옮긴 지 반년도 지나지 않아 직원들의 직장 만족도와 업무 수행 능력이 놀라울 정도로 향상되었고 아홉 달이 지나자 생산성이 무려 20퍼센트나 증가했다.[7] 직원들은 자신이 더 건강해졌으며 집중력은 강해지고 심신이 훨씬 편안해졌으며 일에 대한 의욕도 커졌다고 느꼈다. 어떤 연구에서는 업무 공간에서 사용하는 인공 환기 수준을 자연 환기 수준으로 바꾸기만 해도 직원들의 전체적

인지 수행 능력이 놀라울 만큼 올라간다는 사실이 밝혀졌다. 이처럼 자연광을 비추는 등 업무 공간 환경을 자연 환경과 비슷하게 만들면 회사 전체의 활력에 긍정적인 영향을 미칠 수 있다.[8] 그러지 않는 경우 직원의 행복도는 물론이고 건강과 생산성 악화(경제적 손실)라는 대가까지 치러야 한다.

　수술 후 녹지가 보이는 병실에 머문 환자가 벽돌이 보이는 병실에 머문 환자보다 고통을 덜 느끼고 더 빠르게 회복한다는 사실은 앞서 설명했다. 병원 관리자들이 '힐링 가든'이라고 부르는 장소에서 시간을 보낼 때 환자들의 심장 박동은 느려지고 스트레스 호르몬인 코르티솔 분비와 스트레스 수치가 줄어든다는 사실도 밝혀졌다. 자연이 미치는 영향력의 속도는 놀라울 정도로 빨라서 3분에서 5분만 지나도 환자들(질병에 걸리지 않은 사람들도)이 그 효과를 체감한다. 자연이 주는 유익한 생리적 효과는 자연과 접한 지 '20초'가 채 지나기 전부터 측정할 수 있다.[9] 치유에 효과적인 요소는 직장과 학교, 집에 적용해도 좋은 효과를 낸다. 자연에 대한 접근성이나 자연 녹지와 기후, 지형을 모방한 디자인은 인간에게 유익한 영향을 준다. 인간은 행복을 향상시키는 자연이 있는 환경에서 번영하기 때문이다.

빛에서 시작하는 자연
자연의 기본 요소 가운데 가장 찬사를 받는 것은 햇빛이다. 빛. 일

힐링 가든에 몇 분만 있어도 심장 박동 수가 안정되고 코르티솔 수치가 낮아진다.
로리 아동병원 크라운 스카이 가든(김미경 디자인), 일리노이주 시카고.

자연광이 풍부한 업무 공간은 직업 만족도를 높인다. 스코틀랜드 의회 회의실(엔리크 미라예스/EMBT 건축회사). 스코틀랜드 에든버러.

광. 빛이 있으라. 흘러넘치는 빛, 너울처럼 밀려오는 빛, '아름답지 아니한가' 소리가 절로 나오는 빛. '빛이 하나님이 보시기에 좋았더라.' 인간은 아마 지구에 등장한 순간부터 태양이 뿜어내는 빛을 존경하고 더 나아가 숭배했을 것이다. 건축 환경에서 자연광은 인간에게 매우 유익한 영향을 미친다. 인공광과 질적, 양적으로 다른 자연광은 인공광보다 수백 배나 밝고 색상 스펙트럼도 더욱 복잡하다. 인간은 생리적, 심리적 이익을 누리게 해주는 자연광을 선호한다. 햇빛은 온기를 느끼게 해주고(또는 해줄 수 있고) 우리가 잠들도록 이끄는 호르몬인 멜라토닌 분비를 억제하며 면역 체계를 보강하고 뼈를 성장, 강화하는 비타민 D를 합성하게 돕는다. 사람들이 자연광을 선호하고 크게 의지한다는 사실은 증명하지 않아도 다들 알고 있겠지만 증거를 하나만 제시하겠다. 방 선택권을 주면 사람들은 항상 루멘[광원(조명, 태양 등)이 초당 방출하는 가시광(눈에 감지되는 빛)의 총량 – 옮긴이] 수치가 멜라토닌 분비를 억제하도록 만드는 정도인 방에서 시간을 보내기를 선택한다.

　자연에 대한 직접 접근이 어려운 업무 공간이라도 회의실 채광창이나 창문을 통해 자연광이 충분히 들어오게 하면 직업 만족도가 높아진다는 보고가 있다. 상점의 경우도 햇빛을 선호하는 인간의 본능을 만족하는 경우 더 많은 고객이 찾아와 오랜 시간을 보낸다.[10] 창문 없는 상자 형태의 전형적인 공간을 사용하던 한 슈퍼마켓은 채광창이 많아 자연광이 충분히 실내로 들어오는 건물로 옮긴 뒤 매출이 거의 40퍼센트나 증가했다. 자연광은 녹색 풍경처럼 우리의 인지 과정에, 때로는 알아채기 힘든 미묘한 방식으로 많은 영향을 주어 병자를 치유하고 건강한 사람의 행복도를 증진시킨다. (녹색 경치가 안 보이더라도) 자연광

이 들어오는 밝은 병실에서 지낸 환자들이 인공광을 사용한 병실에서
지낸 환자들보다 숙면을 취하고 신체의 일주기 리듬이 더 규칙적이라
는 사실은 쉽게 예상할 수 있다. 놀랍게도 햇빛이 드는 방을 쓴 환자들
은 또 다른 이익을 누린다. 바로 스트레스가 줄어드는 것이다. 통증을
덜 느끼고 몸도 빨리 회복되며 사망률 또한 낮다. 병실 환경에 대한 환
자들의 주관적 느낌이 사실이라는 점은 수많은 데이터가 입증해준다.

자연 채광이 적절한 교실을 사용하는 학생들은 집중을 더 잘하고
정보를 더 잘 기억하며 행동도 더 바르고 시험에서도 더 좋은 성적을
낸다.[11] 햇빛은 (밝기와 온도가 적당한 경우) 사람들의 기분에도 꽤 중요
한 역할을 하며, 정신적 병리, 특히 조울증과 계절성 정서장애 증상을

경관과 길은 미지의 장소를 탐험하도록 우리를 인도한다. 코네티컷 수처리 시설(마이클 반 발큰버그 연합
Michael Van Valkenburgh Associates, 스티븐 홀Steven Holl 건설).

일시적으로 완화해준다는 사실도 입증되었다. 햇빛이 아픈 사람을 치유하는 데 효과적이라면 모든 사람의 감정 불균형을 개선하는 데도 도움이 되지 않을까?

인간의 신체적, 정신적 건강에 유익한 자연광은 사회적 상호작용도 돕는다.[12] 사람들은 타인과 상호작용할 때 평상시보다 물리적 환경에 관심을 덜 기울인다. 하지만 그럴 때조차도 우리는 비의식적으로 자연광에 반응하고 자연광의 진정 효과를 누린다. 한 연구에서 피험자들을 두 집단으로 나누어 한 집단은 밝은 방에(백색광 1000럭스) 다른 집단은 좀 더 어두운, 다양한 강도의 조명을 켠 방에 넣고 동일한 사회적 상황을 경험하게 했다. 그 결과 어두운 방보다 밝은 방에 있는 피험자들이 언쟁을 벌인 횟수가 적었다.

조망과 피신

우리는 생물학적으로 자연 세계를 수용하도록 설계되었기 때문에 녹지와 빛뿐 아니라 자연 재료, 생물학적 형태, 특정한 지형적 특성에도 강하게 반응한다. 인류의 조상이 수만 년 동안 번성했던 아프리카 사바나 지역의 중요 요소인 완만한 경사의 언덕, 땅을 고르게 뒤덮고 있는 식물, 구불구불한 길, 밝은 공터를 가려주는 죽은 나무와 관목이 대표적이다.[13] 뉴욕시의 센트럴파크나 코네티컷에 위치한 수(水)처리 시설을 둘러싼 공원 등 아무 공원이나 떠올려보라. 우리는 한 번 눈으로 훑는 것만으로 '조망과 피신'에 적합한 이 경관의 전체 구조를 파악하고 탐험해볼 만한 매력적인 장소를 찾아낸다. 특별히 고민하지 않아도 몸을 숨기거나 휴식할 수 있는 피신처이면서 물과 음식을 찾아 조망할 수 있는 장소를 식별해내는 것이다. 진화적 적응이든 실용주의의 결과든 인간은 '조망과 피신'이 가능한 경관에 저도 모르게 이끌린다. 사람들은 현실에서 그런 경관을 찾으려 하고 현실에 없으면 다른 곳에서라도 찾는다. 조지프 말러드 윌리엄 터너J. M. W. Turner와 알베르트 비어슈타트Albert Bierstadt, 아마추어 화가들이 그린 풍경화와 앤설 애덤스Ansel Adams를 비롯해 다수의 상업 스튜디오가 찍은 사진을 보면 알 수 있다. 사람은 자연 경관의 '표상'에만 노출되어도 신체적, 정신적 건강이 좋아진다.[14] 그러니 만약 당신의 담당 의사나 상사가 벽에 창문을 내줄 수 없다면 자연을 담은 사진을 건다든지 생물학적 형태를 갖추거나 자연 소재를 사용한 가구라도 갖다 두기 바란다. 그편이 아무것도 안 하는 것보다는 낫다.

형태 제작을 통한 인간 경험 조작: 루이스 칸의 '자연의 본질에 대한 깊은 경외'

건축 부지의 녹지와 지형, 빛을 포용하고 '조망과 피신' 행동을 유발하는 건물을 만들기 위해서는 천장에 채광창을 내고 복도에 식물 화분을 놓는 것만으로는 부족하다. 자연 세계가 건축 프로젝트의 디자인에 영향을 미치는 다양한 방식을 탐구할 수 있는 좋은 건축물이 있다. 바로 루이스 칸Louis Kahn이 디자인한, 현대 건축계에서 가장 위대하며 사랑받는 아이콘 가운데 하나인 캘리포니아주 라호야의 소크 연구소다. 소아마비 백신 개발자이자 자기 이름을 딴 소크 연구소의 디자인을 의뢰한 조너스 소크Jonas Salk는 과학 연구에서 눈부신 발전을 이루려면 과학적 방법의 엄격한 적용과 창조성 발현의 자유가 둘 다 필요하다고 생각했다. 그는 칸과 긴밀하게 협력해 태평양이 내려다보이는 모래 언덕 꼭대기에 다수의 연구 실험실과 개인 사무실이 있는 복합 건물을 만들어냈다. 소크 연구소(증축이 필요해서 1996년에 개조했지만 증축된 부분은 지극히 평범하다)는 누구나 알 수 있는 방식과 그러지 않은 방식을 적절히 섞어 계획적으로 인간의 생물 친화적 본성을 자극한다. 칸은 기존 부지에 복합 건물을 멋지게 통합하고 '조망과 피신' 스키마가 떠오르게 했으며 신중하게 배열한 단계에 따라 인간과 자연의 연결성(이는 인간의 본성이다)에 관한 다양한 측면이 드러나게 한다. 그 결과 사람들

칸은 '자연의 본성에 대한 깊은 경외감'을 담아 소크 연구소를 디자인했다. 태평양에서 바라본 소크 연구소.

은 매 순간의 탐험을 통해 자연의 무한함을 떠올리는 흥미로운 건축적 경험을 하게 된다.

　소크 연구소에 가려면 남쪽 길이나(북쪽에서 가는 방법도 있지만 거의 쓰지 않는다) 동쪽 길을 이용해야 한다. 남쪽에서 보면 풀 덮인 둥근 언덕 너머에 아무 장식 없는 콘크리트로 만든 거대한 벽이 가장 먼저 눈에 들어온다. 중간중간 돌출해 있는 콘크리트 각기둥 네 개에는 그림자가 드리워진 작은 출입구가 있다. 가까이 가기 꺼려지면서도 동시에 흥미를 끄는 중세 요새의 성벽을 우연히 발견한 기분이다. '뒤에' 무엇이 있을지 호기심이 생긴다. 안에 들어가도 될까? 들어가면 어떤 광경이 펼쳐질까?

콘크리트 덩어리 벽 너머에 무엇이 있을까? 소크 연구소 건물 남쪽 외관(루이스 칸), 캘리포니아주 라호야.

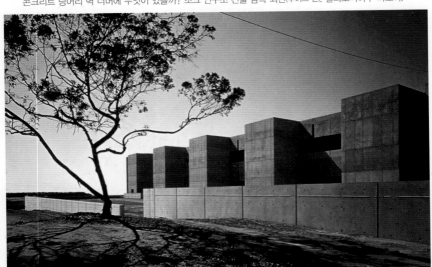

증축하기 전의 소크 연구소에 동쪽 방향으로 접근했다면 정신없는 토레이파인즈 거리 근처에 위치한 주차장에서 여정을 시작했을 것이다. 방금 지나온 다차선 도로와 연구소를 적절하게 구분해주는 완충 지대인 유칼립투스 나무(증축 공사를 하면서 잘라냈다)로 가득한 작은 숲의 잎사귀 사이로 건물이 보였을 것이다. 우리는 차에서 내린 순간 자연 세계에 들어서며, 건물의 존재는 좌우 대칭으로 후퇴하는 건물 모서리를 통해서만 알 수 있다. 남쪽에서 볼 때와 마찬가지로, 한눈에 봐도 예사 건물이 아니라는 느낌을 준다. (커다란 물체가 땅에 턱 놓여 있는) 틀에 박힌 건축 부지 공식과 달리, 태평양과 하늘의 놀라운 무한함을 보여주는 삼차원 액자에 불과해 보인다. 감탄을 자아내는 자연은 존재만으로

드리워진 유칼립투스 나무 너머로 보이는 기존 동쪽 출입구. 소크 연구소.

우리의 관심을 집중시킨다. 대칭을 이루는 두 실험실 건물은 남쪽 외관의 A:B:A:B 패턴과 같은 기능을 한다. 건축물을 이용해 이곳에도 사람이 있다는 사실을 느끼게 해주는 것이다. 대칭으로 배치한 수수한 디자인의 실험실은 높이가 낮고 절벽을 감싸 안은 채 액자처럼 수평선을 담고 있다. 그래서 어느 위치에서 보더라도 자연이 가장 두드러진다. 이곳의 건물은 발을 구르고 팔을 휘저으며 "나 좀 봐요!"라고 소리치지 않는다. 그 대신 건축 현장과 건물 크기의 관계, 입체감, 투박한 재료를 통해 우리가 그 장소를 전망하고 탐험하도록 유도한다.

중심시와 주변시: 시선을 사로잡는 구조와 패턴

증축 전 소크 연구소의 초기 모습이 제공하는 이미지와 패턴은 파악하기 쉬웠다. 시각 인지의 구조와 (특히) 한계를 반영했기 때문이다. 인간의 눈에서 상이 선명하게 맺히는 중심와中心窩는 시야가 2도밖에 안 된다.[15] 이 영역은 워낙 좁아서 눈에서 약 35센티미터 정도 떨어진 위치에 손가락을 들면 엄지손톱으로 완전히 가릴 수 있다. 인간의 얼굴과 발은 늘 우리가 '전방'이라고 부르는 방향을 향하기 때문에 뒤쪽에 있는 대상이나 앞에 있어도 초점에서 60도 이상 벗어난 곳에 있는 대상을 보려면 머리나 몸, 또는 둘 모두를 돌려야 한다. 2도 시야 바깥 부분에 맺히는 상은 놀라울 정도로 선명도가 낮다. 우리가 이를 잘 인식하지 못하는 이유는 뇌가 주변을 빠르게 훑으며 과거에 본 장면에서 떠올린 세부 사항을 이용해 눈이 포착하지 못한 정보를 보충해주기 때문이다. 보통 인간이 주변시로 봤다고 생각하는 세상 대부분(패턴과 리듬, 일반적인 구성 요소)은 스쳐 지나가며 힐끗 본 대상에서 얻은 힌트로 빈 곳을 채운 가공의 산물에 지나지 않는다. 인간의 시각은 '빠른 핵심 파악' 면에서 뛰어나다.[16] 우리는 이 효율적인 능력을 이용해 환경의 필수 시각 정보를 빠르게(0.02초), 말 그대로 눈 깜빡할 사이에 파악한다. '모른다'는 것은 과거부터 생존에 가장 큰 위협이었기 때문에 인간의 뇌는 끊임없이 정보를 해석하려고 한다. 익숙한 형태면 쉽게 인지하지만 그렇지 않으면 이를 해석하는 데 에너지가 많이 들 수밖에 없다. 한편 눈

분수가 있는 중앙 광장. 시선을 분산시키는 요인을 최소화하여 우리의 눈길이 곧장 수평선으로 향하도록 이끈다. 소크 연구소.

236

앞 장면의 핵심을 파악하면 그 대가로 기쁨을 느끼게 하는 신경전달물
질이 분비된다. 우리가 낯선 자극을 싫어하고 익숙한 곳에서 편안함을
느끼는 이유다. 이 모든 과정은 비의식적으로 일어난다. 소크 복합 건
물은 모래언덕 부지와 잘 어우러진다. 남쪽과 북쪽에는 단순한 사각형
건물을 반복 배열하고 동쪽에는 실험실 건물을 대칭으로 배열해 인간
이 만들어냈음이 분명해 보이는 질서 감각도 전달한다. 현장에 잘 녹아
들면서도 정체성에 관한 신비감을 자아내는 복합 건물을 디자인함으
로써 칸은 이 장소에 대한 우리의 초기 정서적 반응을 능숙하게 조작한
다. 칸은 우리에게 이렇게 말하는 듯하다. 도로는 잊어라.[17] 당신은 칸
이 '세계 속의 세계'라고 부른 바닷가 쉼터에 들어왔다.

　소크 연구소 중앙에 위치한 광장을 발견해도 우리의 관심이 광장
의 건축 형태에 집중되지는 않는다. 칸은 연회색 콘크리트 건물을 양쪽
에 대칭으로 배열해 이 광장의 시각적 중심인 태평양의 반짝이는 수평
선으로 시선이 향하는 것을 방해하는 요인을 최소화한다. 주의를 분산
하는 계단이나 창문, 복도, 문(인간의 존재와 움직임을 보여주는 평범한 건
축적 지표들)은 거의 드러나지 않는다. 건축이 '불필요하게 관심을 끌지
않도록 막는' 접근 방식을 취한 것이다. 칸은 끈질기게 우리의 관심을
건물로부터 '멀리' 돌려 강한 바람에 노출된 빛으로 가득한 대지와 태
평양의 짙은 수평선, 깨끗하고 장엄한 라호야의 푸른 하늘로 눈길이 향
하게 만든다.

　인간은 가까운 환경에서 일어나는 변화와 이례적 현상을 유심히
살피도록 타고났다. 칸은 가장 먼저 소리를 이용해 연구소에서 느껴지
는 정적을 깨뜨린다. 광장 바닥을 포장한 트래버틴 대리석 안에 나 있

는 수로에 물을 공급하는 분수와 수로 안으로 콸콸거리며 들어가는 물
이 내는 소리는 작은 규모에 비해 상당히 시끄럽다. 눈에 잘 띄지 않는
수도꼭지에서 흘러나오는 물을 제외하면 모든 곳의 시간이 멈춘 듯하
다. 스페인 그라나다에 있는 알함브라 궁전과 인도 무굴제국 묘지공원
을 떠올리게 하는 수로 분수의 너비는 사람의 발보다 조금 더 크다. 우
리의 청각 기능과 고유 수용성 감각 기능은 경계 태세에 들어간다. 우
리는 물이 쏟아져 내리는 소리와 물이 만들어낸 '빛의 선line of light'에 이
끌려 바로 광장에 들어가보기로 마음먹는다. 수로 속에 있는 물은 움직
일까? 차가울까? 발은 들어갈까? 칸은 우리가 속도를 늦추고 소크 연
구소가 맡고 있는 임무의 중요한 본질인 생물학적 연구, 즉 자연의 심
오한 신비를 탐구하는 일에 집중할 수 있도록 접근 순서를 디자인했
다.[18] 칸은 우리의 시각, 청각, 고유 수용성 감각 인지를 노련하게 조작
해 우리가 이 장소의 자연 환경(유칼립투스 나무, 물마루 너머로 보이는 바
다 경관, 텅 빈 하얀색 트래버틴에 반사되는 따스한 햇볕)으로 계속 주의를
돌리도록 만든다. 그래서 소크 연구소를 '자연의 본질에 대한 깊은 경
외를 담아' 디자인했다고 말한 것이다. 칸은 이렇게 말했다. "우리 안에
는 자연 요소와 물, 빛, 공기에 대한 경외감, 동물 세계와 자연 세계에
대한 깊은 경외감이 자리 잡고 있습니다."

기하소자: 인간이 '알고' 있는 자연의 기본 형태들

인간의 신체와 마음은 장소의 지형적 특성과 관계없이 자연에 존
재하는 근본적인 형태와 더불어 발달해왔다. 어떤 본질적 형상, 구조적
패턴, 지상의 재료와의 상호작용, 중력의 영향 등이 이에 속한다. 사람

들은 건물, 도시 경관, 자연 경관을 마주하면 빠른 핵심 파악을 통해 장면의 대략적 구성을 심상으로 만들어낸다(우리의 지각으로 땅에 있는 대상을 '정확하게' 설명할 수는 없기 때문에 '대략적'이라고 했다). 주변 환경에 대한 우리의 심적 표상은 딱 필요한 만큼 정확하다.[19] 정확성과 정밀성보다는 패턴과 통일성, 규칙성, 대조가 두드러지고, 남은 부분은 스키마와 심적 표상(다른 요소)이 채운다. 한 심리학자가 썼듯이 인간의 눈(특히 다른 동물과 비교할 때)이 지닌 한계 때문에 인간이 대상을 보는 방식은 '세상에 대한 가정을 덧붙여 실마리가 부족한 문제를 푸는 것'이라고 할 수 있다.[20]

소크 연구소를 살펴볼 때 우리는 가장자리와 각도, 모서리, 윤곽, 곡선 같은 형태 기반 신호를 내재화한 정보 창고에 들어 있는 기본적인 구성 패턴이나 입체와 비교한다(이런 패턴 가운데 동쪽에서 바라본 소크 연구소의 전체 배치를 관장한 전형적인 좌우 대칭도 있는데 이에 관해서는 6장에서 더 자세히 논의한다).[21] 가장 단순하면서도 많이 사용하는 구성 스키마 집합은 기하소자라는 기본 도형의 정보 창고에 기초한다. 기하소자를 발견한 신경과학자 어빙 비더먼Irving Biederman의 표현을 빌리면 기하소자는 '불변 시점視點'이다.[22] 그래서 사람은 그 물체에 대한 자신의 물리적 위치와 상관없이 대상이 개별적으로 존재하든 결합 상태로 존재하든 그 대상의 형태를 파악할 수

대표적인 기하소자와 그 변형들.

있다. 소크 연구소의 외부 실험실 계단이 있는 쪽으로 몸을 돌리지 않아도 우리는 계단 전체가 평행 평면과 모서리로 구성된 사각기둥이라는 사실을 알 수 있는 것이다.

우리는 모서리 형태가 직선인지 곡선인지, 평행인지 교차하는지를 보고 기하소자를 식별한다. 내재적 정보 창고에 들어 있는 기하소자 도형의 총 개수는 40개 미만이며 이는 비더먼이 말한 '구성 요소에 의한 사물 인식' 방식에서 꼭 필요한 요소다. 우리 눈에 보이는 세계가 얼마나 복잡한지 생각해보면 40개가 적게 느껴질 수 있다. 하지만 기하소자 하나하나를 여러 형태로 변형하고 다양한 규모와 조합으로 결합할 수 있기 때문에 40개만으로도 인간의 시야에 등장하는 거의 모든 대상을 이해하는 데 충분하다. 기하소자 한 쌍을 결합해 1000만 개가 넘는 형태를 만들 수 있으며 변형 기하소자 3개를 이용하면 무려 3000억 개가 넘는 형태를 만들 수 있다. 현실에서는 경우에 따라 기하소자를 식별하기 어려울 수도 있지만 어쨌든 기하소자는 우리 앞에 나타나는 수많은 형태 기반 신호를 빠르게 파악할 수 있도록 해준다.

원자가 결합하는 힘과 중력에 의해 외형이 결정되는 기하소자의 형태에는 규칙성이 있다. 그래서 많은 사람이 기하소자에 대한 동일한 심적 정보 창고를 공유할 수 있다. 기하소자의 형태는 물질물리학 원리에 따른다.[23] 일례로 물질세계에 사각기둥이 많이 존재하는 이유는 커다란 건물을 안정적으로 만들려면 서로 평행하거나 수직인 평면과 선을 사용해야 해서다. 다른 사회와 고립된 아마존에 사는, 교육 수준이 낮은 아이들이라 해도 미국에 사는 중학생과 마찬가지로 이런 기본적인 기하학 원리를 알고 있다. 세상을 살아가며 여러 물체와 상호작용하

240

각뿔(피라미드형)이나 쐐기(프리즘형) 같은 기하소자들이 쉽게 식별된다(헤이다르 알리예프Heydar Aliyev와 비교).
이펜버그 주택(MVRDV). 네덜란드 헤이그.

기하소자를 찾아보자(이펜버그 주택과 비교). 헤이다르 알리예프(자하 하디드). 아제르바이잔 바쿠.

면서 기하소자에 대한 우리의 내재적 정보 창고는 점차 강화되고 굳어진다. 물체(공, 책, 찻주전자 등)를 만지거나 심지어 그냥 보기만 해도 대상의 전체 형태를 추론하고 그 내용으로 우리 눈앞에 있는 시각을 자극하는 물체를 파악하는 데 충분하다.[24] 기하소자에 대한 인지적 의존도를 바탕으로 생각해보면 건축 세계에 존재하는 플라톤 입체(정 4, 6, 8, 12, 20면체의 정다면체 – 옮긴이)와 유클리드 기하학의 원리 안에는 우리의 시각계가 세상을 잘 파악하도록 돕는 틀이 가득하다는 사실을 알 수 있다.

재료와 질감, 디테일을 통한 인간 경험 조작

소크 연구소 관람의 다음 순서, 즉 중앙 광장을 본격적으로 탐험하는 동안 칸은 자연의 멋진 광경이 사라지게 만든다. 지금껏 사용해왔던 단순한 기하소자 형태와 지리적 특성을 지닌 자연 요소(녹색 식물, 지형, 빛)는 밀어두고 좀 더 일반적인 건축 경험을 만들어낸다. 층계가 있는 사무실 건물의 실험실과 중앙 광장을 따라 서 있는 건물을 설계하면서 칸은 표면 재료를 둘러싼 디자인 그리고 표면 재료와 중력의 상호작용에 초점을 맞췄다. 자연 세계의 기본 특징을 활용해 우리로 하여금 건물과, (더 나아가) 건물로 구현한 조직과 물리적 상호작용을 하도록 만든다.

다시 중앙 광장으로 돌아가보자. 특정한 곳으로 발길을 이끄는 시각 정보를 충분히 수집한 우리는 광장 중앙으로 향한다. 광장 중앙으로 갈수록 현장의 지형과 건물의 전체적 구성은 중요하지 않게 된다. 반면 재료와 표면의 디테일이 관심을 끈다. 앞서 말했다시피 기하소자는 형태를 파악하는 주된 수단 가운데 하나다. 뇌로 장면을 식별하고 형태와 방향, 크기, 기하소자의 조합 같은 형태 기반 신호를 파악할 때 우리가 분석한 내용은 신체 여러 부분에서 보낸 감각 정보를 통합하는 중추이자 호문쿨루스가 위치하는 두정엽으로 빠르게 이동한다. 정보 이동 경로를 보면 비슷한 형태와 관련한 과거 경험의 기억을 소환하지 않아도 형태 기반 신호를 이해하는 데 문제가 없다는 사실을 알 수 있다.[25]

하지만 뇌가 사물의 표면에서 얻은 신호를 분석하는 방식은 좀 다르다. 질감과 밀도, 색상, 패턴 등 표면 기반 신호를 이해할 때는 주로 내측두엽과 해마와 관련된 경로를 통해 시각적 인상을 처리하기 때문에 (형태 지각과는 반대로) 유사한 표면에 대한 이전 경험의 기억을 소환할 필요가 있다. 과거의 기억은 시각뿐 아니라 감정과 촉감, 냄새, 소리 등 다른 감각 기능과 관련된 다양한 정보를 이끌어낸다. 따라서 표면에 대한 우리의 반응은 형태에 대한 반응과 비교하면 장소에 대한 총체적 경험에 기여할 가능성이 높다.[26] 간단히 말해 건축 경험 측면에서 형태는 가장 중요한 요소가 아니다. 왜냐하면 형태 기반 신호보다 표면 기반 신호가 더 전체적이고 상호 감각적이며 감정적인 반응을 이끌어내기 때문이다. 표면에 대한 우리의 경험은 감정적이고 '뚜렷하다'. 하지만 건축 환경에 대한 사회적 논의에서 표면과 재료는 보통 중요하게 다뤄지지 않는다. 또한 건축 과정에서도 풍성하고 생동감 있는 재료는 사치품이며 가치 공학적(최소 비용으로 최대 효과를 얻으려는 접근 방식—옮긴이)이지 않은 것으로 간주한다.

　　재료와 패턴, 질감, 색상은 대상의 전체 형태 구조와 구성 요소만큼이나 장소에 대한 오랜 인상을 형성하는 데 깊이 관여한다. 20세기를 빛낸 우아한 유리와 철골 주택을 디자인한 리하르트 노이트라의 이야기를 들어보자. 그는 어린 시절 경험한 표면에 대한 기억을 설명했다. "이상하게 들릴지 모르지만 건축에 대한 제 첫인상은 대부분 미각과 관련이 있어요. 베개 뒤쪽 벽에 붙어 있는 압지(잉크로 쓴 글자가 번지지 않게 하려고 위에 눌러 물기를 빨아들이는 종이 – 옮긴이) 같은 벽지와 광을 낸 놋쇠 장난감 식기를 혀로 핥곤 했거든요. 아마 그때부터 무의식적으로 촉감에 가장 민감한 혀로 핥아도 문제없는, 흠 없고 부드러운 표면을 선호하게 된 것 같아요."[27]

　　노이트라의 초기 멘토이자 고용주인 프랭크 로이드 라이트 역시 표면 기반 신호를 디자인하는 데 많은 에너지를 쏟았다. 그는 질감을 고도로 살린 표면과 부드러운 표면을 자주 결합했다. 펜실베이니아주 베어 런에 있는 주택 폴링워터의 응접실이 가장 대표적이다. 라이트는 시각계와 촉각계는 물론 고유 수용성 감각계까지도 자극하기 위해 직접 손으로 마련한 재료와 자연 재료, 질감을 종종 이용했다. 도쿄에 웅장한 임피리얼 호텔을 디자인할 때도 입구 바깥 길에는 그 지역에서 공수한 거친 화산암을 깔아 호텔을 찾는 손님들이 보도의 울퉁불퉁한 표면에 관심을 집중하게 만들었다. 호텔 입구를 지나 로비 쪽으로 이어진 길에는 마감 수준을 점차 높인 매끈한 화산암을 깔아서 접수대에 도착할 즈음에는 매끄럽게 광을 낸 표면을 딛게 했다.[28] 임피리얼 호텔 손님들이 바닥 포장재의 미묘한 변화를 의식할 수 있을지는 모르겠지만 접수대에 도착한 이들은 확실히 안도감을 느꼈을 것이다. 드디어 편히 쉴 수 있다고 생각하면서.

(라이트가 디자인한 임피리얼 호텔의 화산암이나 소크 연구소의 트래버틴, 콘크리트, 티크 목재 같은) 질감이 확실하게 살아 있는 재료와 표면은 다감각적이면서 풍성한 감정을 동반하는 비의식적, 의식적 인지를 이끌어내며 우리의 주변 세계 안으로 들어온다. 소크 연구소의 층계 사무실 건물에 사용한 티크 벽판을 살펴보자. 사람들은 나무를 좋아한다. 나무를 좋아하는 이유는 수도 없이 많다. 금속과 비교해서 나무는 온도 변화가 훨씬 적다. 게다가 사람들이 호감을 느끼고, 자극적이지 않은 붉은빛이 도는 갈색이라 왠지 따스할 것 같은 느낌을 전달한다. 나뭇결무늬와 불규칙성은 흥미로운 긴장감을 선사한다. 게다가 주택을 건축할 때 흔히 사용하기 때문에 자연과 가정적인 분위기를 동시에 연상시킨다. 트래버틴 역시 다양한 연상 작용을 일으킨다. 우리가 나무에서 연상하는 내용(나무의 본질, 특성, 질감)뿐 아니라 단단한 표면의 뛰어난 내구성과 다공성 표면의 취약성을 동시에 떠올리게 하며 고대 로마 시대의 반들반들하고 호화로우며 곳곳이 움푹 팬 석재도 생각나게 한다.

카논 뉴런과 거울 뉴런: 행동을 준비시키는 자극들

건축의 자취를 겉으로 드러내고 있는 건물의 표면은 또 다른 방식의 상호 감각적 경험을 할 수 있게 만든다.[29] 마음속으로 건축 과정을 시뮬레이션할 수 있는 기회를 제공하기 때문이다. 앤트워프에 있는 뇌텔링스 리데이크 건축 사무소의 스트림 박물관을 장식한 수작업 돌 표면을 보면서도 비슷한 경험을 할 수 있다. 노이트라는 손으로 만든 물체의 표면에 대한 자신의 반응을 곰곰이 생각해보고 그 기제를 이렇게 설명했다. "손으로 만든 도자기나 제도공이 그린 선, 캘리그래피스트의 글자를 보면 우리는 무의식적으로 자신을 행동의 주체와 동일시하죠. 마치 우리가 직접 그 행동을 하는 사람인 양 공예가의 근육 움직임을 상상해 따라 하는 듯해요."[30] 수십 년이 지난 뒤에야 노이트라의 가설을 입증할 연구 도구가 등장해 뇌에서 '카논 뉴런'과 '거울 뉴런'을 발견함으로써 이 가설이 사실임을 증명했다.[31]

카논 뉴런은 운동 동작을 통제한다. 뇌의 전두엽과 두정엽에 있는 카논 뉴런은 손으로 무언가를 만들거나 점토로 항아리를 빚는 행동을 할 때뿐 아니라 머릿속으로 목적을 가지고 어떤 행위를 하는 모습을 상상하며 점토 덩어리 같은 무생물을 바라보기만 해도 활성화된다. 거울 뉴런(마찬가지로 전두엽과 두정엽에 위치한다)은 점토를 조각하는 행동을 하거나 마음속으로 해당 행동을 상상할 때는 물론, '타인'이 그 행동을 하는 모습을 관찰할 때도 활성화된다. 카논 뉴런과 거울 뉴런의 작용 방식을 보면, 인간이 만든 표면과 우리가 다룰 수 있는 대상이 건축 환경을 경험할 때 그것이 만들어진 과정을 시뮬레이션하도록 유도한다는 사실을 알 수 있다.

카논 뉴런과 거울 뉴런을 바탕으로 형태와 표면 기반 신호에 반응하는 인간의 본능을 설명할 수 있다. 우리가 활용할 수 있는 물체를 보거나 창문 열기나 계단 오르기 등의 특정 행동을 수행하려고 마음먹으면 카논 뉴런이 활동한다. 거울 뉴런은 우리가 창문을 열거나 계단을 올라가려고 준비할 때뿐만 아니라 (놀랍게도) 다른 사람이 그 행동을 하는 모습을 보기만 해도 활동한다. 마치 그 사람이 하는 행동의 의도를 이해하기 위해 스스로 같은 행동을 수행한다고 상상한 것처럼 말이다.

246

즉 이 뉴런은 우리가 관찰하는 사람의 행동을 거울처럼 '반영한다'. 카논 뉴런과 거울 뉴런의 작동 방식에 대한 발견은 최근 등장한 인지신경과학적 관점을 뒷받침한다. 즉 인간의 운동계가 감각 기능과 완전히 다른 별개의 존재가 아니며, 이 둘은 단일한 통합 시스템의 두 구성 요소

지각은 행동을 준비하는 행위이다. 빌라 사보아의 위로 올라가는 두 가지 수단(르코르뷔지에), 프랑스 푸아시.

일 수 있다. 지각은 절대 수동적인 행위가 아니다. 행동을 준비하는 행위인 것이다.

특정 행동(계단을 한 칸씩 올라가거나 경사로를 올라가는 행동)을 연상시키는 물체나 요소(계단, 경사로)에 관심을 집중하면 거울 뉴런과 카논 뉴런이 활동한다. 르코르뷔지에가 디자인한 빌라 사보아에 있는 계단과 경사로 조합은 이런 뉴런의 작용에다 대각선과 나선의 결합이 만들어내는 시각적 역동성이 더해졌다. 오르내릴 수 있는 두 대상을 보면 무의식적으로 우리의 다리와 몸통에 가볍게 힘이 들어가기도 한다.

과학자들은 계속해서 재료와 질감, 색상, 유연성, 밀도 같은 표면 기반 신호에 대한 인간의 복잡한 심리적, 신경적 반응을 연구하고 있다. 질감과 재료에 대한 카논 뉴런과 거울 뉴런의 반응과 관련해서는 아직 연구할 거리가 많이 남아 있다. 하지만 지금껏 밝혀진 귀중한 연구 결과는 표면 기반 신호에 대한 인간의 반응이 지닌 심리적 힘을 잘 보여준다. 앞에서 언급했듯이 푹신한 가구와 장식용 쿠션, 깔개로 장식한 교실을 사용하는 학생들은 집단 토론에 더 활발히 참여한다. 사람들이 타인에 대해 어떤 판단을 내리고 어떤 식으로 자신의 행동 방향을 결정하는지에 대한 사회 인지 연구도 놀라운 사실을 밝혀냈다. 예를 들어 차가운 커피를 들고 있을 때보다 뜨거운 커피를 들고 있을 때 낯선 타인을 더 관대하고 우호적이라고 판단할 가능성이 높아진다.[32] 푹신한 의자에 앉아 있는 상대보다 딱딱한 의자에 앉아 있는 상대와 협상하기가 더 어렵다.[33] 새로운 사람을 만날 때 거친 물체를 만지고 있었다면 만남이 '매끄럽지 않았다'고 기억하기 쉬우며 단단한 물체를 만지고 있었다면 상대방을 '딱딱하다'고 인식할 가능성이 크다.[34] 이런 데이터는

248

사람들이 표면과 관련한 경험을 통해 구축한 스키마(거친 '질감'을 보고 손가락으로 만지면 거칠게 '느껴지리라는' 사실을 아는 것)를 그 경험과 거리가 먼 삶의 영역에까지도 은유적으로 확장한다는 사실을 보여준다.

표면과 형태는 따로 떼어놓고 생각할 수 없다. 형태와 불가분의 관계인 표면의 한 가지 특징은 중력의 힘과 물질물리학 원리에 의해 모양이 결정된다는 점이다. 우리는 살아가면서 중력의 기본 원리를 대부분 이해하게 된다. 우리는 방망이에 맞아 공중으로 뜬 야구공의 대략적인 궤도를 추측할 수 있다. 평면과 직각인 수직축에 서 있으면 안정적이라는 사실과, 상대적으로 움직임을 방해하지 않는 '위에 달린' 머리와 '저 아래'에서 체중을 지탱하는 쭉 뻗은 두 발을 비교하면 중력이 아래쪽으로 작용한다는 사실도 알 수 있다. 이와 유사하게 디자이너가 중력의 힘을 구현해놓은 건물을 보면 그것이 무엇을 표현했는지 이해할 수 있으며, 심지어 '눈에 보이는 것을 몸으로 느낄 수도' 있다. 모하메드 샤의 위풍당당한 무덤과 대니얼 버넘Daniel Burnham이 만든 시카고의 17층짜리 모나드녹 건물의 화려한 기단부를 구성하는 두께 1.8미터짜리 벽은 중력의 힘을 잘 표현한다. 중력의 힘을 거스르면 불안감(좋게 말하면 역동성)이 느껴진다. 실제로 건축되지는 않았지만 니에메예르는 카라카스 현대미술관을 디자인하면서 바위 절벽 위에 일부러 뒤집은 피라미드 형태의 건물을 설치하기도 했다.

인간은 유아에서 성인으로 성장하면서 중력과 물질물리학의 기본 원리에 관한 기초 지식을 얻고 내재화한다.[35] 이런 기초 지식 덕분에 우리는 물체 두 개의 크기가 똑같더라도 무게가 다를 수 있으며 이를 움직이는 데 필요한 물리적 힘이 다르다는 사실을 (때로는 우리가 안다는

중력 조롱하기. CCTV 본사의 캔틸레버(한쪽 끝만 고정되고 다른 끝은 받치지 않은 상태의 보 ‒ 옮긴이) (렘 콜하스/OMA). 중국 베이징.

중력 거스르기. 현대미술관의 지어지지 않은 프로젝트(오스카르 니에메예르). 베네수엘라 카라카스.

사실을 인지하지도 못한 채) 알 수 있다. 체화된 지식 덕분에 우리는 조각상이나 건물의 일부처럼 무거운 물체가 위에 달려 있으면 잠재적으로 떨어질 위험이 있다는 사실을 직관적으로 깨닫는다. 인간은 육체를 지닌 채 다양한 물체 가운데 하나로, 우주의 한 존재로서 세상을 살아가는 것만으로도 방대한 지식을 얻는다.

행동을 위한 지각 : 표면은 상상을 활성화한다

소크 연구소로 향하던 발걸음을 멈추면 우리의 귀는 분수로 콸콸 흘러드는 물소리에 집중하게 된다. 인간은 항상 주변 환경의 변화에 집중하기 때문에 곧바로 수로 분수를 흐르는 물의 소리와 움직임으로 관심이 이동한다. 광장을 향해 다가갈수록 물소리는 호기심을 자극하며 그곳에서부터 칸은 방문객의 관심을 끌고 탐험을 부추기는 방식으로 구성 요소를 연출한다. 수평선을 향해 뻗은 광장의 직선 수로는 평면에 있는 직선이나 추상적인 기하학 구조가 아니라 체화된 의미를 전달하는 운송 수단으로 해석된다. 인간의 공간 경험에서 선은 길을 표현하고 경계선을 정의하며 물체와 재료, 공간의 가장자리를 표시한다.[36] 우리의 눈은 물이 가득한 수로를 따라가다(소크 연구소에서 일하는 과학자들이 붙인 '빛의 선'이라는 명칭은 수로 분수의 역동성과 반짝이는 물의 흐름을 잘 담아냈다) 태평양의 수평선에 있는 소실점에 다다른다. 그 뒤 우리는 선이 가리키는 방향에 집중하며 선을 따라 길을 걷는 상상을 한다. 그리고 마침내 눈이 닿은 곳을 향해 발을 움직인다. 이처럼 수로 분수를 보는 것만으로 일련의 반응이 일어난다. 이런 반응은 우리가 물리적 주변 환경에 대한 경험을 어떻게 '느끼게' 되는지를 압축해서 보여준다. 우리의 비의식적 지각과 감각 기능은 상호 감각적으로 협력하고 또한 우리의 상상 운동 반응과도 공조한다. 독일 화가 파울 클레Paul Klee가 그림 그리는 행위를 두고 '선을 산책시키는 것'이라고 표현했는데, 그 말도 그럴듯하게 느껴진다.[37]

광장 중앙으로 가려면 얕은 계단 몇 개를 내려가야 한다. 이 계단은 워낙 얕아서 시각과 청각을 유혹하는 다른 대상에 집중하면 그 존재조차 모르고 넘어가기 쉽다. 계단을 다 내려가면 광장 너비를 거의 꽉 채우는 벤치가 등장해 진로를 방해한다. 벤치를 돌아가려고 몸의 중심축을 움직이면 바로 옆에 있는 고층 사무실 건물로 시야가 이동한다. 이제 우리는 사선 각도에서 건물을 바라보게 된다. 그런데 갑자기 이 복합 건물 전체에 대한 심상(수평선을 담은 액자 같은 사각기둥의 정적인 대칭 배열)이 주변을 훑어보던 우리의 눈앞에서 해체된다. 장식 없는 덩어리처럼 보이던 콘크리트 사각기둥이 하나씩 분리되며 펼쳐진다. 이제 건물 외관은 그늘진 틈과 얇게 잘린 평면으로 구성된 물체처럼 보인다. 게다가 층계 사무실 건물은 땅에 무게감 있게 자리 잡은 게 아니라 땅 위로 가볍게 솟아 있는 듯하다.

층계 사무실 건물의 벽은 기둥-인방 구조(기둥머리에 구멍을 내어 인방이라는 보를 걸친 형식의 골조－옮긴이)를 닮았으며 개방된 Z 자 모양 층계 주위로는 작은 사무실이 늘어서 있다. 소크 연구소의 실험실 복합 건물은 처음에는 해안선을 따라 낮게 펼쳐진 육중한 덩어리처럼 보였지만 지금은 같은 건물인데도 수직으로 높게 서 있는 것처럼 보인다.

건물 배치 또한 파악하기 쉬운 대칭 구조로 보였지만 지금 보니 사무실 바닥도 불규칙하게 쌓아 올려져 있다. 맨 아래층은 층고가 높고 그 위로 있는 중간층 두 개는 층고가 좀 더 낮다. 특히 층고가 높은 건물 최상층은 다른 층보다 크기가 크고 무게도 무거워 층계 사무실 건물을 눌러 바닥에 고정하고 있는 듯한 느낌을 준다. 높이 뻗은 최상층은 기둥 맨 위의 기둥머리나 프리즈frieze(고대 그리스, 로마 건축에서 기둥이 떠받치는 장식 부분을 셋으로 나눈 것 가운데 중간 부분 – 옮긴이) 위에 있는 페디먼트pediment(프리즈 위에 올린 삼각형 장식 – 옮긴이) 같은 기능을 한다.

다채로운 재료와 절묘한 디테일을 사용해 만든 층계 사무실 건물에서는 빛과 어둠, 평면과 빈 공간으로 구성된 섬세한 패턴이 눈에 띈다. 닳아서 은빛을 띠는 다양한 티크 판이 곳곳에 보이는 층계 사무실 건물에서 벨벳처럼 부드러운 푸른 회색 콘크리트는 붉은 결이 눈에 띄는 노란빛 도는 크림색 트래버틴의 패인 자국을 보완한다. 이 장소를 탐험하면서 알게 된 모습과 처음에 본 모습을 곰곰이 비교할수록 이 독특하면서도 절반은 실내, 절반은 실외인 사무실 건물은 점점 복잡한 존재로 다가온다.

칸이 이런 디자인을 한 이유는 무엇일까? 처음에는 건물에서 관심을 '돌려' 자연의 아름다움에 주의를 집중하도록 만들더니 이제는 형태와 표면, 재료를 이용해 이 자연적인 부지와 어우러지지 않는 인간 척도(공간과 물체의 크기를 인간의 사이즈와 비교해 척도로서 나타내는 것 – 옮긴이)에 맞춘 건물로 우리의 관심이 향하도록 만든다. 수로 분수의 너비는 발을 넣어도 충분할 정도로 넓다. 계단은 각 단 높이가 낮아서 천천히 올라가기에 알맞다. 칸은 크기가 큰 대부분의 시설이나 주거 건물의

자연에서 문화로의 갑작스러운 주의 이동. 소크 연구소 중앙 광장에 서서 층계 사무실 건물을 바라보며.

단점인 기다란 내부 복도를 없애고 층계를 통로와 분리하는 방식으로, 사람들이 더 오래 머무르고 주위를 탐험할 수 있도록 인간 척도에 맞는 배열과 나선형 공간을 친절하게 만들어낸다. 층계참에 있는 흑판은 분필을 들어 무언가를 쓰라는 신호를 보낸다. 서 있는 사람 크기를 기준으로 만든 개인 사무실에는 집을 연상시키는 오크나무 판자를 사용했다. 사무실 외부에 정성스럽게 설치한 티크 판은 인간의 건축 기술을 드러내며 티크 판의 단순하고 반복적인 선형 배치는 나뭇결의 불규칙한 소용돌이무늬를 강조한다. 이 모든 질감이 주는 인상은 우리의 촉감을 활성화한다.

칸은 심지어 노출 콘크리트(비호감 건축 재료)도 고급스러울 정도로 부드러운 표면을 지닌 재료로 만들었다. 그 과정에서 사용한 방법은 우

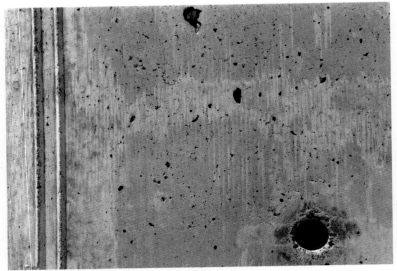

'건물은 기적이 아니라 고군분투의 결과다. 건축은 이를 드러내야 한다.' 콘크리트 이음매의 세부 사진. 소크 연구소.

리가 건물과 더욱 공감할 수 있는 가능성을 열어주었다. 콘크리트 패널의 디테일을 살리는 과정에서 칸은 작업자들에게 나무 거푸집 판 사이로 불거져 나온 골재를 건물 건축의 흔적을 드러내는 도드라진 모르타르 이음매로 만들도록 지시했다.

　이는 마치 그림을 완성하고 나면 거의 보이지 않는 연필 선처럼 사소한 요소다. 하지만 노이트라가 말했듯이 이런 디테일은 수작업으로 만든 물체가 지금의 모습이 되기까지의 과정을 우리가 마음속으로 정확히 시뮬레이션하도록 만든다. 이런 작은 디테일이 모여 커다란 경험적 효과를 만들어내는 이유는 무엇일까. 표면 기반 신호는 우리가 건물과 상호 감각적으로 온전히 관계하도록 만들며 제작 공정을 심적으로 시뮬레이션하는 방식으로 물체를 이해하는 인간의 성향을 잘 이용하기 때문이다. 칸은 한숨을 쉬며 이렇게 말했다. "건물은 기적이 아니라 고군분투의 결과입니다. 건축은 이를 드러내야 합니다."[38]

매끈하게 연마한 콘크리트. 공들여 만든 건축 디테일. 쪼개어 만든 나무 판. 그늘진 접합 부분이 보이도록 꼼꼼하게 깐 트래버틴 바닥재. 건물의 무게와 끝을 알게 해주는 정확하게 계산된 균형, 세심하게 만들어낸 표면 기반 신호와 재료, 중력, 빛의 상호작용을 보여주는 장치. 이 모두가 우리와 이곳에 있는 모든 사람들을 바로 이 장소에, 우리의 수많은 감각을 사로잡는 다채롭게 구성된 순간 속에 빠져들게 한다. 칸은 연구소가 그리고 우리가 자연과 세계, 생물학적 연구의 주제와 관계 맺을 수 있도록 소크 연구소의 전체적인 형태를 구성했다. 그리고 복합 건물의 재료와 표면 디자인을 통해 자연 요소를 아름다움과 인간 존재로 가득한 세계 안으로 끌어왔다.

인간적인 관료 조직: 알바르 알토의 '자연과 문화 통합'

경험적 디자인 원리에 따른 디자인은 라호야의 인상적인 해안선처럼 놀라울 만큼 특별한 장소뿐 아니라 어느 곳에서든 구현할 수 있다. 이 디자인 원리를 적용하면 건축물의 질을 높이고 다양한 효과를 이끌어낼 수 있다. 칸과 동시대에 활동한 알바르 알토는 주로 유럽에서 작업을 진행했다. 고향 핀란드에 있는 알토의 대표작 새이내트살로 시청

국민연금협회(알바르 알토). 핀란드 헬싱키. 맨 앞 건물 왼쪽에 입구가 있다.

미국 교외의 사무용 건물.

사와 이마트라에 있는 세 십자가 교회는 지금까지도 동시대 디자이너
들에게 영향을 주고 있다. 헬싱키에 위치한 핀란드 사회보장국 본부의
국민연금협회National Pensions Institute, NPI는 알토의 작품 가운데 가장 유명하
지도, 가장 인상적이지도 않다. 하지만 절제미가 돋보이는 NPI는 밝고
고요한 지상의 이상향으로 경험을 풍부하게 제공하는 디자인이 지닌

부피를 해체해 규모를 줄이다. 국민연금협회 측면 모습.

변화의 힘을 드러내며 겉보기에는 진부해도 특별한 장소가 될 수 있다
는 사실을 말해준다.

　헬싱키 시내 북쪽 주거 지역에서 한 블록을 차지하고 있는 NPI의
첫인상은 수많은 띠 창문이 있는 미국의 흔한 교외 사무용 건물을 떠올
리게 한다. 하지만 사진 속 시시한 모습은 실제와 다르다. NPI를 직접

경험해보면, 육체와 영혼을 좀먹을 듯한 정부청사 같은 평범한 건물도 상상력을 자극하고 행복한 삶을 증진하는 인간 중심의 오아시스가 될 수 있다는 사실을 깨닫게 된다.

핀란드 국민 전체를 대상으로 운영되는 국민연금협회는 규모가 어마어마하다. 직원 800명이 근무하는 사무실과 창고, 회의장, 도서관, 카페테리아까지 있는 거대한 연금 사무실이 같은 동네 주거 시설의 규모와 균형을 이루도록, 알토는 일부러 전통적이지 않은 디자인 방식을 택했다. 직사각기둥을 쭉 연결한 형태의 건물을 경사진 삼각형 모양 부지에 꽉 차도록 짓는 방식으로 거대한 부피를 분산해 건물의 커다란 규모를 어느 정도 줄인 것이다. 서로 조금씩 다른 모습을 지닌 건물 하나하나를 보면 그 안에 어떤 시설이 있는지 대충 짐작할 수 있다. 표면에 타일이 붙은 채 수직으로 높게 솟은 고층 건물에는 여러 대의 엘리베이터와 층계가 있고 장식이 없는 벽돌 건물은 창고인 식이다.

붉은 바위, 붉은 벽돌. 국민연금협회(세부 사진, 입구 근처).

인구가 매우 적은 편인 핀란드는 지구의 최북단에 위치한 국가 가운데 하나로 자연을 중요하게 생각한다. 알토는 건물 곳곳에 다른 기능을 배치하고 균일하지 않은 진홍색과 흑갈색의 건물 외벽 벽돌과 부지의 땅 위로 드러난 바위가 짝을 이루도록 했다. 거대한 NPI 는 붉은 바위로 된 경사진 부지와 어우러진다. 각기둥 건물에는 주로 흙과 결을 떠올리게 하는 색상의 재료를 사용하고, 일부분에는 이미 오래전 애시드 그린 색으로 변해버린 방수용 구리판을 가장자리에 두른 녹회색 화강암을 사용해 색을 보완했다. NPI는 주변 건물보다 크긴 하지만 그렇다고 주변을 압도하지는 않으며 부지와도 잘 어우러져 보인다. 출입구가 있는 크고 튼튼한 북쪽 건물은 거대한 고층 주 회의장으로 이어진다. 이곳에서는 국민들이 연금협회 직원들과 연금 계좌에 관해 상의한다. 옆에 있는 건물에는 규모가 작은 회의실과 사무실이 있다. 부지 북동쪽 끝에는 NPI의 외벽에 둘러싸여 사방이 거의 막혀 있는 안마당이 있다. 멋진 조경을 자랑하는 야외 정원 '룸즈' 두 곳을 연결해 구성한 안마당은 바로 옆에 있는 공원과 연금협회 카페테리아를 통해 들어갈 수 있다.

알토는 노련한 계획, 실제로는 그렇지 않지만 수수해 보이는 형태적 구성, 질감을 떠올리게 하는 재료를 이용해 NPI가 바위 투성이 부지와 조화를 이루게 만든다. 질감이 뛰어난 다양한 종류의 자연 재료는 우리의 모든 감각 반

정원이 있는 안마당. 국민연금협회.

응을 이끌어내고, 파악하기 쉬운 다양한 형태가 우리의 호기심을 자극한다. 알토는 자상한 민주주의는 자연 세계와 공존할 수 있는 선량한 시민을 키운다는 주제를 건물 내부부터 주요 공공 공간까지 이어간다. 그러면서 이 프로젝트의 주제를 강화하는, 가장 중요한 체화된 스키마와 은유로 그 안을 채운다.

　북쪽에서 다가가다 보면 보이는 벽돌로 된 커다란 직사각기둥 건물은 비의식적으로 즉시 파악할 수 있다. 기하소자이기 때문이다. 하지만 입구를 찾다 보면 처음에는 대칭 구조에 사방이 막힌 공간처럼 보였던 건물이 완전히 막혀 있지도, 구조적으로 대칭이지도 않다는 사실이

이중 채광창. 국민연금협회.　　　　　　　배턴 타일(내부). 국민연금협회.

드러난다. 옥상과 1층에 있는 야외 테라스는 상자 형태 건물의 규칙적인 패턴을 흩뜨려놓는다. 안으로 들어가려면 건물 중심축에서 옆으로 비껴 있는, 인상적으로 튀어나온 바위와 지붕 덮인 테라스 사이에 있는 계단을 올라가야 한다. 알토는 일부러 우리가 자연과 문화의 산물 사이를 걷게 만든다. 건물로 들어가는 출입 시퀀스를 이용해 이렇게 거대한 정부 기관도 자연의 명령을 거스르지 못한다는 사실을 보여준 것이다.

건물 안에서도 알토는 자연 세계의 요소와 특징을 있는 그대로, 도식적으로, 은유적으로 통합한다. 닿기 어려운 장소까지 구석구석 도달한 햇빛은 공간별로 서로 다른 분위기를 만들어낸다. 빛이 잘 드는 주회의장에 있는 지그재그 형태의 3층 높이 천장에는 경사가 가파른 이중 창문이 마치 빛을 찾아 하늘로 솟아오르는 유리 산봉우리처럼 위를 향해 뻗어 있다. 두 채광창 사이에 매달린 원통형 조명은 창의 모난 느낌을 완화하고 흐린 날에는 회의장 안으로 빛을 비춰준다. 다른 곳에 있는 2층짜리 도서관의 두꺼운 천장에는 원형 채광정light well을 만들어 책 읽기에 적당한 자연광이 고르게 여과되어 들어오게 했다. 알토는 비푸리(현재 러시아의 비보르크) 도서관에도 깊이를 면밀히 계산한 채광정을 균일한 간격으로 설치해서 한겨울에도 핀란드의 약한 햇빛이 안으로 들어오도록 만들었다.[39]

대규모 고층 건물에서 실내 복도를 역동적이고 적절히 밝게 만드는 일은 골치 아픈 디자인 과제다. 알토는 NPI의 실내 복도를 넓히고 가능한 한 외부 창문에서 들어오는 빛줄기가 닿는 곳을 지나도록 복도를 배치했다. 대부분의 작업에서 내부 표면 디자인에 집중했던 칸과 마찬가지로 알토 역시 NPI의 내부 표면에 많은 관심을 기울였다. 복도 벽에는 얇고 긴, 광택이 있는 흰색과 푸른색 에나멜 타일을 붙였다. 편평한 벽면에 곡선을 이루는 돌출된 '배턴 타일'을 선형으로 붙인 것이다. 선형 타일을 붙인 복도는 부피감이 증가하며 우리가 길을 따라 움직이도록 유도해 길 찾기를 용이하게 만든다. 무엇보다도 배턴 타일은 행동을 불러일으키는 지각을 활성화해 우리를 타일 가까이 끌어당긴다. 우리는 벽에 손을 대고 타일의 냉기를 느끼거나 이동할 때 손으로 전해지는 올록볼록한 감각을 즐기며 복도를 지나곤 한다.

알토는 건물 안팎에 다양한 디자인 방식과 재료의 디테일을 사용해 매우 평범해 보였던 이 건물에서 자연에 대한 우리의 체화된 경험을 떠올리게 한다. 모습이 비슷한(실제로는 놀라울 만큼 다르지만) 교외 사무실 건물과 비교하면 알 수 있듯이 건축 환경이 자연 세계에 존재하는 인간의 육체와 조화를 이루게 하는 일은 결심만으로 되지 않는다. 인간 지각의 세부 요소를 인식하고 이를 적절하게 이용할 수 있는 창의성도 뒷받침되어야 한다.

21세기, 자연에 건축 환경 정착시키기

오늘날 건축 환경은 과잉 도시화, 세계화, 기후변화와 밀접하게 연관된 문제에 대처해야 한다. 자연 세계에 대한 인간의 체화된 경험을 고려해 건축 환경을 조성하는 것은 매우 긴박한 과제가 되었다. 하지만 이 과제는 알토가 NPI를 완성한 1956년과 비교해 더 어렵지도 더 많은 돈이 필요하지도 않았다. 지금까지도 수돗물이나 전기가 없는 부

기후와 건축 문화에 순응한 건축물. 초등학교(디베도 프란시스 케레). 부르키나파소 간도.

르키나파소 남동쪽 외딴 마을 간도에 디베도 프란시스 케레_{Diébédo Francis}
_{Kéré}가 만든 초등학교를 살펴보자. 족장의 아들로 태어나 7살까지 간도
에 살았던 케레는 이 지역의 기후와 풍습에 매우 익숙했다. 처음에는
케레도 이 지역에서 전통적으로 사용하는 진흙과 파형강판을 사용해
작업을 시작했다. 하지만 곧 기존 건축 관행을 수정해 내구성이 훨씬
뛰어나고 단열 효과도 우수하다고 증명된 점토와 진흙 혼합 벽돌을 제
조하기 시작했다. 그리고 벽돌 제조법을 지역 주민에게 가르쳐 세계에
서 가장 빈곤한 지역 가운데 하나인 간도에서 효과적으로 새로운 산업
을 시작할 수 있는 기반을 마련했다. 케레는 이 지역의 일반적인 건축
방식에 따라 학교 지붕에 파형강판을 사용했지만, 그 대신 지붕을 지지

벽에서 살짝 띄워 설치하는 아주 간단한 방법으로 간도 지역 건축 방식을 극적으로 개선했다. 그 결과 혹독하게 더운 기후 지역의 환기 시스템이 대폭 개선되었고 지붕의 돌출 부분을 이용해 그늘을 만들고 외벽 표면을 보호할 수 있게 되었다. 저렴한 예산으로 디자인을 변경한 결과는 어떨까? 자연 깊숙한 곳에 환경과 잘 어우러지는, 비싸지 않으면서도 멋진 교육 환경이 탄생했다.

우리의 신체와 자연 세계 속 인간의 존재를 고려한 건축 환경은 유명한 건물이나 규제가 자유로운 개발도상국에서만 찾을 수 있는 게 아니다. 이런 건축 환경은 어디에서나 볼 수 있다. 고층 건물 개발 같은 가장 어려운 건축 유형에서도 찾아볼 수 있다는 뜻이다. 크리스토퍼 알렉산더 같은 건축적 경험 이론가들을 포함해 일부 사람들은 고층 건물이 본질적으로 인간이 살기에 적합하지 않다고 주장한다.[40] 하지만 밀라노의 스테파노 보에리Stefano Boeri, 싱가포르에 본사를 둔 WOHA 건축 회사, 매사추세츠주 케임브리지에 본사가 있는 사프디Safdie 건축 회사가 작업한 인간 척도의 주거와 복합용도 프로젝트 결과물을 보면 그 주장은 사실이 아님을 알 수 있다. 밀라노에 있는 보에리의 그린 프로젝트green project '수직 숲Vertical Forest'은 높이 109미터와 76미터짜리 주거용 고층 건물 두 동으로 구성되어 있으며 바닥 면적의 총합은 4만 6000제곱미터가 넘는다. 이 건물은 태양이 보이는 방향에 따라 900그루가 넘는 나무와 수천 개의 식물을 각 면마다 다르게 배치했다. 주민들에게 녹색 가득한 집을 제공하는 동시에 탄소 배출량을 줄이고 도시 공기를 정화하며, 밀라노 시내의 인구 밀집 지역에 다양한 생물이 서식하는 미기후microclimate(좁은 특정 지역의 기후 – 옮긴이)를 만들어낸다.

고층 자연. 수직 숲(스테파노 보에리). 이탈리아 밀라노.

　WOHA 역시 두 채의 고층 주거 건물 뉴튼 스위트와 I 몰멘 라이즈를 통해 인구 밀도가 굉장히 높은 싱가포르에서도 자연 친화적이면서 디자인이 뛰어난 건물을 만들 수 있다는 가능성을 보여준다. 두 건물 모두 인위적인 온도 제어는 최대한 삼가고 자연적인 환기와 냉방을 강화하는 디자인을 도입했다. 건물은 바람이 많이 불어오는 방향을 향하도록 짓고 모듈식 차광遮光 장치와 발코니, 녹색 식물이 있는 벽을 이용해 기온 냉방과 환기에 신경 썼다. 방금 소개한 요소는 인간 척도에 맞추어져 있으며 반복과 변화라는 단순한 시각 언어를 통해 매력적인 추상 패턴을 만들어낸다. 뉴튼 스위트에는 건물의 표면 온도를 낮추고 에너지 비용을 절감하기 위해 검은 다공多孔 금속판으로 된 수평 선반을

따뜻한 기후의 고층 건물. 뉴튼 스위트(WOHA 건축 회사). 싱가포르.

친황다오 해비타트(모셰 사프디), 중국.

촘촘히 설치했다. 또한 U자형 콘크리트 발코니로 구성된 두 가지 패턴의 수직면이 교대로 나타난다. 발코니 가운데 수직면 하나는 단순한 반복 패턴, 나머지 하나는 복잡한 A:B:B:B:A 패턴이다. 건물 전체를 풍성한 초목이 둘러싸고 있으며 한쪽 수직면은 녹색 식물 벽이 뒤덮고 있다. 주변에서 본 두 건물의 옆모습은 꽤나 그럴듯해 보인다. 모셰 사프디Moshe Safdie는 수십 년 전부터 폭넓은 집필 활동과 해비타트 주택을 통해 빽빽한 도시 지역에 자연을 통합하는 방법을 탐구해왔다. 해비타트 주택은 1967년 몬트리올 세계박람회에서도 건축한 바 있다. 최근에는 해비타트 콘셉트를 개선하는 일련의 프로젝트를 시작했다. 그 일환으로 15층짜리 테라스 건물을 직각으로 쌓아올려 20층 높이의 개방형 프레임으로 만든, 중산층을 위한 골든 드림 베이 주택을 중국 친황다오에 건설하기도 했다. 오픈웹open-web(테크나 천장 구조를 만드는 데 주로 쓰이는 그물형 구조재 - 옮긴이)을 이용한 테라스식 배열을 통해 바람이 아파트 평면을 통과하게 만들고 도시 거주자들이 보하이해를 전망할 수 있게 했다. 앞서 제시한 몇 가지 예는 현대 디자이너들이 육체와 자연 세계 속 인간의 존재를 끝없이 도시화하는 복잡한 현대 세계와 통합하는 방식을 보여준다.

　비의식적 인지, 의식적 인지와 관련한 인간 경험은 세 가지 차원으로 존재한다. 지금까지 그 가운데 두 가지, 진화의 산물인 인간의 신체와 자연 세계에 관해 논의했다. 세 번째 차원인 사회 세계에는 물리적 세계에서 살아가는 물리적 신체의 생물학적 진화 규칙이 미치는 영향이 적다. 하지만 인간은 확실히 '사회적' 존재다. 우리가 물려받고 창조해낸 개인적 세계와 사회 세계는 인간의 참여와 상호작용이 일어나는 '장소'로부터 강한 영향을 받는다. 장소는 우리가 개인으로서 타인들 사이에 존재하도록 해준다. 또한 우리가 수많은 사회집단의 일원이 되도록, 그리고 그 일원으로서 세상을 살아갈 수 있도록 돕는다.

5장

우리는 ‘공간’ 안에서 행복한가

우리 한 사람 한 사람은 무수한 앞선 문명의 옛터 위에 세워진 작은 문명이다.

—메릴린 로빈슨Marilynne Robinson, 『길리아드Gilead』

이곳에서의 삶은 엄격하게 통제되고 구분되며 이는 기하학적, 생물학적으로 이해할 수 있었다. 그런데 이를 고갈되지 않는 원천에서 끝없이 생명이 올라오는 것처럼 보이는 과도하게 많은 올챙이 무리나 어류의 알, 곤충의 알과 같이 다른 생물종들의 바글거리는 자연 그대로의 혼란스러운 상태와 관련해 생각할 수 있다고 믿기는 어려웠다. 하지만 현실은 그랬다. …… 심장이 자신의 주인이 누구인지 신경 쓰지 않고 열심히 뛰듯이 도시는 자신의 다양한 기능이 누구를 위한 것인지 신경 쓰지 않는다. 약 150년 뒤, 현재 도시를 돌아다니고 있는 사람들이 모두 죽어 사라져도 과거와 똑같은 패턴에 따라 사람들이 오가는 소리가 계속 울려 퍼질 것이다. 새로운 것이라고는 그 행동을 하는 사람들의 얼굴뿐이겠지만 사실 그마저도 우리와 닮아 있어 그리 새롭지 않을 것이다.

—칼 오베 크네우스고르Karl Ove Knausgaard, 『나의 투쟁My Struggle』 1권

약간 공상 과학 소설 같은 시나리오를 상상
해보자. 온화한 봄날, 당신은 몇 시간 정도 시간을 때워야 하는 상황이
다. 지금 있는 세계에서는 눈 깜짝할 사이에 대륙 이동을 할 수 있기 때
문에 여유 시간에 탐험을 떠나기로 한다. 탐험 후보지는 세 곳, 파리의
라틴 지구와 예루살렘 구시가지, 서울 시내다. 어디를 가도 당신은 현
재와 같은 사람이지만 방문한 국가와 그곳의 문화, 도시 경관이 다르기
때문에 당신의 행동과 인지는 달라진다.

파리 뤽상부르 궁전을 둘러싼 시원한 녹색 정원을 산책하면 복잡
하던 머리가 한결 가벼워진다. 근육은 이완되고 심호흡도 안정된다. 저
벅저벅 나아가는 우리의 발길을 여기저기로 인도하는 자갈 깔린 길을
따라가다 보면 깔끔하게 손질한 관목과 꽃에 앉은 나비들에 시선을 빼
앗긴다. 뤽상부르 정원의 디자인은 행선지를 결정해야 한다는 부담감
을 덜어준다. 멀찍이 18세기에 지어진 거대한 판테온이 얼핏 보인다.
프랑스 혁명가들은 나중에 이곳을 영웅을 기념하는 장소로 만들었다.

위: 판테온(자크 제르망 수플로). 프랑스 파리.
오른쪽: 판테온 내부. 늘어선 기둥의 줄무늬를 따라 시선을 위로 옮기면 성화와 패턴으로 장식된
펜덴티브와 돔이 보인다.

여기에 매장된 대표적인 유명 인사로는 볼테르Voltaire, 장 자크 루소Jean-
Jacques Rousseau, 빅토르 위고Victor Hugo가 있다.

　　판테온을 방문하기로 결정한 우리는 정신없는 로터리를 돌아 건축
가 자크 제르망 수플로Jacques-Germain Soufflot의 이름을 딴 수플로 거리를 느
긋하게 걷기 시작한다. 판테온의 경관을 액자처럼 담고 있는 수플로 거
리는 언덕 꼭대기에 있는 수플로의 걸작 전면까지 직선으로 쭉 이어진
다. 오르막을 올라가는 동안에도 목적지 외의 다른 곳에 한눈을 팔게

274

되는 일은 거의 없다. 돌로 만든 신고전주의 양식 아파트 1층 상가에는
손님이 많지 않은 카페와 조용한 음식점 몇 개, 약국, 은행이 이따금 등
장할 뿐이다. 파리 대학 로스쿨 옆을 지나는 오르막길을 올라가는 사
이, 도시의 소리 풍경은 고요해진다. 조용한 광장에서 존재감을 발산하
는 판테온 위로 높이 솟은 돔 꼭대기까지의 높이는 아미앵 대성당의 탑
보다 40미터 이상 높다.

내부로 들어가면 펜덴티브pendentive(돔을 지탱하는 둥근 아치들 사이에
생긴 역삼각형 곡면. 건물의 평면 지붕에 돔을 직접 얹기 위하여 고안되었다 -
옮긴이) 위로 솟은 널찍한 아치 천장을 지탱하는 하얀 코린트식 기둥의
눈부시게 아름다운 콜로네이드colonnade(건물의 지붕을 떠받치기 위하여 여
러 개의 기둥이 늘어서 있는 공간 - 옮긴이)가 우리의 시선을 하늘로 향하
게 만든다. 판테온은 아미앵 대성당처럼 (일부 같은 이유로 인해) 우리를
굉장히 값진 순간으로 인도한다. 이곳에서는 시간이 멈춘다. 조각으로
가득한 이 높은 공간에는 신도석과 제단, 성가대석 칸막이, 설교단이
없다. 익랑에서는 푸코 진자가 지구의 자전 주기에 따라 흔들린다. 아
미앵 대성당이 초자연적 신을 떠올리게 했다면 판테온은 신이 아니라
과학이 이곳을 지배한다는 메시지를 전달하는 듯하다.

우리의 에너지를 회복시켜준다는 점에서는 비슷하지만 (비현실적
인 백색광으로 가득한 하얀색의 차분하고 평온한 분위기를 지닌) 사원의 경관
은 아까 지나온 뤽상부르 정원의 녹색 경관과는 완전히 구별된다. 우리
는 판테온의 고요한 위엄에 넋을 잃는다.

이제 파리 대신 예루살렘을 돌아다니며 오후를 보낸다고 생각해
보자. 보행자가 많은 구시가지의 자파 문에서 여정을 시작한다. 제복을

입은 (아직 아이 티를 못 벗은) 이스라엘 군인들은 한데 모여 옆구리에 끼고 있어야 할 무기를 팔걸이 삼은 채 담배를 피운다. 군인들이 지키고 있는 입구를 통과하자마자 벽면의 작은 공간에 들어 있는 반짝이는 기독교 장식을 둘러싼, 배낭을 멘 십 대 여행자 무리와 부딪힐 뻔한다. 가까운 곳에 위치한 호스텔 사장은 여러 나라 언어를 써가며 여행자들에게 본인 숙소의 위치를 설명한다. 우리는 정치적 갈등과 신성함으로 가득한, 수많은 문명을 거쳐온 성스러운 교차로에 서 있다. 다섯 갈래 (또는 그 이상)의 자갈 골목길은 그늘을 드리우고 있다. 그 안으로 들어가면 다양하고 풍부한 경험이 우리를 기다리고 있을 듯하다. 이곳의 대표 건축물인 바위 돔과 성묘 교회, 통곡의 벽은 제치고 아랍 시장에 가보기로 한다. 머릿속은 무엇을 쇼핑할지에 관한 생각으로 가득하다.

간이 가판대와 리놀륨 바닥 매장에는 싸구려 장신구와 밝은 색상 스카프, 짙은 색 분말 향신료와 어울리기도 어울리지 않기도 한 밋밋한 색상의 태피스트리가 잔뜩 쌓여 있다. 상인들은 우리에게 손짓한다. 이리 오세요, 말린 과일 안 사실래요? 따님 줄 팔찌는 어때요? 냄비 받침은요? 파형강판 지붕 아래 통로에 자리를 잡은 상인들은 여행객이나 단골손님에게 말을 건네는 재미로 매일을 살아가는 듯하다. 15분에서 20분 정도 상인들의 호객을 거절하며 나아가다가 결국 계획을 변경한다. 더는 못 견디겠다. 그늘진 통로를 왼쪽 오른쪽으로 몇 번 돈 끝에 마침내 밖으로 나오자 크림색 예루살렘 돌을 사용해 만든, 노란빛을 띠는 건축용 블록을 쌓아올린 고요하고 아름다운 유대인 지구가 등장한다. 우리는 울퉁불퉁한 지면과 돌로 포장된 거리를 조심스럽게 거닐며, 어떤 집의 둥근 지붕 아래를 조심히 지나고 식물이 가득한 안마당을 들

자파 문(과거 사진). 예루살렘 구시가지.

다채로운 시각과 청각 자극. 예루살렘 구시가지 시장.

여다보기도 한다. 그러다 보면 갑자기 뻥 뚫린 하늘과 돌로 된 후르바 광장이 눈앞에 등장한다. 광장 주변으로는 이 지역에서 가장 큰 유대교 회당이 있다. 여행객들은 난간에 앉아 담배를 피운다. 아이들은 기도용 숄에 달린 술을 나부끼며 벤치를 뛰어다닌다. 아이들의 부모처럼 보이는 검은 복장을 한 성인 남녀들이 한데 모여 아이들을 지켜본다. 그들은 친구 사이에 오가는 수다를 떨며 안식일을 보낸다.

사회 세계로서 도시

　우연히 벌어진 역사적 사건과 의도적인 행동으로 인해 생겨난 파리와 예루살렘의 특정 지역과 독특한 거리 경관은 우리의 생각과 느낌, 행동, 결정에 영향을 미친다. 파리에 가면서 예루살렘의 모습을 기대하는 사람은 없다. 하지만 장소가 우리의 생각과 느낌, 행동, 결정에 중대한 영향을 미친다는 사실은 인식하기 쉽지 않다. 우리는 두 도시 모두에서 몇 시간 동안 홀로 시간을 보냈지만 고독을 경험한 곳은 파리뿐이다. 누구도 우리에게 말을 걸거나 접근하지 않았고 우리 역시 그랬기 때문이다. 고요함에 명확한 구조의 도시 경관(길, 모서리, 중심점, 랜드마크가 모두 눈에 띈다)이 더해진 파리는 집중을 방해하는 소란스러움을 벗어나 자유로운 정신으로 광범위한 주제를 생각해볼 수 있게 만들어준다. 감탄을 자아내는 판테온은 안내문에 따르면 1744년 루이 15세가 파리의 수호성인 생트 주느비에브를 기념해 만든 성당이라고 한다. 그런데 1791년, 국민의회는 판테온을 혁명 영웅들을 기념하고 민주주의와 세속 국가의 탄생을 기리는 공공 묘지로 지정했다. 판테온의 기원을 알면 우리의 인지는 정치, 종교, 역사로 향한다. 혁명 세력의 손에 쫓겨난 왕족, 독재 정권에 의해 숙청당한 혁명 세력, 독재 정권을 전복하고 마침내 거머쥔 민주주의까지 떠오른다.

사람이 넘쳐나는 예루살렘 구시가지에서는 정치적 소란이 빈번하게 발생하지만 자파 문에서는 하루하루 신경 쓸 일이 너무 많아서 깊은 고민을 할 여유조차 없다. 서로 농담을 주고받는 대학생 나이의 군인들은 당신에게 눈인사를 한다. 가게에는 서로 경쟁이라도 하듯 물건이 넘쳐난다. 돌로 포장된 바닥을 지나려면 발걸음을 조심해야 한다. 이곳에는 민족, 지리적 배경, 정치, 종교가 서로 다른 사람들이 모여든다. 팔레스타인 사람, (세속파, 정통파, 무장, 비무장) 유대 이스라엘 사람, 팔레스타인 이스라엘 사람, 기독교 순례자, 미국 사제, 아프리카와 아시아, 유럽, 미 대륙에서 온 여행자들까지 다양하다. 겉모습에는 여행자들이 속한 문화권의 특징이 드러난다. 이들은 고개를 끄덕이거나 가로저으면서, 앞으로 나아갔다가 뒤로 물러서기를 반복하고, 물건을 사거나 팔면서, 기쁨 또는 무관심, 혐오감을 느끼면서 이동한다. 이곳에는 다양한 구경거리와 기회가 넘쳐난다.

파리나 이스라엘 대신 서울 시내 인사동을 구경하기로 결정할 수도 있다. 유리와 철골로 만든 고층 건물로 가득한 서울 대부분 지역은 방콕이나 댈러스 등 주요 현대 도시와 별반 다를 바 없다. 하지만 인사동은 다르다. 소규모 상점과 작은 연립 주택이 빽빽하게 들어차 있다. 물론 건물 밖에 걸린 형형색색의 네온사인과 컴퓨터 수리점, 보세 옷가게, 골동품 가게를 홍보하는 노랑, 주황, 파랑, 초록 등 색색의 입간판

인사동, 대한민국 서울.

때문에 건물의 개성이 완전히 사라져버린 골목도 없지는 않다. 서울 도
시 계획가들은 인사동이 옛날의 어수선한 느낌을 어느 정도 유지하도
록 정비했다. 주말에는 차 없는 거리를 운영하고, 서울 사람들은 매일
이곳을 보행자 전용 구역인 양 활보한다. 우리는 그들을 따라 인사동
거리를 왔다 갔다 하며 아이쇼핑을 하고 거리의 네온사인과 들쭉날쭉
한 건물 출입구, 창문을 구경한다.

　길모퉁이에는 작은 나뭇조각을 이어 붙인 평면, 격자 콘크리트 각
기둥, 띠 창문, 질감을 살린 돌출 정육면체가 눈에 띄고 근처 건물보다
규모가 큰, 새 상가 건물이 자리 잡고 있다. 몇 블록 더 가면 길게 이어
진 복합 상가가 등장한다. 1층의 작은 상점 위로는 풀이 뒤덮고 있으며
위로 솟은 독특한 질감의 벽돌 벽에는 발음하기조차 어려운 이름, '쌈

위: 쌈지길(최문규+Ga.A), 서울 인사동.
오른쪽: 쌈지길 입구.

지길Ssamziegil'이 알파벳으로 쓰여 있다. 알파벳 아래에는 쌈지길을 뜻하는, 뒤집어진 Y자 두 개를 닮은 로고가 달려 있다. 이 건물을 디자인한 건축가 최문규는 입구가 바로 안마당으로 연결되도록 건물 중앙에 입구를 만들었다. 원형 극장을 연상시키는 넓은 계단은 우리를 위층으로 이끈다.

귀를 괴롭히는 예루살렘 구시가지 시장에서 쇼핑할 때와 달리 이곳에서는 호기심이 샘솟는다. 가파른 계단은 개방된 안마당을 빙 둘러싼 완만한 경사로로 이어지고 통로를 따라 작은 가게와 조용한 음식점이 줄지어 있다. 예술적 감성이 느껴지는 가게에 들어설 때마다 주인은 조용한 미소로 우리를 반긴다. 다른 손님이 없는 데다 서로 거리도 가깝다 보니 주인의 상냥한 태도를 무시하는 행동은 실례로 느껴져 주인

282

완만한 경사로를 따라 위치한 상점들. 쌈지길.

한옥 외관에서 볼 수 있는 질감과 패턴, 소재들. 서울 북촌.

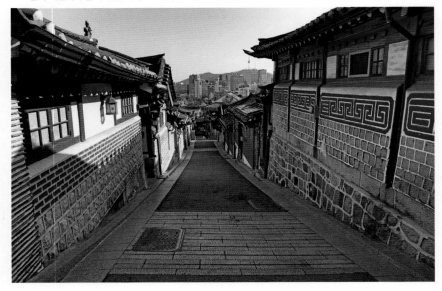

과 대화를 나누게 된다. 우리가 만난 가게 주인 한 사람은 자신이 서울
여자대학 아트앤디자인스쿨을 졸업했다고 소개했다. 그녀는 판매하는
옷을 전부 자신이 디자인했다며 수줍게 말했다. 병아리 예술가를 지원
하고 시간도 보낼 겸, 그리고 무엇보다도 제품이 마음에 들었기 때문에
친구에게 줄 선물을 사고 쌈지길 밖으로 나선다. 15분 정도 걸으면 좁
은 거리를 따라 멋지게 복원한 한옥이 있는 역사적인 동네 북촌이 등장
한다.

　한옥 외관은 복원을 거쳐 입면과 빈 공간이 번갈아 나타나고 동시
에 색상의 띠가 만들어내는 질감이 살아 있는 기하학적 패턴의 콜라주
로 멋지게 탄생했다. 새하얀 모르타르가 켜켜이 쌓은 얼룩덜룩한 돌과

한옥을 개조한 찻집. 북촌.

진붉은색, 숯 색 벽돌을 고정해준다. 테라코타 타일을 이중으로 배열해 마무리한 돌출된 들보 아래, 우묵하게 들어가 있는 벽에는 창틀이 나무로 된 네모난 창문이 나 있다. 반복과 변형의 우아한 조화에 이끌리듯이 들어간 북촌 찻집의 나무로 장식한 방은 멋진 균형을 이루고 있는 안마당을 둘러싸고 있다. 벽면은 책장과 은은한 조명으로, 방은 커다란 탁자와 푹신한 의자로 가득하다. 이곳에 오니 남은 오후는 휴식을 취하고 싶어진다. 우리는 책을 읽고 편지를 쓰며 차분히 오후를 보낼 생각으로 차를 한 잔 주문해 도시 전문가들 사이에 자리 잡는다.

사회 세계는 활동 무대다

세 개의 도시. 같은 계절. 같은 시간대. 도보로 이동하기 쉬운 역사적인 동네 산책이라는 같은 활동. 같은 사람! 이렇게 모든 조건이 비슷해도 우리는 장소에 따라 너무나 다른 오후를 보낸다. 우리의 내적 인지와 경험은 물론, 주변 사람과 관계를 맺는 방식까지 모든 것이 달라진다. (쇼핑처럼) 같은 행동을 할 때조차 다른 경험을 한다. 예루살렘 구시가지에서는 무심코 옆을 지나는 낯선 이의 짐을 치지 않으려고 또는 상품을 구경하라는 장사꾼의 호객을 거절하려고 머리와 몸통을 끊임없이 이쪽저쪽으로 움직인다. 침묵하거나 신체 간격을 유지하는 일은 거의 불가능하다. 이곳에서는 모두가 말을 걸고 밀치고 눈짓을 보내고 팔꿈치로 떼민다. 쇼핑객이 많지 않은 서울 인사동에서 과묵한 주인이 있는 상점의 한가로움을 즐기다 보면 대화를 하고 싶은 욕구가 생긴다.

파리 라틴 지구는 예루살렘 구시가지와 인사동에 비하면 적막하다. 들려오는 소리라고는 우리 머릿속에서 울리는 목소리뿐이다. 판테온에서 경험하는 타인과의 교감은 추상적이다. 특정한 상대가 아니라 같은 인류라는 데서 오는 공감대만이 존재한다. 장엄한 건물을 경험하면서 느끼는 경외감은, 이전에도 말했다시피 타인 지향적이며 친사회적인 감정을 불러일으키고 우리 모두가 같은 인간이라는 인식을 부각한다.

특정한 패턴을 보이는 환경(라틴 지구의 넓은 인도, 구시가지의 불규칙한 거리와 통로, 서울의 경사로를 따라 있는 상점과 한옥 마을)에 있는 것만으로도 우리의 생각과 감정, 행동이 달라진다. 어느 장소에 가더라도 마찬가지다. 가지런히 정돈한 정원, 아치 천장이 있는 사원, 시장, 안마당 주위로 고급 상점이 있는 상업 시설, 역사 지구 등 모든 장소는 특정 행동과 특정 생각을 하도록 유도한다. 다른 행동이나 생각은 제한하거나 방해한다. 이번 장 맨 앞에서 인용한 칼 오베 크네우스고르의 문장처럼 건축 환경의 형태는 우리에게 큰 영향을 미쳐 특정 방식으로 행동하고 느끼고 상호작용하게 만든다. 뤽상부르 정원이나 예루살렘 구시가지 시장, 서울 북촌에 있는 사람들을 전부 다른 사람들로 바꾼다 해도 그들이 보이는 일반적인 행동양식과 상호작용은 그대로일 것이다.

건물과 실내, 거리 경관, 풍경은 모두 '활동 무대'로 사람의 행동과 생각, 타인과 관계하는 방식을 결정한다. 모든 활동 무대는 특정 행동을 유도하는 공간이나 물체를 뜻하는, 즉 우리가 행동 유도성이라고 부르는 성질을 지닌 대상으로 구성되어 있다. (이런 관점에서 보면 거실도 활동 무대다. 소파는 앉는 행동을 연상시키고 '유도'한다.) 동네나 옷가게 같은 활동 무대의 물체와 공간 배치는 특정 패턴을 보인다. 이런 배치는 우리가 남들과 함께 살아가는 데 꼭 필요한 정보 신호를 제공하고 사회적 규범에 맞는 정형화된 행동을 하도록 요구한다.

활동 무대: 공간이 행동을 유도한다

활동 무대라는 개념은 지금은 잘 거론되지 않지만 한때는 환경심리학의 아버지였던 로저 바커Roger Barker의 연구에 등장했다.[1] 1950년대에 바커는 행동심리학을 전면적으로 비판했다. 그는 (B. F. 스키너B.F. Skinner 같은) 행동주의 심리학자들이 심리학 연구를 실험실에만 한정한 탓에 자신도 모르게 인간 행동 형성에 큰 영향을 주는 환경을 통째로 배제했다고 주장했다. 바커는 1947년, 캔자스 대학 동료들과 함께 미국 중서부 심리학 연구기지를 설립하고 30년 가까이 해당 지역 주민의 행동을 연구했다. 연구원들은 펜과 노트를 들고 아침부터 밤까지 아이들을 따라다니며 연구를 진행하기도 했다. 이들은 아침에 집을 나선 아이들의 조회 시간과 수업 시간을 관찰하고 아이들이 식당, 놀이터, 교실, 음료수 가게를 거쳐 다시 집으로 돌아갈 때까지 따라다녔다.

예상대로 아이들의 행동은 하루에도 여러 번 달라졌다. 하지만 바커가 밝혀낸 바에 따르면 놀랍게도 아이들의 행동 변화에 엄청난 영향을 미친 요소는 바로 아이들이 특정 시간에 머무른 장소와 그 장소의 형태였다. 교실에서 관찰한 제시카와 사브리나의 행동은 조회 시간에 보인 행동과 달랐다. 아담과 애런이 집에서 보인 행동도 체스 클럽에서 보인 행동과 달랐다. 이 사실만 놓고 보면 별로 놀랍지 않을 수도 있지만 연구기지에서 밝혀낸 또 다른 사실을 알면 생각이 달라질 것이다. 바커와 동료들은 관찰 대상의 개인적 특성과 심리학적 특성을 철저

하게 조사하는 방법보다 '관찰 대상이 특정 시각에 어떤 환경과 활동
무대에 있는지 파악하는 방법으로 행동을 더 정확히 예측할 수 있다'
는 사실을 알아냈다. 바커는 이렇게 기록했다. "특정 시각에 같은 활동
무대에 있는 여러 아동이 보이는 행동의 차이는 한 아동이 하루에 걸
쳐 보이는 행동의 차이보다 미미했다."[2] 제시카와 아담이 어느 곳에 있
는지에 따라 다른 행동을 한다는 사실은 그들의 의식적인 사고나 결정,
비의식적인 인지와 감정도 달라진다는 뜻이다. 활동 무대는 인간 행동
의 신비를 밝히는 데 중요한 숨은 변수였다.

　건축 환경 경험 측면에서 활동 무대는 우리의 사회 세계를 구성한
다. 미국 중서부 심리학 연구기지가 연구한 아이들의 행동은 상황에 따
라 특정한 패턴을 보였다. 활동 무대에서 우리 대부분이 그러듯, 아이
들도 확실히 정해진 일부 규칙과 광범위하게 존재하는 무언의 규범을
따라 행동하기 때문이었다. 이 규범과 규칙, 그리고 그 목적을 디자인
하고 선택하고 배열한 방식을 보면 규칙과 규범이 제도에 의해 확립되
고 지속된다는 사실을 알 수 있다. 우리는 건축 환경에 들어서면 그 즉
시 그곳에 있는 사람들의 행동을 결정하는 규범을 파악하고 우리가 할
수 있는, 또는 해야 하는 행동을 알아내기 위해 눈으로 주변을 훑으며
공간의 특징을 살피고 분석한다.

　실험실을 벗어나 세상 속에서 심리학 연구를 진행함으로써 바커
와 동료들은 인간의 집단행동과 내적 삶을 이해하려면 활동 무대(인간
의 주거지)에 대한 깊이 있는 분석이 꼭 필요하다는 사실을 분명하게 입
증했다. 우리가 파리, 예루살렘, 서울에서 보낸 오후는 (전통적으로 장소
라고 불러온) 활동 무대가 얼마나 다양한 방식으로 우리의 생각과 느낌,

활동, 타인과의 상호작용을 변화시키는지 보여준다. 유럽 대도시의 넓은 인도를 한가롭게 산책하느냐, 긴 역사를 이어온 중동 도시에서 수많은 여행자들과 어깨를 부대끼며 이동하느냐, 아시아의 거대도시에 있는 인간 척도에 맞는 장소를 구경하느냐에 따라 우리의 사고와 행동, 선택, 사회적 상호작용은 달라진다. 무엇보다 중요한 사실은 이들의 차이가 특정 패턴을 보인다는 점이다.

미국 중서부 심리학 연구기지와 바커의 연구 결과는 건축 환경의 사회적 본질을 드러낸다.[3] 영속적인 구조물에 다수가 모여 사는 행위는 인간의 특성 가운데 하나다. 아이들이 어른으로 성장하려면 아주 긴 시간이 걸리고 제대로 성숙하려면 많은 보살핌과 훈련이 필요하다(부모라면 알 것이다!). 게다가 과도하게 커다란 인간의 뇌에 필요한 영양소는 조리한 음식을 통해서만 공급할 수 있기 때문에 인간은 평생을 서로에게 의지해 살아간다. 항상 아이를 지켜봐야 하고 불씨가 꺼지지 않게 신경 써야 하며 잘 때는 누군가가 보호해줘야 한다. 이처럼 인간은 '사회적' 존재다. 인간은 본래 타인의 존재와 타인과의 교제를 갈구하기 때문에 독방에 감금된 사람(정신적으로 건강한 대학생부터 수감된 흉악범에 이르기까지)은 며칠만 지나도 정신병 증상을 보이고 오래 고립될수록 점점 미쳐간다. 인간이 타고난 사회성은 진화를 거듭하며 점차 강화되어왔다. 긴밀한 사회적 관계를 맺는 사람일수록 더 건강하게 오래 살 가능성이 높다.

건물을 짓고 정착해 살기 시작하면서 우리 선조들은 안정적인 집단을 이루었고, 집단의 규모는 점점 커지고 구조는 복잡해졌다. 그리고 이에 따라 인간의 활동 역시 복잡해졌다. 경제가 발달하면서 여러 직업

이 생겨났고 누군가는 재봉사, 누군가는 제빵사, 누군가는 군인이 되었다. 다양한 경제 활동과 진화한 사회적, 정치적 제도가 결합하면서 과거보다 훨씬 더 복잡하고 차별화된 건축 환경이 탄생했다. 정착 생활 초기에는 집과 신성한 장소, 시장밖에 없었지만 시간이 지나면서 공장과 여럿이 모일 수 있는 장소, 학교가 등장했다. 운동장과 시민을 위한 공간, 강당, 법원 등 다양한 건축 환경이 생겨나면서 도시는 성장하고 변화했으며, 이런 현상은 지금까지도 이어져오고 있다. 이런 장소의 활동 무대는 그 안에 담겨 있는 종교적, 정치적, 경제적, 문화적 제도와 관습을 분명하게 드러내며 이를 통해 친사회적 행동과 규범을 발전시키고 계속해서 이어지게 만든다. 이런 과정을 겪으며 사회적 집단에 대한 사람들의 소속감과 충성심은 강해진다. 다시 말해 건축 환경은 그 자체로 사회생활을 가능하게 하고 이를 지속시키며 사회 질서가 존속하도록 돕는다.

피난처로서 집: 활동 무대에서의 장소 애착

사람이 땅덩어리에 대한 소유권을 주장하며 건물을 짓거나 텅 빈 공간을 활동 무대로 만들려고 할 때, 그 땅은 더 이상 추상적인 지도 위의 지리적 점이 아니다. 한때 그냥 땅이었던 존재는 사회적 의미로 가득한 '장소'가 된다.[4] 장소에 애착이 강한 사람은 행복감을 더 크게 느끼고 공동체와의 유대감도 강하며 이기적인 태도와 사리사욕을 버리고 타인의 처지에서 생각하는 능력이 더 뛰어나다. 도시는 공간 곳곳에 분포한 장소의 집합이며, 이들 장소에서는 사회의 제도와 활동 무대, 인간의 상호작용 패턴을 발견할 수 있다.

우리가 해당 장소를 특정 활동을 하는 환경으로 경험하는 이유는 무엇일까? 건축 환경은 '사람이 어떤 장소에 존재하게' 만드는 데 사회적으로 어떤 역할을 할까? 이들 질문에 답하려면 먼저 살펴봐야 할 공간이 있다. 바로 집이다. 이곳에서는 누구나 쉽게 내면적이면서 사적인 경험, 사회집단화, 물리적 구조물, 패턴화된 행동이라는 네 가지 요소를 연계할 수 있다. 건축 환경에 대한 경험이 체화된 자아 안에 존재하고 체화된 자아가 자연 세계의 물리 법칙과 생태계 안에 존재한다면, 인간은 (당연히) 사회 세계에도 존재할 수 있다. 집은 인간의 사회 세계에서 가장 작으면서도 기본적인 제도인 가족제도에 기반한다. 집은 궂은 날씨와 반갑지 않은 생물(사람, 동물)과 무생물(소음, 원치 않는 빛) 불청객으로부터 우리를 보호한다. 그리고 엄청난 불행의 주인공이 아닌 한(현재 미국에는 55만 명 이상의 노숙자가 있다) 누구나 일정 시간을 집에서 보낸다.[5] 3억 2000만 명 이상의 미국인에게 해당되는 이야기다.

집은 피난처 이상의 기능을 제공하며 온 가족 구성원을 물리적, 심리적으로 한자리에 모아준다. 힘든 하루를 보내거나 긴 여행을 마친 뒤 우리는 결국 집으로 돌아온다. 리베카 솔닛Rebecca Solnit은 집이라는 공간을 '모든 별에서 나온 선이 교차하는 점'이라고 표현했다.[6] 인간은 기회가 있으면 '조망'하도록 진화하면서 동시에 집을 (현실에서 불가능하면 상상 속에서라도) 안전한 피난처로 삼도록 진화했다. 활동 무대로서 집

집 스키마. 도쿄 아파트(후지모토 소스케). 일본 도쿄.

이 유도하는 활동과 정신 작용은 광범위하면서도 한정적이다. 집은 조망을 멈추고 쉴 수 있는 피난처이자 질서 정연하고 자유와 사생활을 보장하며 친목을 도모할 수 있는 공간이다. 우리는 다른 어느 장소보다 집에서 더 많은 자율성을 누린다. 집에서는 환경에 대한 통제력도 강해진다. 마음껏 환경을 바꾸거나 장식할 수 있고 일상의 규칙을 만들거나 깰 수 있으며, 홀로 또는 남들과 함께 있으면서 본모습을 보일 수도 있다. 앞서 보았다시피 자율성은 건강과 행복한 삶의 기본 요소다.[7] 집이 이런 기능을 제공하지 못하면 그곳에 사는 사람들, 특히 아이들은 고통을 겪는다. 이로 인해 오랫동안 발달과 인지, 심리 관련한 문제를 경험하기도 한다.

집은 땅에 있는 한 장소, 건물, 심리적 개념, 소규모의 특징적 사회 집단을 담은 용기 등으로 다양하게 표현할 수 있다. 집은 특정 경험을 유도하고 다른 경험은 저지한다. 시간이 흐르면서 이런 경험이 차곡차곡 쌓이면 사람들은 자신이 사는 집이라는 특정 공간에 (주로 긍정적이지만 가끔은 부정적인) 깊은 애착을 느끼는 경향이 있다. 이런 애착은 자주 방문해서 더 낯익게 느껴지는 공간에서 더 많이 발생한다. 심리학자와 지리학자들이 '장소 애착'(우리가 세상 속 공간과 장소에 느끼는 정서적 유대감)이라고 부르는 이 현상은 동물이 자신의 영역을 주장하는 행위와 유사한 인간의 기본적 욕구로도 볼 수 있다. 우리가 장소와 접촉하는 빈도와 그 장소가 연상시키는 감정의 강도는 애착의 질을 결정한다.

장소 애착은 정체성 형성에 매우 중요하다. 우리는 어릴 때 대부분의 시간을 집에서 보낸다.[8] 생후 10개월만 되어도 낯선 공간과 익숙한 공간을 쉽게 구별한다. 우리는 어린 시절 집에서 살아가며 형성한 이야기를 평생 동안 쓰고 또 고쳐 쓴다.[9] 우리의 이야기는 우리가 방문한 이 세상의 다양한 공간과 장소, 건물과 그곳에서 보고 행한 내용으로 구성된다.

주택 건축의 전체적 역사를 살펴보면 다양한 스타일과 재료, 공간 배치에 집의 물리적, 사회적, 심리적 특성이 담겨 있다는 사실을 알 수 있다. 집은 활동 무대의 전형적인 예이며 일부 특징은 언제나 변하지

집 스키마. 비트라 쇼룸(헤어초크 앤드 드뫼롱). 독일 바일 암 라인.

294

않는다. 아이들에게 '집'을 그리라고 하면 대부분이 네 개의 벽 위에 지붕이 있는 건물을 그린다.[10] 이 모습으로 보건대 활동 무대로서 집에 대한 인간의 스키마에 따르면 집은 피난처라는 사실을 알 수 있다. 집은 우리를 '품어주고 보호하는' 공간인 것이다. 현대 건축가들은 재미 삼아 집 스키마를 다양한 방식으로 재해석한다. 후지모토 소스케藤本壯介는 집 모양 건물을 여러 개 쌓아 작은 도쿄 아파트를 만들었다. 헤어초크 앤드 드뫼롱Herzog & de Meuron은 비슷한 모티프로 독일에 고급 홈 퍼니싱 매장, 비트라Vitra 리테일 빌딩을 만들었다. 집 내부에 대한 사람들의 스키마는 매우 다양하지만 대부분은 사회적 상호작용을 촉진하는 크고 개방된 공간과 잠을 자는 작고 폐쇄된 공간을 떠올린다.[11]

　　장소와 그 장소가 내포하고 상징하는 조직(우리가 그 특징을 정확하게 이해하는지와는 별개로)에 대한 우리의 소속감은 디자인을 이용해 강화하거나 높일 수 있으며 반대로 약화하거나 아예 없앨 수도 있다.[12] 찰스 몽고메리Charles Montgomery의 책 『우리는 도시에서 행복한가The Happy City』에서 밴쿠버에 사는 외교관 롭 맥다월Rob McDowell이 이야기한 경험을 살펴보자. 맥다월은 고층 아파트 29층에 있는 집을 구입했다. 이 건물 1층에는 면적이 좀 더 넓은 타운하우스가 있다. 맥다월은 집에서 넓은 바다와 산을 조망할 수 있다는 이유 때문에 이 아파트를 구입했다. 하지만 아홉 달 정도 살아보니 사교 생활이 만족스럽지 못했다. 현관문을 나서서 공용 복도를 지나 엘리베이터로 가는 동안 이웃을 만날 기회가 거의 없었기 때문이다. 그래서 맥다월은 같은 건물에 있는 타운하우스로 이사했다. 연립 주택의 현관과 연결된 베란다는 공동 정원을 향해 나 있었다.

고층 아파트에서 공간은 사적 공간(개인 아파트)과 공동 공간(복도와 로비) 둘로 나뉘었다. 이런 공간 배치 탓에 이웃과 교제하려면 사적 피난처인 집으로 빨리 들어가고 싶은 상대를 방해하는, 즉 사회적 규범을 어길 수도 있는 위험을 감수해야만 했다. 반면 연립 주택은 외부 디자인과 조경을 이용해 사적이면서도 동시에 공적인 공간을 만들어놓았기 때문에 좀 더 생산적으로 사회적 관계를 맺을 수 있었다. 더 이상 대화를 원치 않으면 간단히 핑계를 대고 집으로 들어갈 수 있는 베란다라는 피상적인 공간 덕분에 낯선 사람과 쉽게 대화를 시작할 수 있었기 때문이다. 같은 건물에 있지만 외부 디자인이 약간 다른 집에 사는 것만으로도 맥다월의 삶은 달라졌다. 10년이 지나자 같은 연립 주택 주민 22명 가운데 절반 정도가 맥다월의 친한 친구가 되었다.

사회 세계 속의 활동 무대

어린 시절 '집' 스키마를 형성할 때 우리는 집이라는 특정 장소를 세 가지 범주와 연관 짓는다. 첫 번째 범주는 수면, 식사, 가족 구성원과의 어울림, 휴식처럼 집이 제공하고 촉진하는 패턴화된 활동이다. 두 번째 범주는 특정 장소에서 어떤 행동을 할지 좌우하는 사회적 규범이다. 마지막 세 번째 범주는 우리의 개인적 경험이다. 이런 연상의 결과가 한데 모여 집은 전형적인 활동 무대가 되며, 다른 활동 무대(다른 장소)는 이를 기준으로 정의된다. 집 스키마는 가족과 함께 집에서 사는 일은 친목 도모와 집중력 훈련을 촉진하는 활동 무대인 학교에서 공부

296

하는 일과 다르다는 사실을 알려준다. 집과 학교는 구성원이 업무를 수행하거나 성취감을 느끼도록 압박하는 직장, 팽팽한 에너지가 느껴지는 멋진 인사동, 평화로운 경외감을 느끼게 하는 영묘한 판테온과도 다르다. 어린 시절 살던 집과 깊은 정신적 유대감을 쌓듯이, 점점 자라 세상을 탐험하고 경험하면서 어떤 장소와 활동 무대를 마주치는지에 따라 각자 다른 장소 애착과 소속감을 발달시키게 된다.

집에 애착을 느끼게 하는 요소는 우리가 사회의 다양한 제도와 도시 지역, 경관에 애착을 느끼게 만드는 요소와도 관계가 있다. 우리가 특정 장소와 관계를 맺을지 여부와, 관계를 맺는다면 어떤 방식으로 맺을지 결정하도록 도와주는 요소는 세 가지다. 장소의 디자인이 인간의 활동을 촉진하고 이런 활동 사이의 조화를 유도하는 방식과 공간 내 물체의 패턴화된 배치, 물체의 형태가 유도하는 연상 작용이 바로 그런 요소다. 이와 같이 활동 무대는 우리를 둘러싼 환경, 그리고 그 안에 있는 타인들과 어떻게 상호작용할지 이해하고 결정하는 데 사용하는 정신적, 물리적 틀을 구성한다. 이 모든 것은 사회 구조와 사회의 안녕에 깊은 영향을 미친다. 판테온에 가면 우리는 인류의 공통점을 생각하게 된다. 물질주의를 찬양하는 제품을 외면하며 예루살렘 구시가지 시장을 빠져나오다 보면 우리는 스스로 그 상인들과 다르다는 느낌을 받는다. 활동 무대가 만들어내는 우리와 사회집단의 유대감은 디자인을 통해 강화할 수도, 약화할 수도 있다. 행동경제학 개념을 빌려 말하자면, 활동 무대는 '넛지' 효과를 이용해 특정 행동을 강압하는 대신 부드럽게 유도한다. 활동 무대는 바커가 말한 '상황에 맞게 규범적인' 행동을 하도록 촉진한다.[13]

활동 무대는 다목적으로 이용할 수 있다. 국립 오페라 발레 극장(스뇌헤타), 노르웨이 오슬로.

활동 무대 대부분은 이들과 관계할 기회와 방식을 여럿 제공한다. 잘 만들어진 활동 무대는 보기만 해도 어떤 행동 패턴을 유도하는지 알 수 있을 정도로 행동 유도성이 뛰어나다. 또한 경계를 쉽게 식별할 수 있으면서도 시각적으로 일관성 있는 배치를 통해 장소의 특징을 분명히 드러낸다. 건축 디자인 스튜디오 스뇌헤타Snøhetta가 노르웨이 오슬로에 만든 국립 오페라 발레 극장은 이를 아주 잘 보여주는 대표적인 예다. 원래 저녁 행사를 위해 만든 건물이지만 스뇌헤타는 건물 지붕을 두 방향으로 기울여 지붕 가장자리가 해안선과 이어지게 했다. 건물 외부는 사람들이 접근하기 쉬운 야외무대로 변했고, 그 결과 국립 오페라 발레 극장은 공공 광장의 역할도 수행하게 되었다. 이와 유사하게 북촌의 찻집도 점심을 먹거나 친구들과 만나고 책을 읽거나 고독을 즐기는 등 다양한 목적으로 이용할 수 있다. 가끔은 활동 무대가 제공하는 활동의 범위가 서로 반대인 경우도 있다. 온기를 주는 모닥불에 파괴적 속성도 있듯이, 식당은 소란스럽고 북적이는 점심 식사 공간을 제공할 수도, 질서 정연한 학급 모임 공간이 될 수도 있다.

우리의 인지와 체화된 마음, 신체는 활동 무대 안에 존재할 뿐 아니라 활동 무대가 암시하는 바에 커다란 영향을 받는다. 그래서 사람은 사회 세계가 우리에게 제공하는 기회와 제약 속에서 끝없이 비의식적, 의식적 상태를 왔다 갔다 하며 건축 환경을 경험한다. 우리가 세상을 살아가며 대체로 의식에 따라 결정을 내린다는 인지 민속 모형의 내용은 완전히 잘못되었다. 현실에서 사람들은 건축 환경과 그 안에 있는 물체로부터 비의식적으로 얻은 수많은 정보에 계속해서 노출된다. 그리고 이런 정보는 우리가 의도하지 않은 생각을 떠올리고 의도하지 않은 감정을 느끼게 하며 사회적으로 패턴화된 행동 가운데서 (기껏해야) 반*의식적 선택을 하도록 자극한다.

활동 무대라는 개념은 각 개인이 주관적이고 사적으로 경험한 건축 환경과 집단에 소속된 사회적 존재로서 경험한 환경이 하나로 이어지도록 돕는다. 책 첫 부분에서 거론했다시피 인간의 건축 환경 경험 방식을 논한 글 대부분은 환경에 대한 인간의 내적 경험(환경심리학이나 현상학 연구를 통한) '또는' 하나 혹은 여러 중첩 집단의 구성원으로서

행하는 사회적 행동 패턴에(도시화와 사회학, 생태학적 심리학 연구를 통한) 초점을 맞춘다. 활동 무대라는 개념은 건축 환경에 대한 인간의 내적 경험을 사회적 경험과 완전히 분리할 수 없다고 규정하며 두 경험의 인위적 구분을 없앤다. 푹신푹신한 의자와 미닫이 창문이 있는 북촌 찻집을 떠올려보자. 창문이 우리 주변 공간에 들어오면 전운동 뉴런이 작동한다. 하지만 내부 공간의 패턴화된 물리적 배치와 손님들의 패턴화된 사회적 행동은 우리에게 창문을 여는 게 적절하지 못한 행동이라는 사실을 알려준다. 건축 환경을 활동 무대에 내포된 행동 유도성으로 가득한 존재라고 보면, 인간이 환경을 실제로 경험할 때 항상 의식적인 선택을 한다는 생각이 틀렸다는 사실이 증명된다. 이로써 인간 인지에 대한 데카르트의 민속 모형은 완전히 산산조각 난다. 우리는 장소와 그 안에 있는 물체를 이용해 우리의 경험을 구성할 일련의 행동을 선택하며 이런 경험이 우리 삶의 이야기를 채우는 재료가 된다.

GSD: 교육 활동 무대의 모습

모든 독자에게 익숙한, 학교 가는 길을 예로 들어 활동 무대와 활동 무대가 구현하는 사회 세계가 우리의 환경적 경험을 어떻게 변화시키는지 설명하겠다. 하버드대 디자인 대학원Graduate School of Design, GSD은 주로 디자인을 공부하는 대학원생들을 위한 공간이라는 점에서 특별하다. 하지만 GSD가 우리의 목적에 완벽하게 걸맞은 장소가 된 이유가 있다. 바로 GSD 건물 군드 홀을 디자인한 건축가 존 앤드루스John

군드 홀(존 앤드루스) 정면. 매사추세츠주 케임브리지 하버드 대학교.

Andrews가 디자인 학교라면 제도적, 교육적, 사회적으로 어떤 영향을 미쳐야 하는지 뚜렷한 비전을 가지고 작업에 임한 덕이다. 나는 교수로서 10년 동안 그곳에서 일했기 때문에 군드 홀에 대해 꽤 잘 알고 있다.

1972년에 완공된 군드 홀은 제멋대로 뻗어나가는 하버드 캠퍼스 중앙에서 북서쪽에 자리한, 건축적으로 불협화음을 이루는 건물 가운데 가장 눈에 띄는 최신 건물이다. 퀸시 거리 건너편에 있는 하이 빅토리안 고딕 메모리얼 홀 안에는 학부생 식당과 대형 강의실이 있다. 장식이 멋진 벽돌로 만든 거대한 적갈색 건물은 엄숙함과 화려함의 경계에 놓여 있다. 메모리얼 홀 건너편에는 건물 네 채가 서 있다. 바로 신고딕 양식의 작은 석조 교회와 1960년대에 (무너진 세계무역센터 타워를 건축했던) 야마사키 미노루山崎實가 디자인한 15층짜리 하얀 콘크리트

군드 홀 후면(왼쪽 채광창 아래쪽이 트레이다).

건물인 윌리엄 제임스 홀, 가로로 뻗어 있는 웅장한 독일식 회색 치장 벽토 건물인 아돌푸스 부시 홀, 수선화 같은 진한 노란색과 눈이 시릴 만큼 하얀색을 칠한 깔끔하고 품위 있는 목조 건물인 그리크 리바이벌 스팍스 하우스다. 메모리얼 홀의 애프스apse(반원형 내부 공간―옮긴이)를 닮은 뒷부분과 마주하고 있는 위풍당당한 5층짜리 군드 홀은 메모리얼 홀과 명확한 대조를 이룬다. 군드 홀은 알베르트 칸Albert Kahn이 20세기 초, 미시간에 만든 거대한 자동차 생산 공장과 1930년대까지 부흥했던 신고전주의 양식(로마 외곽 EUR 지구에 있는 팔라초 데이 콩그레시가 대표적인 예다), 프랑스 남부에 있는 라 투레트 수도원에서 볼 수 있는 철근 콘크리트와 공업에서 영감을 얻은 르코르뷔지에의 추상성을 떠올리게 한다.

군드 홀에 수백 번은 드나들었지만 내 머릿속은 대부분 당면한 목표로 가득했다. 작업 중인 평론이나 책에 관해 생각하거나 준비가 덜 된 다음 강의를 걱정하거나 곧 있을 위원회 모임을 생각하고 그 주의 스케줄을 머릿속으로 검토하곤 했다. 이 책을 위해 자료를 수집하고 글을 쓰면서 배운 내용에 비추어 다시 내 경험을 잘 생각해본 뒤에야 군드 홀과 하버드 캠퍼스 이쪽 구역의 디자인이 여러 방식으로 내게 영향을 주었다는 사실을 깨달았다. 대학교로서의 하버드, 대학 내 조직으로서의 GSD가 건축 교육과 그 의미에 관한 개념을 형성하는 데 영향을 준 것이다.

군드 홀과 주변 도시 환경이 자아내는 시각적 불협화음은 대학교 안에서 GSD가 차지하는 위치에 대한 내 인상을 결정하는 데 일조했다. 내 눈에 GSD는 꿋꿋이 자기 갈 길만 찾아가는 고집불통 선박들 사이에 있는 거의 자급자족이 가능한 거대한 배처럼 보인다. 실제로 GSD는 '세상은 혼자 힘으로 살아가야 한다'라는 하버드 행정 본부의 뜻을 그대로 구현한 전통적이고 경제적인 조직의 모습을 제대로 보여준다. 나는 주변 도시 환경과 다른 GSD의 이질성이 대학을 반독립적인 군도로 바라보는 심리적 패러다임을 요약해 보여준다고 생각한다. 이 학문적 군도 안에서 GSD는 주로 (르코르뷔지에가 사랑했던, 지금은 시대에 뒤떨어진 산업 기술의 아이콘인) 여객선으로 표현된다. 일단 이 정기선에 타면 여정이 끝나기 전까지는 내리기 힘들다. 여객선 속 세상이 당신의 세상이 되는 것이다.

정면에서 보면 군드 홀의 제일 위 두 개 층을 제외한 아래 세 개 층은 점차 뒤로 후퇴하는 양상을 보이며 콘크리트로 된 각 층에는 어두운색의 띠 창문이 나 있다. 이런 층 배치로 인해 길고 가느다란 기둥이 지탱하고 있는 안전한 포르티코portico(기둥으로 지붕을 받치고 적어도 한쪽 면은 개방되어 있는 건축 부분 - 옮긴이)가 탄생했으며 유리로 둘러싸인 사무실과 도서관은 밖으로 돌출되어 있다. 반대쪽에서 본 군드 홀은 콘크리트와 강관기둥이 노출된, 유리로 덮인 온실을 연상시킨다. 군드 홀 후면 일층에서 시작해 급격한 경사를 이루며 솟아 있는 가파른 지그재그 경사면은 메모리얼 홀과 마주한, 입구가 있는 전면부 꼭대기까지 이어진다. 주변 도시 환경과 비교해 매우 이질적인 느낌을 주는 거대한 규모와 독특한 구조의 건물 안에는 특별한 조직이 있어야만 할 것 같다. 과연 어떤 조직일까? 이 건물 안에는 어떤 종류의 활동 무대가 있을까? 답을 확실히 알 수 있는 유일한 방법은 믿을 만한 정보원에게 묻는 것뿐이다. 하지만 건축이나 그 역사를 조금이라도 아는 사람은 디자인이 유도해낸 구조적인 수사법을 보면 내부 조직의 본질과 기능, 그 조직 스스로가 생각하는 정체성과 서구 문화에서 차지하는 위치에 관해 많은 것을 알 수 있다고 단언할 것이다. 파르테논 신전과 미국 대법원에서 보이는 고전적, 신고전적 포르티코와 유사한 군드 홀 정면은 사무실과 커다란 로프트loft(학생들이 사용하는 디자인 작업실이 있는 공간 - 옮긴이)의 특징적인 요소를 한층 강화한 규칙적인 대칭 구조를 보인다. 세심하게 조절한 구성 요소의 규칙성은 이 건물 안에 목적의식과 역사의식을 지닌 중요한 조직이 있다는 사실을 암시한다. 하지만 이런 역사적 암시와는 대조적으로 군드 홀 표면은 현대식 건물의 특징을 드러낸다. 강철과 커다란 유리판, 철근 콘크리트는 모두 건축가들이 20세기에 현대성을 상징하려고 사용하기 시작한 재료다.

구조적 디테일을 살펴보면 포르티코의 디자인도 신고전주의 양식에서 많이 벗어나 있음을 알 수 있다. 규모가 작은 일부 비대칭 구조는 군드 홀 전면의 확실한 대칭 구조를 깨뜨린다. 이 비대칭 구조는 우리에게 건물 내 활동 무대에 관한 정보를 전달한다. 건물 외부 구조가 내부의 기능과 일치하지 않는 전통적 신고전주의 양식 건물과는 달리 군드 홀의 전면은 내부 공간을 드러낼 뿐 아니라 그 기능도 암시한다. 유리창이 쭉 달려 있는 일층의 커다란 공간을 보면 곧바로 도서관임을 예상할 수 있다. 위층에는 크고 작은 사무실이 자리 잡고 있다.

빠른 핵심 파악을 통해 우리는 포르티코 콜로네이드의 전체 구조가 고전적인 건축 양식을 따르고 있긴 하지만 건물을 구성하는 재료, 비율, 일부 비대칭성, 빈곤한 응용 장식을 통해 군드 홀이 고전적이지 않은 현대적 건물이라는 사실을 알 수 있다. 다시 말해 우리는 GSD와 그 안에 있는 조직이 전통을 유지하는 동시에 현대 세계의 건축적 전통을 재정립하고자 한다고 인식한다. 앤드루스의 디자인은 GSD가 스스로 인식한 정체성을 완벽하게 반영한다.

이와 동시에 군드 홀의 재료, 건축 디테일, 빈곤한 응용 장식, 출입 시퀀스는 GSD가 에너지는 넘치지만 온기가 부족한 공간이라는 인상을 준다. 중요하고 활기가 넘치며 창의적이고 확실한 목적의식이 있는 특별한 장소임은 확실하지만 마음을 편하게 해주거나 환대해준다는 느낌은 없는 것이다. 인간의 신체 크기와 비교해 안 그래도 크게 느껴지는 군드 홀은 수직 비율 때문에 더욱 크게 보인다. 즉 '중요한 것은 크다'라는 스키마를 떠올리게 하는 장소다. 차갑고 단단한 표면(까맣게 코팅한 커다란 유리판, 부드러운 회색 노출 콘크리트, 검은 에나멜을 입힌 금속),

거대한 계단 모양 채광창의 삐죽삐죽한 모서리, 건물 외부의 가파른 사
선은 많은 사람에게 거의 지각하지 못할 정도로 미세한 스트레스 반응
을 유발한다. 적어도 나는 그렇게 느꼈다.

군드 홀의 웅장한 규모와 커다란 크기는 건물과 그 안에 있는 조직
을 완전히 동일시하게 만든다. 왠지 모를 긴박감이 느껴지고 이 건물에
들어오는 사람은 중요하고 창의적인 임무를 목격하거나 직접 수행하게
된다는 인상을 준다. 이처럼 군드 홀 디자인은 장소가 어떻게 해서 막
연하거나 명확한 방식으로 우리의 인지와 정서를 형성하는지 잘 보여
준다. GSD가 사용하고 있는 건물인 군드 홀의 독특한 미적 요소는 언
어를 제외한 모든 방식으로 이 건물 안에 들어오는 사람이 디자인이라

군드 홀 로비.

는 세계에 참여한다는 메시지를 전달한다.

포르티코의 긴 축을 지나 GSD 주 출입문을 향해 가다 보면 학생 몇몇이 모여 이야기를 나누는 걸 볼 수 있다. 하지만 내가 멈춰 서서 대화에 참여하는 일은 거의 없다. 길거리에서 건물 내부 로비로 이어지는 길은 반가움보다는 의무감을 불러일으킨다. 어째서일까? 정문 출입구 안이나 밖에 잠시 앉거나 여럿이 모일 수 있는 벤치나 난간, 탁자가 없기 때문이다. 공간적으로 형태가 불분명한 GSD의 로비와 낮은 천장, 흥미를 끌 만한 경관과 가구의 부재는 공공장소를 사용하는 것은 환영하지만 너무 오래 머물러 있지는 말라는 메시지를 준다. 벽에 걸린 전시물을 잠시 서서 바라볼 수는 있지만 삼삼오오 모여 시간을 보내라고 권장하는 공간은 없는 것이다. 그래서 GSD 학생들도 환경에 맞춰 행동한다. 대부분은 이 출입구를 과도기적 공간으로 인식한다. 이곳을 통과해 학생들은 작업실로, 교수와 행정 직원들은 사무실이나 강의실로 이동한다.

나는 GSD 로비에 들어서면 여러 활동 무대가 제공하는 사회적 활동 가운데 무엇을 선택할지 고민하곤 한다. 바로 (조용히 홀로 시간을 보낼 수 있는) 사무실로 올라갈 수도, 왼쪽으로 꺾어 (요즘 쓰고 있는 평론에 필요한 자료를 찾아볼 수 있는) 유리로 된 도서관에 갈 수도 있다. 학생들이 가득한 디자인 작업실이 있는 로프트로 이어지는 소란스러운 카페로 발길을 옮길 수도 있다. 결정을 내리기 전에 내가 각각의 장소(도서관, 카페, 사무실, 작업실)에서 남들과 함께 어떤 행동을 하는 모습을 상상해본다.

카페에 가면 떠들썩하고 활기차며 '내부'가 꽉 차 있는, GSD 학생

군드 홀 트레이.

들이 트레이라고 부르는 로프트 공간의 일원이 된다. 트레이는 길게 펼쳐져 있는 다섯 개의 개방된 바닥판에 디자인 작업실이 수직으로 배치되어 있는 '개방형 교실'을 뜻한다. 작업실 디자인은 개방형 교실이라는 개념을 최대한 확장한 덕에 개방형 학교라고 해도 무방할 정도다. 트레이에서 바라보면 군드 홀은 마치 채광창으로 둘러싸인 거대한 제조 시설 같다. 트레이가 만들어낸 선형 공간에는 학생과 교수, 제도용 책상, 의자, 데스크톱 컴퓨터와 노트북, 작업 노트, 바퀴 달린 사무용 캐비닛이 가득 차 있다. 파티션 벽에는 제도 용지에 그린 수많은 스케치와 사진, 엽서, 포스트잇, 디지털 디자인 출력본이 걸려 있다. 학생들은 보통 자기 책상에 앉아 홀로 작업하거나 다른 한 사람과 의견을 교환한다. 한 명 이상의 학생이 모이는 경우는 강사가 공지를 전달하거나 수

여럿이 모일 장소가 거의 없다. 군드 홀 트레이에서 학생들을 가르치고 있는 교수.

업 자료를 설명할 때뿐이다.

　활동 무대로서 군드 홀 작업 공간, 즉 트레이의 디자인은 GSD 학생들의 학업과 사회생활에 직접적인 영향을 미친다. 그 방식은 괜찮은 경우도 있고 이상적이라고 볼 수는 없는 경우도 있다. 누구든 마음만 먹으면 서로 다른 진행 단계에 놓여 있는 모든 학생의 프로젝트를 볼 수 있기 때문에 트레이에 있는 학생들은 건물이나 조경, 도시 디자인이 진행되는 '과정'을 지켜볼 수 있다. 학생들은 끊임없이 자신의 프로젝트를 수정한다. 적어도 겉보기에는 그래 보인다. 모든 작업실이 거대한 개방 공간 하나에 모여 있는 데다 다른 학생들이 전부 눈에 들어오기 때문에 트레이는 일종의 운동에너지를 발생시킨다. 모두가 더 나은 건축 환경을 만들려고 애쓰는 선의의 경쟁자이자 동료들로 이루어진 거대하고 활기찬 공동체의 일원이라는 느낌도 전달한다. 앤드루스는 디자인 작업실을 여러 층의 공간으로 분리함으로써 군드 홀의 거대한 규모를 잘게 나누었다. 작업실이 전부 한 층에 있었더라면 규모가 너무 방대해 다들 압도당했을 것이다.

하지만 군드 홀의 디자인은 경제학자들이 말하는 사회적 외부 효과를 유발한다. 이는 앤드루스의 개방형 학교 개념이 불러온 의도치 않은 결과다. GSD는 경쟁이 심하기로 정평이 나 있다. 학생들은 끊임없이 작업에 매달리고 며칠씩 밤을 새우는 학생도 많다. 트레이 전체가 야망으로 넘치며 차세대 렘 콜하스나 비야케 잉겔스Bjarke Ingels를 꿈꾸는 학생은 수도 없이 많다. 많은 학생이 교수나 평론가 일을 겸하는 여러 디자이너와 건축가들의 호감을 얻으려고 애쓴다. 이들 눈에 띄면 졸업 후에 쉽게 일자리를 얻을 수 있기 때문이다. 교수진은 디자인이 협동 작업이라고 강조하지만(안 그런 경우도 있다) 학생의 성과는 개별적으로 판단하며 종종 그 평가가 모두에게 공개된다. 공개된 해당 학생의 작품은 촉망받는 작품, 선망의 대상이 된다. 타인의 작업 내용을 누구나 볼 수 있는 트레이의 물리적 배치는 각자도생해야 한다는 치열한 분위기를 강화한다.

트레이의 배치는 이 밖에도 두 가지 측면에서 문제를 악화한다. 수직으로 쌓여 있는 작업실 배치는 계층을 물리적으로 드러냄으로써 경쟁 분위기를 한층 고조한다. 학생들은 학년이 올라갈수록 후배 학생들보다 높은 위치에 있는 트레이로 작업실을 옮긴다. 게다가 가장 아래 있는 트레이를 제외하고는 제도용 책상이 좁고 긴 공간을 따라 배열되어 있어 전형적인 작업 공간을 사용할 때보다 학생들이 소규모로 편히 모일 수 있는 기회가 훨씬 적다. 기다란 선형 공간은 계속 움직여야 하는 길을 연상시키며 공동체를 풍요롭게 하는 우연한 친목 도모를 어렵게 만든다.

다행스럽게도 트레이에서 시선이 닿는 곳에 위치한, 계속해서 변화하는 뒤뜰의 경치가 보이는 정사각형에 가까운 카페 공간이 트레이의 문제점을 일부 해소해준다. 카페 둘레로는 배식 시설과 계산대가 있으며 내부에는 움직일 수 있는 탁자와 철제 의자가 가득하다. 카페의 패턴화된 배치를 보는 순간 우리는 이 장소를 편안하게 사람들과 어울리고 식사할 수 있는 곳으로 인식한다. 카페를 비롯한 여러 유형의 활동 무대에서 했던 경험의 상호 역학을 통해 이곳이 무엇을 하는 장소인지 아는 것이다. 우리는 책상이 길게 늘어선 곳에서는 조용히 행동해야 하고 기다란 탁자와 덜컹대는 의자가 있는 곳에서는 그러지 않아도 된다는 사실을 '직감적으로 안다'. 이런 유형의 활동 무대를 슬쩍 보거나 머릿속에 떠올리기만 해도 관련 스키마가 활성화된다.

GSD에서의 경험이 보여주다시피 건축 환경은 인간이 개인적으로 사회 세계의 규범과 관습, 의미, 가능성을 파악하고 경험하고 참여하고 상상하고 각인하고 기억하게 해주는 주된 방식 가운데 하나다. 디자이너들이 행동 유도성을 이용하고 활동 무대를 만들고 그 특성을 전달하는 방식에 따라 사람과 장소에 대해 우리가 느끼는 애착의 종류와 질이 달라진다. 지난 몇십 년 사이 점점 많은 수의 건축가와 이론가, 심리학자가 인지 차원의 건축 환경 경험을 자세히 연구하기 시작했다. 하지만 사회 세계 속 우리의 상황에 따라 개개인의 체화된 경험이 어떻게 변화하는지 이해하기 위한 분석적 접근을 시도한 사람은 거의 없다. 이 세계에 존재하는 여러 장소에서 지금과 같은 신체를 지니고 살아가는 것만으로도 우리는 건축 공간을 사회적 집단화, 사회적 행동과 연결하는 다양한 스키마를 발전시킨다. 그리고 우리는 이 맥락 속에서 끊임없이 목표를 세우고 실행하기(또는 목표 달성을 방해받기) 때문에 이를 염두에 두고 우리가 접하는 장소를 디자인해야 한다. 마지막으로 인간은 모든 장소와 사물에 (비의식적 또는 의식적으로) 의미를 부여하기 때문에 적절한 정서적, 인지적 연상 작용을 유발하도록 건축 세계를 구성해야 한다.

앞으로의 과제

디자인은 사회적 도구다. 건축 환경은 사회적 관계를 형성한다. 이는 우리가 사는 장소는 물론, 우리가 가는 모든 곳에 해당된다. 인간의 건축 환경 경험은 (육체와 자연 세계에 존재하는) 사적이자 개인적 경험인 동시에 사회 세계에 존재하는 공적 경험이다. 우리는 드디어 인간의 마음과 신체, 우리가 살아가는 사회적 환경 사이에서 끊임없이 일어나는 상호작용의 특징을 제대로 설명할 수 있는 개념적 틀을 마련했다.

이제 남은 과제는 사회제도 안에서 개개인이 디자인하고 만들어내는 공간과 장소를 어떻게 하면 더 건강하고 활기차게, 공동체와 사회에 자극을 줄 수 있게 만들지 탐구하는 일이다. 과연 지금은 물론 다가올 미래의 건축 환경을 판단하는 기준이 될 디자인 원칙과 신념, 사회적 이상은 어떤 것일까? 이제 드디어 그 답을 구할 때가 왔다.

6장

인간을 위한 디자인

건물과 그 건물이 차지하는 공간은 생동감을 주고 사물에 주의를 기울일 수 있게 해준다. …… 어떤 사건을 가능하게 하는 것과 그런 사건을 만들어 내는 것에 차이가 있을까?

—앤 마이클스Anne Michaels, 『겨울 창공The Winter Vault』

지금까지 자연 환경과 사회 환경이 인간에게 어떤 영향을 미치는지 파악한 내용을 종합해보자. 이제 우리는 조경과 도시 지역, 건물 디자인에 관한 기준 지침을 마련하면 쉽게 피할 수 있는 실수를 예방하고, 인간의 필요를 더 만족시키는 디자인을 장려하면서 행복도도 끌어올릴 수 있다는 사실을 알 수 있다. 인간의 뇌는 매우 복잡하면서도 유연하며, 인간의 경험은 놀라울 정도로 풍성하고, 문화적, 지리적 변동성도 크다. 이를 바탕으로 생각해볼 때 경험에 기반한 심미적 원칙만 따른다면 과하게 정형화된 디자인은 절대 나올 수 없다. 오히려 이 원칙은 디자이너를 자유롭게 하고 수많은 구조적 가능성을 탐구할 수 있게 만드는 동시에 경험 디자인으로 이어지는 인간 중심 접근법을 유지하게 한다.

인간 신체화는 그 자체가 디자인의 기본 원칙을 만들어내며, 이 가운데 대부분은 우리의 비의식적 자아에 집중한다. 장소의 규모는 자기중심적, 타인 중심적 육체와 어우러져야 한다. 인간은 심상을 이용해

316

환경을 구조적으로 파악하기 때문에 환경 디자인은 인간의 마음과 작용해 적절한 연상 작용을 불러일으켜야 한다. 인간은 또한 감각 기능을 총동원해 건축 환경을 경험하며 감각 기능은 운동계와 서로 협력해 행동을 취한다. 그러므로 디자인은 이런 차원까지 고려해 여기에 맞는 방향으로 나아가야 한다.

대상을 빠르게 훑어 핵심을 파악하는 능력을 지닌 인간의 눈과 뇌는 건축물의 규모가 클수록(프랭크 게리Frank Gehry가 설계한 빌바오 구겐하임 미술관의 경쾌한 양식이나 세례당, 종탑, 성당 전면, 돔에서 보이는 피렌체 두오모 성당의 뚜렷한 각기둥 형태처럼) 대상의 전체 형태를 쉽게 파악한다. 디자인은 형태 가독성과 인지 자극 욕구를 균형 있게 충족시켜야 하지만 가독성을 높이기 위해 건축물을 반드시 단순하게 만들 필요는 없다. 소크 연구소와 국립연금협회를 보면 알 수 있는 사실이 있다. 건물의 전체 구조와 상관없이 건물의 표면(온도, 유연성, 색상, 밀도 등)과 재료, 질감, 청각적 특성 등은 인간의 감각, 인지 그리고 무엇보다도 감정 반응에 큰 영향을 미치며, 결과적으로 건축물에 대한 우리의 경험을 형성한다. 디자인이 훌륭한 환경에서는 신중하게 선택한 건축 재료와 철저한 계획에 따라 만든 건축 디테일을 볼 수 있다. 디테일은 건물의 규모 감각을 결정할 뿐 아니라 우리의 감각 운동 심상을 자극하고, 우리가 사는 장소와 그 안에 있는 물체에 대한 인지적 참여를 촉진해 시각적(때로는 개념적) 깊이를 더한다. 아미앵 대성당과 스트립 박물관 같은 건축물은 비시각적 신호(청각, 촉각, 고유 수용성 감각, 후각 등)가 장소에 대한 전체 경험에 극히 중요한 방식으로 기여한다는 사실을 보여준다. 디자인을 할 때는 항상 자연이 주는 풍성한 선물(자연광, 녹색 식물,

현장과 기후에 대한 인식)을 중요하게 고려해야 한다. 디자이너들은 자연의 형태를 모방하거나 이끌어내 기후학적, 지형학적, 물질적 특성을 디자인에 적용하는 과정에서 많은 것을 배울 수 있다. 이는 전부 기본적인 내용이다. 또 다른 차원의 경험 디자인에 대해서는 좀 더 자세히 분석할 필요가 있다.

질서 패턴: 체화된 수학, 체화된 물리학

사람들은 장소나 건축물을 주변 환경과 구별할 때 패턴을 이용한다. 패턴은 가독성을 높이며 통일성을 이끌어내기도 한다. 인간은 항상 반복 패턴을 찾으려 한다. 감각 인지 체계(빠르게 핵심을 파악하려는 성향과 목표 지향적인 지각 특성, 프라임에 대한 민감성)는 우선 재빠르게 전경과 배경을 분리한 뒤 마주한 대상에 의미를 부여한다. 패턴을 인식하고 식별하는 일은 우리에게 기쁨을 준다.[1] 음악을 들을 때나 그림을 볼 때, 서서히 질서를 드러내는 건물 또는 조경 사이를 걸을 때, 패턴을 발견하면 '좋아요liking' 체계와 관련된 뇌 부위에 아편 성분이 소량 분비된다. 짐작건대 자신과 집단의 일원이 속한 환경과 사회집단을 빨리 파악하도록 진화한 탓에 인간에게 이런 보상 체계가 생겼을 것이다.[2]

너무 복잡해서 핵심을 파악하기 어렵게 만드는 대상을 자꾸 피하려는 인간의 성향을 볼 때 인간은 가독성이 높은 환경에 강하게 끌린다는 사실을 알 수 있다. 1990년대에 유럽과 미국의 디자인 업계 종사자 일부는 한동안 (미셸 푸코Michel Foucault와 자크 데리다Jacques Derrida의 글에

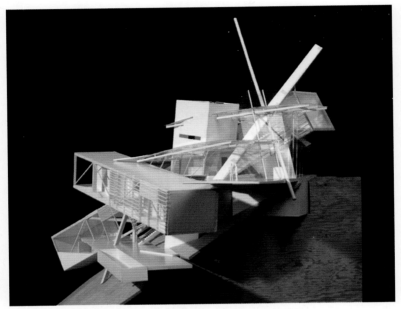

패턴이 없으면 혼란에 빠진다. 레학 하우스(쿱 힘멜블라우). 실제 지어지지는 않음.

서 기원한) 프랑스 포스트모더니즘에 영향을 받았다. 포스트모던 개념에 따르면 모든 질서 체계는 무질서와 모순, 제도적 권력 행사에 기초한다. 유럽과 미국에서 활동하던 일부 건축가들은 분석적 발견법과 예술적 기법 모두에서 '해체 이론'(원래 문학과 철학 비평에서 기원한 방법이다)을 지지했다. 오스트리아 건축 회사 쿱 힘멜블라우Coop Himmelb(l)au(소문자 'l'을 붙이면 '스튜디오 블루 스카이', 'l'을 빼면 '스튜디오 스카이 빌드'라는 뜻이다)가 설계한 겉보기에 무질서해 보이는 레학 하우스는 당시 등장한 실험적인 디자인 가운데 하나다. 쿱 힘멜블라우의 대표 건축가 울프 프릭스Wolf Prix는 눈을 감고 기억나는 꿈 내용을 스케치해 디자인한 프로젝트도 있다고 말했다. 그런데 이런 디자인은 우리의 본능적 지각 처리 방식을 방해하고 대상과 관련해 자신의 위치를 확인하려는 노력 도 무력화한다. 이런 디자인을 보면 의문이 샘솟는다. 이 물체의 용도 는 무엇일까? 이게 우리 삶에 어떤 의미가 있을까? 어디로 들어가야 하 지? 이 디자인에 대한 경험은 나를 짜증 나게 할까, 혼란과 좌절을 안겨 다줄까, 아니면 보람을 느끼게 할까? 레학 하우스를 비롯한 쿱 힘멜블 라우의 초기 프로젝트 대부분이 실제로 건설되지 않은 것도 당연하다. 과장된 무질서한 구조는 인간의 경험적 욕구를 거스르기 때문이다. 건 축 프로젝트에서 패턴은 꼭 필요한 요소다.

　과거부터 지금까지 디자이너들은 수학 체계와 물리학 원칙에 근거 해 건축 환경의 시각적, 구조적 뼈대를 마련해왔다. 특히 근대 이전 사 회에서는 건축 재료의 구조적 특성에 따라 건축물의 패턴을 만들거나 결정하기도 했다. 한 예로 고대 이집트인들은 장엄한 하트셉수트 장제 전을 건축할 때 수많은 기둥을 촘촘히 배치했다. 재료의 구조적 특성이 양식을 결정한 것이다. 돌은 미는 압력에는 강하지만 당기는 힘('장력' 이라고 표현할 수 있다)에는 약하기 때문에 내부 공간에 사용한 상인방 (건축물에서 입구 위에 수평으로 가로질러 놓는 석재 – 옮긴이)이 많이 늘어 날 수는 없다. 이 사실을 아는 이집트 석공들이 기둥을 촘촘하게 배치 한 것이다.

　물질물리학 하나만으로 건축물의 패턴 구조 전체를 결정하기는 어 렵다.[3] 그래서 다른 수학적 스키마도 사용하는데, 그 가운데 단순한 대 칭과 (인간에게 내재된 다양한 기하소자로 가득한) 유클리드 입체가 대표 적이다. 단순한 유클리드 입체는 소크 연구소의 북쪽과 남쪽 외관을 비

건물에서 발견되는 기하소자.

롯해 동네 은행 등 여러 곳에서 찾아볼 수 있다. 대칭성도 단순하거나 복잡할 수 있다. 소크 연구소 중앙 광장 건축물에 자주 나타나는 좌우 대칭은 단순하다. 하지만 나뭇가지를 닮은 구조 하나하나가 다양한 규모로 계속 반복해서 나타나는 불규칙해 보이는 프랙털처럼, 좀 더 복

건물 속 프랙털 구조. 칸다리야 마하데바 사원. 인도 카주라호.

잡한 종류의 대칭 구조도 있다. 프랙털 구조는 자연에서도(해안선, 양치 식물 이파리, 로마네스코 콜리플라워에서), 문화유산에서도(고딕 양식 성당 에서도 관찰되고 특히 힌두 사원에서는 더 광범위한 프랙털 구조가 나타난다) 발견할 수 있다. 11세기, 인도 카주라호에 세워진 칸다리야 마하데바 사원에서는 사원의 입면, 각 입면 형태 사이의 관계(즉 평면도) 그리고 건물의 비율을 결정하는 시각적, 공간적 계층 구조 전체에서 프랙털이 발견된다. 프랙털뿐 아니라 대칭 구조와 유클리드 기하도 자연에서 볼 수 있다. 이 때문에 수만 년에 걸친 진화 결과 인간이 선천적으로 수학

아크로폴리스로 들어가는 관문(프로필레아)과 멀리 보이는 파르테논 신전. 그리스 아테네.

적 구조와 비례 관계를 좋아하고, 이런 것들을 찾는 데 관심을 기울이게 되었다고 주장하는 이들도 있다.

　체화된 수학과 물리학은 인간이 필요로 하는 질서 패턴에 어떻게 영향을 미치며 어떤 종류의 경험을 제공할까? 기원전 5세기에 페리클레스Pericles의 지휘 아래 건설한 아테네의 유명 건축물 아크로폴리스는 그 답을 상징적으로 보여준다. 아크로폴리스 내부로 이어지는 관문 프로필레아Propylaea에 서면, 파괴되어 유적만 남았는데도 언덕 위 신전의 질서 패턴을 바로 알 수 있다. 밑동이 없고 세로 홈이 새겨진 프로필레아의 도리아 양식 기둥은 이 관문의 구조와 이곳에 있는 다른 주요 건물을 시각적으로 통일시켜준다. 프로필레아 전면에는 간격이 균일한

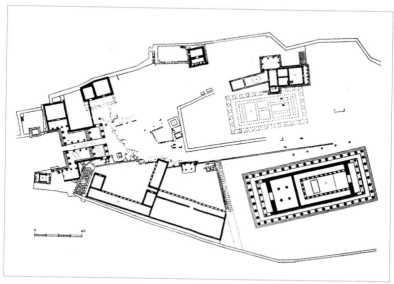

아크로폴리스 재건 배치도. 왼쪽에 있는 기둥 구조가 프로필레아. 오른쪽 아래가 파르테논 신전이다.

기둥 역할을 하는 카리아티드. 아크로폴리스 에레크테이온.

세 개의 기둥이 쌍을 이뤄 서 있으며 기둥으로 둘러싸인 가운데가 뻥 뚫린 넓은 공간 앞으로는 길이 이어져 있다. 프로필레아 안으로 들어가면 기둥 사이로 서양 건축 역사에서 가장 유명한 건물 가운데 하나가 마치 액자 속 그림처럼 눈에 들어온다. 오른쪽 대각선에 솟아 있는 웅장한 건물은 파르테논 신전으로, 신전의 4분의 3 정도가 시야에 들어온다. 왼쪽으로는 조금 더 먼 곳에 아름다운 에레크테이온 신전이 서 있

아크로폴리스 파르테논 신전으로 다가가는 길.

다. 여러 각기둥이 모인 비대칭 복합 건물로서 아름다운 여인상, 즉 카리아티드caryatid 네 개가 현관의 페디먼트를 가뿐하게 지탱하고 있다.

언덕 위 아크로폴리스에 규칙적으로 배열된 기둥은 패턴을 찾는 인간의 습성을 만족시킨다. 도리아 양식 콜로네이드의 단순한 리듬(기둥, 빈 공간, 기둥, 빈 공간, 기둥, 빈 공간)을 통해 우리는 이 건물의 일관성을 파악하고 건물을 전체적인 하나의 구조로 이해하기 시작한다. 기둥의 종류는 세로 홈을 새겨 수직성을 강조하고 석재 사이의 이음 부분을 숨긴 기둥, 밑에서 위로 갈수록 점점 가늘어져 기둥을 짓누르는 중력의 힘을 보여주는 기둥, 에레크테이온 신전에서 보듯 여신상 모습을 한 기둥 등 다양하다. 이렇게 기둥 표면을 전부 다르게 하면 사람들이 기둥의 원주형 패턴을 단조롭다고 인식해 시각 또는 개념적으로 중요하지 않게 여기는 것을 막을 수 있다. 프로필레아부터 파르테논, 에레크테이온에 이르기까지 서로 다른 기둥의 디자인과 크기, 배치(기둥 사이의 거리 조절)는 각 건물에 개성을 부여하는 동시에 전체적인 주제를 통일한다.

프로필레아에서 파르테논을 바라보면 대각선으로 배치된 직사각형 각기둥이 보인다. 멀리서 유적 터에 있는 파르테논을 보면 가까이 다가오라고 거칠게 손짓하는 듯하다. 어째서일까? 만약 이곳이 파괴된 유적이 아니라 온전한 건물이었다면 우리는 금세 각기둥의 짧은 쪽 중앙에 있는, 파르테논 내부의 방인 셀라Cella로 이어지는 문을 찾아냈을 것이다. 고대 아테네인은 셀라에 출입할 수 있는 사람은 사제뿐이라는 사실을 알고 있었을 것이다. 그럼에도 불구하고 출입문이 존재한다는 사실 자체(그리고 오래전 소실된 파르테논의 페디먼트가 암시하는 서사)가 처음에 바라본 신전의 대각선 모습과 출입구가 연상시키는 정면 모습

사이의 긴장감을 발생시켰을 것이다. 이 긴장을 해소하는 방법은 '행동'이다. 신전 정면이 잘 보이는 곳까지 몸을 이동해야만 긴장이 해소된다.

파르테논의 위풍당당함은 건물에 드러나는 절묘한 질서와 정확한 대칭성에서 나온다. 인간은 적어도 단독 건물 같은 물체의 경우 좌우 대칭일 때 강한 매력을 느낀다. 이는 환경에 목표 지향적으로 접근하고 빠른 핵심 파악에 의존하는 인간의 성향 때문일 수도 있다. 대상의 한쪽 면이 반대쪽 면을 그대로 비추는 대칭의 반복적 속성은 예측과 길찾기를 쉽게 해준다. 또한 대칭성은 자연과 건축 환경 어디에서나 찾아볼 수 있기 때문에 우리에게 매우 익숙하다. 인간의 인지 발달 측면에서 살펴보면 우리가 물체의 대칭성에 매료되는 이유는 인간의 신체 배열과 유사해서라고 설명할 수도 있다.

인간에게 세상에서 가장 중요한 대상은 바로 타인이며 인간의 신체와 얼굴은 수직 축을 따라 전체적으로 대칭을 이룬다. 인간은 선천적으로 좌우 대칭에 매력을 느끼는 듯하다. 아주 어린 아이들조차 비대칭적 대상보다 대칭적 대상을 더 오래 쳐다보며, 이런 경향은 전 문화권에 걸쳐 나타난다. 신경과학자 에릭 캔들Eric Kandel은 이렇게 썼다. "뛰어난 대칭성은 좋은 유전자를 암시한다."[4] 캔들은 곧이어 이것은 건강 상태가 양호하다는 뜻이라고 덧붙였다. 의식적으로 자각하지는 못할지라도 인간은 진화 과정을 거치면서 건강한 동물이 대부분 전체 구조(나비의 형태)나 일부 구조(날개 무늬) 또는 둘 모두에서 대칭성을 보인다는 사실을 알게 되었다. 지각 대상이 대칭성을 지니고 있다면 이는 (빌라야누르 라마찬드란V.S. Ramachandran 박사에 따르면) 그 대상이 "생물학적 대상,

즉 먹이나 포식자, 같은 종 구성원 또는 '짝짓기 상대"에 해당한다는 뜻
이다. 건물을 포함해 건축 환경에 존재하는 대상은 전부 무생물이지만
인간은 이런 무생물의 대칭적 속성에도 매력을 느낀다.

　　인간은 의식하지 못할지라도 신체를 통해 거의 항상 중력의 힘을
느낀다. 두 다리로 땅을 딛고 서 있을 때 '흔들림 없이' 서 있는 것처럼
우리는 대칭 구조를 '균형 잡힌' 것으로 인식한다. 시각적 대칭은 중력
에 대한 체화된 지식과 물리학 속성을 통해 만들어진 지각 스키마를 보
완한다.

　　사람들은 건축 환경 속 좌우 대칭을 긍정적으로도 부정적으로도
인식한다. 도시 디자이너나 건축가들이 좌우 대칭으로 배열한 (규모가

만수대의사당. 북한 평양.

워낙 커서 '물체'라기보다는 '장면'으로 인식되는) 대규모 건물이나 복합 단지를 본 사람들이 항상 긍정적인 반응을 나타내지는 않는다. 북한 평양에 있는 만수대의사당에서 우리가 느끼는 정적을 떠올려보라. 프로필레아에서 파르테논 또는 에레크테이온으로 이어지는 아크로폴리스에서는 역동성을 경험한다. 하지만 만수대의사당의 반복 구조와 좌우 대칭 패턴은 최면 효과와 억압적 통제력을 느끼게 한다.

아크로폴리스에 있는 각각의 건물 대부분은 대칭이라는 인상을 주지만 실제로는 프로필레아는 물론 에레크테이온도 정확히 대칭은 아니다. 게다가 아크로폴리스에 있는 건물은 모두 전체 터에 비대칭으로 배치되어 있다. 단순한 수학식을 따르는 대신 현장에서의 우리 위치, 아크로폴리스의 언덕 많은 지형을 이동하는 우리의 움직임에 대한 체화된 물리학(그리고 범상치 않은 에레크테이온의 복잡한 특징을 일부 설명해주는, 과거부터 존재해온 신성한 제단)을 고려해 건물을 배치한 것이다. 아크로폴리스의 건물과 공간을 돌아다니고 경험하면서 확연하게 느끼는 건설적인 긴장감은 두 종류의 질서 체계가 빚어내는 갈등에서 나온다. 건물에서 보이는 수학적으로 규칙적인 장식과 지형적 특성, 물리학 원리에 따른 유적 터의 비대칭적 건물 배치가 갈등을 일으키는 것이다.

처음 파르테논 신전이 눈에 들어올 때는 정면과 옆면이 함께 보이기 때문에 우리는 신전을 공간에 있는 하나의 물체로, 즉 삼차원 심상으로 떠올린다. 그래서 신전의 무거운 질량이 강하게 느껴진다. 아크로폴리스 건물을 만들 때 사용했던 거대한 돌덩어리는 지금도 유적 터 여기저기에 흩어져 있다. 신체를 지닌 인간은 대부분 돌의 무게를 한 번은 경험해보았다. 그러기 때문에 이 건물에 사용한 돌덩어리가 굉장히 무거웠으리라는 사실을 비의식적으로 알고 있다. 시간과 인간에 의해 파괴되기는 했어도 곳곳에 남은 건물의 잔해를 보면 이 기념비적 건축물을 만든 사람들과 그들이 이 건물을 완성하기 위해 흘렸을 구슬땀을 떠올리게 된다. 누구나 중력의 힘과 씨름해본 경험이 있으므로 이런 노력이 끝이 있는 유한성에 맞선 처절한 외침에 불과할 수 있다는 사실을 안다. 이 복합 건물 건설 책임자들은 이 건물을 파괴하느니 차라리 시간의 흐름에 따라 훼손되게 놓아두는 편이 쉽게 느껴지도록 디자인했다. 파르테논의 광대한 규모와 대칭성, 아크로폴리스의 규칙적인 리듬과 변형은 이 험준하고 열악한 터의 자연이 보여주는 예측 불허의 변화에 맞선 인간 기술의 승리를 시사한다.

체화된 수학과 체화된 물리학의 복잡한 상호작용은 파르테논의 배치가 적절하다고 느끼게 만든다. 파르테논은 주변 환경과 조화를 이루는 동시에 주변을 압도한다. 눈에는 바로 보이지 않지만 비의식 차원에서 감지할 수 있는 이 건물의 특별한 속성인 시각 보정도 일부 영향을 미친다. 파르테논 신전의 모서리는 직선으로 가득해 보이지만 실상은 다르다. 위로 갈수록 가늘어지는 기둥은 아래 방향으로 작용하는 중력의 힘뿐 아니라 점점 늘어나는 돌의 무게까지 표현한다. 기둥 가운데 부분에는 '엔타시스entasis'라고 하는 살짝 불룩하게 나온 부분이 있고 기둥은 린텔lintel(상인방)에 가까워질수록 조금씩 안으로 기울어진다. 건물의 받침대 부분은 보기에는 편평한 플린스plinth(기둥 또는 벽체 하부에 놓는 큰 판돌-옮긴이) 같지만 실제로는 볼록한 베개를 닮았다.

시각 보정은 이미 복잡한 디자인을 훨씬 더 작업하기 어렵게 만들기 때문에 이를 시도하려면 디자인적으로 확실한 이유가 필요하다. 어

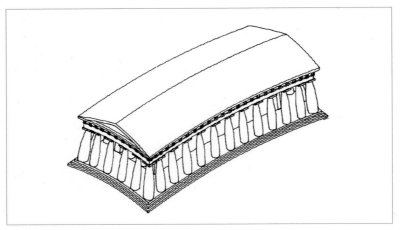

파르테논 신전의 시각 보정을 강조한 그림.

쩌면 신전 담당 건축가 익티누스Ictinus 와 칼리크라테스Callicrates 는 사람들이 직선보다 곡선 표면에 더 긍정적으로 반응한다는 사실을 직감했는지 모른다. 모서리가 직선인 기둥과 평면이 대규모로 반복되면 너무 정적이고 둔하다고 인식된다는 사실을 알았을 수도 있다. 익티누스와 칼리크라테스는 시각 보정을 이용해 건물에 생동감을 불어넣고자 했으며 이를 위해 물리적 부피와 무게가 어마어마한 파르테논 신전을 무언가가 위에서 끌어당기고 있는 것처럼 보이게 만들었다.

　　많은 이들에게 존경받던 고대 지도자 페리클레스를 기리고 고대 그리스의 중요한 신인 아테나 여신에게 바치기 위해 건설한 파르테논 신전 디자인은 보는 이에게 경외감과 감동을 불러일으킨다. 그와 더불어 건설자의 강직한 정치적, 사회적 이상과 그가 만들어낸 제도가 겪을 불가피한 운명에 관해서도 떠올리게 한다. 파르테논 신전과 그 주변에 있는 아크로폴리스 건물은 이런 이상이 자연에서 태어났어도 자연의 변동성보다 우월해 보이게 하려는 의도를 지닌다. 그리고 그 목적을 달성하기 위해 '디자인'을 활용한다. 체화된 수학과 물리학을 바탕으로 만들어낸 패턴과 파르테논 신전으로 이어지는 출입 시퀀스, 신전 주변 건물, 유적 터 내 신전의 위치와 크기, 재료, 디자인……. 이 모두가 감각계, 운동계와 연계해 우리의 관심을 끌고 유지하며 그 모습을 심상에 각인하는 방법 등으로 우리의 경험에 영향을 미친다.

복잡성으로 패턴 보완하기

복잡성이 없는 패턴은 불쾌감을 안겨준다. 개발업자가 지은 전형적인 주거 지역만 봐도 단조로움과 반복이 감각을 무디게 한다는 사실을 알 수 있다. 그래서 수많은 작가가 독일 건축가 루트비히 힐버자이머가 제안한 현대 도시(1944)의 모습을 끔찍하게 여기는 것이다.[5] 최근에 덴마크 도시 계획 전문가 얀 겔은 도시 경관 속을 걷는 보행자가 행복하려면 대략 5초에 한 번씩 새롭고 흥미로운 것을 보게 해줘야 한다는 사실을 밝혀냈다. 이런 이유에서 힐버자이머의 동료들(초기 모더니스트)이 지지한 극단적으로 형태를 단순화한 일반 주택 양식은 (부당하게) 전 세계적으로 비난받고 있다.[6] 디자인을 할 때는 패턴에 반드시 복잡성을 가미해야 한다. 건축 환경에서 쉽게 찾아볼 수 있는 그리드나 고전적인 콜로네이드 같은 단순 반복 패턴을 예로 들어보자. 아테네 아크로폴리스에 있는 아테나 니케 신전 같은 소규모 건축물에서 보이는 단순한 빛, 그림자, 빛, 그림자의 반복은 신전의 상징적인 콜로네이드를 더 멋져 보이게 만든다. 하지만 워싱턴 DC에 있는 미국 재무부 건물처럼 끝없이 이어지는 대규모의 단순 반복 패턴은 지루할 뿐 아니라 보는 사람의 기력마저 빼앗는다. 산소가 없으면 살 수 없듯, 인간은 인지 자극을 갈구하기 때문이다.

아래: 연방 재무부. 워싱턴 DC.
오른쪽: 아테나 니케 신전. 아크로폴리스.

패턴화된 복잡성

건축 환경에서는 패턴도 중요하지만 패턴으로부터의 일시적인 휴식 또한 중요하다. 다시 말해 인간이 건축 환경에서 필요로 하는 것은 '패턴화된 복잡성', 즉 유기적 형태에서 파생한 구성 원칙이다.[7] 건축 환경이 보여주는 패턴화된 복잡성은 우리가 보내는 시간의 질을 높여주며 몇 번이고 방문하고 싶은 호기심을 자극하는 경관을 제공한다.

일반적으로 패턴화된 복잡성은 폭넓은 디자인 접근법을 아우를 뿐 아니라 입체감, 공간 시퀀스와 전망, 재료 그리고 소리, 열, 촉각 등을 조합하고 건축 대상과 건축 부지, 자연 세계가 관계하는 방식의 방향까지 제시할 수 있다. 디자이너는 패턴화된 복잡성을 통해 무궁무진한 창의력을 발휘할 수 있다. 패턴화된 복잡성을 드러내는 건축물은 여러 가지 경험을 제공한다. 마음을 자유롭게 해주고 고갈된 주의 자원과 내적 자원을 보충해주는 고요한 공간이 있는가 하면, 인지적 능력을 연마해 능동적으로 문제를 해결하도록 만드는 공간도 있다. 여유로운 탐구 공간과 능동적인 문제 해결 공간 모두 우리 일상에 필요하고 도움을 주는 다양한 인지 자극으로 구성된다.

패턴화된 복잡성의 원초적 형태는 건축 재료의 구조적 가능성이나 시설 내 다양한 활동 무대, 또는 둘 모두를 고려한 공간 덩어리 짓기와 관련되어 있다. 구조적 가능성과 활동 무대가 동시에 존재하는 경우, 시각적 또는 양적 덩어리 짓기는 건축물의 숨겨진 구조적, 기능적 구성을 재빨리 겉으로 드러나게 한다. 우리는 이 구성의 의미를 파악하기 위해 즉시 '범주는 용기다' 스키마를 이용해 건물 안에 있는 활동 무대(주방, 침실 등)를 식별한다. 덩어리 짓기는 하트셉수트 장제전과 아크로폴리스처럼 공간 규모가 기술력과 재료의 특성에 따라 결정되었던 고대 건축에서 자주 관찰된다. 덩어리 짓기는 로스앤젤레스에 있는 프랭크 게리의 쉬나벨 하우스 같은 당대 프로젝트에서도 가끔 눈에 띈다. 거실과 주방, 수면 공간이 각각의 개별 용기에 들어 있는 형태다.

인간의 인지는 질서와 복잡성 모두를 원하기 때문에 음악의 구조처럼 우선 명확한 주제를 제시하고 점차 변주해나가는 패턴이 가장 효과적이다. 하버드의 군드 홀에서 거대한 포르티코가 있는 면의 고전풍

기능 또는 구조에 따라 덩어리 짓기. 쉬나벨 하우스(프랭크 게리). 캘리포니아주 브렌트우드.

콜로네이드는 배치 간격이 다른 두 행의 기둥으로 구성되어 있다. 이는 그 자체로 복잡한 리듬을 자아내며 유리벽은 대위법적 변주(주제 선율에 대응하는 하나 이상의 독립적인 선율을 조화롭게 배치하는 작곡 기법 – 옮긴이)를 만들어낸다. 데이비드 아디아예David Adjaye가 작업한 작은 도서관 같은 비고전적 디자인 역시 주제와 변주 구성을 따른다. 구조적으로나 기능적으로 볼 때 아디아예가 만든 워싱턴 DC의 프랜시스 A. 그레고리 네이버후드 도서관(빠듯한 예산으로 만든 공공 도서관)은 외벽이 커다란 사각 창고와 별반 다를 바 없어 보인다. 단순한 다이아몬드 형태 그리드, 즉 '다이아그리드'(대각선diagonal과 격자grid의 합성어로 'ㅅ' 자 모양 자재를 반복적으로 사용한 구조 – 옮긴이) 패턴을 보이기 때문이다. 아디아예는 이 다이아그리드를 이용해 세 가지 방식으로 복잡성을 표현했다. 우선 그리드를 이 방향 저 방향으로 '잡아당겨' 건물 각 면의 창문 형태를 다양하게 바꿨다. 그래서 어느 면에서는 창문이 모로 선 정사각형이고, 어느 면에서는 길게 늘어난 다이아몬드 형태다. 아디아예는 또한 다이아그리드 면의 겉 부분을 거울처럼 만들어 날씨에 따라 달라지는 주변 환경이 비치도록 했다. 그래서 외벽이 패치워크(여러 종류의 크고 작은 천 조각을 서로 꿰매 붙이는 것 – 옮긴이) 퀼트를 연상시킨다. 그리고 겉에서 빛나는 편평한 다이아몬드처럼 보이는 부분은 건물 내부에서 삼차원 공간이 되어 여러 방향으로 겹쳐지면서 선반 역할을 하거나 때로는 걸터앉을 수 있는 공간이 된다. 구조는 간단하지만 프랜시스 그레고리의 건물 표면과 재료, 외장外裝은 놀라운 경험적 요소로 가득하다. 이 건물은 상대적으로 적은 예산을 들인 건물이 질감과 재료, 색상, 건축 디테일로 이끌어낸 표면 기반 신호를 어떻게 창의적으로 사용해

프랜시스 A. 그레고리 네이버후드 도서관(데이비드 아디아예). 워싱턴 DC.

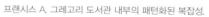

프랜시스 A. 그레고리 도서관 내부의 패턴화된 복잡성.

충분한 정서적, 인지적 경험을 제공하는지 매우 잘 보여준다.

'패턴화된 복잡성'이라는 용어는 장식이 화려하고 조각이 많은 표면을 떠올리게 할 수도 있다. 하지만 단순하게 표현한 패턴화된 구조물이라 해도 규모와 상관없이 표면을 활용해 매력적인 변주를 보여주는 매혹적인 장소가 될 수 있다. 자우어브루흐 허턴Sauerbruch Hutton이 베를린에 만든 격자식 사무용 건물 GSW 본사를 보자. 이 건물은 철골 뼈대에 판유리 창문이 일렬로 배열되어 있는 구조지만 (블라인드) 색상을 주황색과 베이지색, 분홍색, 장미색으로 다양하게 사용해 주변 환경과 차별화했다. 건물 안에 있는 직원들은 색상을 이용해 자기 자리가 밖에서 볼 때 어디쯤 있는지 식별할 수 있으며 이는 장소 감각 발달에도 도움을 준다.

아칸소주 스프링데일에 있는 성 니콜라스 동방정교회를 만든 말런 블랙웰Marlon Blackwell은 표면 기반 신호를 이용해 3베이(거실과 방 두 개가 베란다를 통해 외부로 노출되는 구조 - 옮긴이)에 측면이 알루미늄인 평범한 차고를 종교적 명상과 숭배의 전당으로 바꾸었다. 예산이 적은 탓에 블랙웰은 차고의 전체 형태와 금속 패널 벽을 그대로 살리기로 했다. 그 대신 건물 외벽의 반복적인 수직 줄무늬를 상쇄하기 위해 정문 위에 돌출된 포르티코를 만들고 오른쪽과 왼쪽 모서리, 건물 출입구 위, 이렇게 세 곳에 비대칭으로 오목한 구멍을 팠다. 또한 건물 둘레에 띠 모양으로 땅을 파고 그 안을 한 손에 들어오는 매끈한 검은 돌로 채웠다. 덕분에 이 건물은 주변 환경과 구별되며, 멀리에서 보면 마치 지면 위

GSW 본사(자우어브루흐 허턴). 독일 베를린.

성 니콜라스 동방정교회(말런 블랙웰). 아칸소주 스프링데일.

로 살짝 떠 있는 듯 보인다.

능숙한 색상 사용은 일련의 출입 시퀀스를 활기차게 만든다. 새롭게 설치한 탑에 있는 십자가 형태 창문의 색유리는 진한 붉은색과 흰색 벽 위로 붉은빛을 드리운다. 입구 반대편에 있는 수선화 색상의 콘크리트 계단통Stairwell은 선명한 노란빛을 뿜어낸다. 통로 공간의 활기 넘치는 색상은 동쪽 벽을 따라 빛이 타고 내리는 하얀색 교회를 한결 더 평화롭게 만든다. 내부에 있는 방 중앙에는 야트막한 돔(원래 위성 안테나였던 것을 블랙웰이 재활용했다)이 자리한다. 제단 근처에 있는 금속 비계에는 성인들과 그들의 상징을 그린 성화가 진열되어 있다. 성인을 그린

성 니콜라스 교회 로비.

성 니콜라스 교회 예배당.

342

성화 가운데에는 월계관을 쓴 예수가 예배당에 들어오는 모두에게 은총을 내리듯 두 손을 들고 있는 그림이 있다.

프랜시스 그레고리 도서관과 성 니콜라스 교회는 패턴화된 복잡성이 크기가 작고 수수한 건물을 어떻게 시각적, 감정적으로 강렬한 효과를 주는 장소로 바꿀 수 있는지 보여준다. 패턴화된 복잡성은 디자인 도구로서 유연성이 있는 편이다. 디자이너들이 마음만 먹으면 비시각적 수단을 이용해 프로젝트의 주요 패턴을 바꿀 수 있기 때문이다. 성 니콜라스 교회는 이 점을 잘 보여준다. 건물 외관이 미국에서 워낙 많이 볼 수 있는 평범한 모습인 탓에 잠시만 보고 있어도 차고를 떠올리게 하는 일련의 연상 작용이 점화된다. 차고는 조립식인 데다 볼품없으며 재미도 없다. 하지만 눈앞에는 깨끗한 선과 정성이 느껴지는 건축 디테일, 신중하게 계획하고 만든 공간 시퀀스, 여러 색상으로 가득한 표면이 돋보이는 ‘아름다운’ 장소가 보인다. 이 건물은 우리에게 정서적 충격을 준다. 표면 패턴에서 ‘말 그대로’ 변주가 드러나는 데다 변주의 내용과 디테일이 이 건물에 있을 법한 활동 무대에 대한 우리의 ‘예상’을 벗어나기 때문이다. 블랙웰은 낯설게 하기를 통해 이 패턴화된 대상에 복잡성을 더한다.[8] 그러면 갑자기 낯익은 대상이 낯선 대상이 되어 우리의 상상력을 자극한다.

건축 환경에 변화하는 디자인 넣기

인간의 삶과 장소의 질을 높이는 건축 환경을 마련하는 데 가장 큰

장애물은 바로 습관화다. 움직이지도 위협적이지도 않은 익숙한 물체
와 주변 환경은 우리의 주의를 끌지 못한다. 심지어 좋은 디자인 요소
라 해도 시간이 지나면 우리의 감각을 무디게 할 수 있다. 하지만 디자
이너들은 자연의 가변성과 사람들이 활동 무대를 활용하는 방식을 이
용해 습관화를 미연에 방지하고 최면 효과를 완화할 수 있다.

자연을 변화의 도구로

앤디 골드워시Andy Goldsworthy의 작품 「태양이 뜨고 짐에 따라 어두
웠다가 밝아지고 밝았다가 어두워지는 이리저리 놓인 막대기들Sticks Laid
One Way and Another to Turn Dark to Light and Light to Dark as the Sun Rose and Set」에서처럼
환경 변화(빛, 날씨, 기온, 소리)에 민감하게 반응하도록 디자인하면 실제
로는 변화하지 않는 장소를 마치 변화하는 것처럼 '보이게' 만들 수 있
다. 브래드 클로필 앨라이드 웍스Brad Cloepfil Allied Works 건축 회사가 덴버
에 만든 멋진 클리포드 스틸 미술관Clyfford Still Museum, CSM은 이런 접근 방

빛을 받은 재료의 상호작용. 앤디 골드워시. 「이리저리 놓인 막대기들」(세부 사진).
하루 중 서로 다른 시간대에 찍은 사진.

식을 대표하는 건축물이다. 노출 콘크리트 각기둥 형태의 2층 건물인 CSM은 철저히 단순화한 시각 언어가 어떤 것인지 구체적으로 보여준다. 갈퀴와 비슷하게 생긴 '코듀로이' 콘크리트 벽을 비롯해 질감이 살아 있는 표면은 우리의 감각 운동계를 활성화하며 이를 대충 보아 넘기지 못하게 만든다. 날씨와 시간대에 따라 건물 안으로 들어오는 빛의 위치가 달라지면서 벽의 모습도 계속해서 변하기 때문이다. 건물 외부에는 코듀로이 콘크리트 평면과 나뭇결의 질감을 살린 좀 더 편평한 면이 번갈아 튀어나와 있어 울룩불룩한 형태를 띤다. 건물 내벽은 어둡게 색칠한 나뭇조각들이 장식한다. 그 결과는 어떨까? CSM은 반복과 변형에 따라 표면이 변화하다가 2층 주 전시 공간에 들어서는 순간 여과된 밝은 빛이 터져 나오는 거대한 전시용 상자가 된다. 입체감이 뛰어난 직선 표면은 쪽 뻗은 길쭉한 형태의 채광창이 있는 천장의 깊은 대각선 격자를 상쇄한다. CSM에서 보이는 시각적으로 단순한 질감의 변형은 우리가 건물과 체화된 관계를 맺도록 이끈다. 앨라이드 윅스는 시간의 흐름에 따라 색상이 달라지고 빛과 그림자를 만들어내는 줄무늬 표면을 이용해 바깥세상의 가변성을 강조하는 동시에 이 건물의 고정성을 강조한다. 이런 장소에서 우리의 의식은 매 순간 벌어지는 일을 깊게 인식한다. 이곳에서 경험하는 사건은 의식 저편으로 조용히 사라지기를 거부하고 우리의 모든 감각을 가동해 끈질기게 의식적인 주의의 영역으로 비집고 들어온다.

빛 속에서 보이는 재료와 질감. 클리포드 스틸 미술관 외벽 세부 사진(브래드 클로필). 콜로라도주 덴버.

위: 재료, 빛, 기하학, 질감. 클리포드 스틸 미술관 내부.
오른쪽: 기후변화는 장소가 활기를 띠게 한다. 바다에서 본 전경, 캘리포니아주 시랜치.

    자연광으로 질감을 강조하는 방식 말고 녹지와 기후, 특정한 (무엇보다도 특색 있는) 부지의 지형적 특색을 살리는 방식으로 건축 환경에 변화를 불어넣을 수도 있다.[9] 이런 자연적 특징은 정체되어 있는 건물과 달리 시간에 따라 바뀔 뿐 아니라 시시각각 달라지기도 한다. 풀은 무성하게 자라다가 시들고 바람과 날씨도 시시때때로 바뀐다. 심지어 오랜 세월이 흐르면 지구(땅의 지형)조차 이동하고 침식된다. 그 결과 자연의 존재를 반영하거나 강조한 건축물은 (날씨와 함께) 시간의 흐름에 따라 변화한다.

    시랜치Sea Ranch는 캘리포니아주 태평양 연안을 따라 약 1600만 제곱미터 규모의 부지에 들어선 별장 단지다. 샌프란시스코에서 북쪽으로 약 160킬로미터 떨어진 곳에 위치한 시랜치에서는 식물과 무기물의

348

가변성을 반영한 디자인이 주는 경험적 이점이 두드러진다. 시랜치는 건축가와 조경 건축가, 부동산 개발업자, 지질학자 여럿이 팀을 이뤄 1965년에 디자인했으며 현재까지도 지켜야 할 보호 규약이 존재한다. 또한 완공한 지 50년이 지났는데도 미국에서 가장 뛰어난 디자인 가운데 하나로 손꼽힌다. 단순하고 (대부분 크기가 그리 크지 않은) 경사진 지붕에는 페인트칠을 하지 않고 자연 건조한 미송이나 미국 삼나무를 사용했다. 태평양 해안선을 따라 배열한 이 건축물 앞으로 나 있는 공용 산책로는 까마득한 해안 절벽 꼭대기를 지난다. 단지 배치를 보면 시랜치에서 가장 중요한 요소는 기복이 있고 강한 바람이 부는 데다 여기저기 풍화되어 있고 끊임없이 모습을 바꾸는 보라색과 노란색, 밀색의 자

시랜치의 전형적인 주택.

생 식물이 있는 경치임을 알 수 있다. 키가 작고 수분을 많이 머금은 관목은 넓은 목초지를 따라 퍼져 있다. 절제미가 살아 있는 시랜치는 주의를 사로잡고 감각을 편안하게 만들며 우리를 자연의 울타리 안으로 몰아넣는다. 자연과 자연의 가변성, 이 땅에서 살아가려면 사람들이 반드시 따라야 하는 규칙이 모여 시랜치의 강렬한 아름다움을 만들어낸다. 태양이 하늘을 가로질러 움직이면 뭉게구름은 순간순간 대지에 어둠을 드리운다. 평야를 가득 채우던 그림자는 현관과 박공지붕, 때로는 작은 탑을 지나 사라진다. 눈부신 아침 햇살은 드넓은 경치에 건물의 윤곽을 아로새기고 오후에는 부드럽게 쏟아지는 땅거미가 건물에 빛을 드리우는 듯하다. 경사진 지붕을 올린 수수한 건물들은 자연을 거스르

레사 수영장(알바루 시자), 포르투갈 포르토.

지 않도록 지었다. 그래서 자연의 세찬 바람을 맞으며 자연에 대항하는 건물이 아닌 자연 세계의 끝없는 다양성과 놀라운 아름다움에 어우러지는 건물로 바뀐 것처럼 보인다.

시랜치를 본보기로 삼든 그렇지 않든, 자연의 변화하는 특징을 이용해 매혹적인 무대를 만들어내는 디자이너들이 점점 늘어나고 있다. 알바루 시자Alvaro Siza가 포르투갈 포르토 근교에 만든 레사 수영장은 돌들이 흩어져 있는 바위투성이 부지에서 존재감을 뽐내는 공공을 위한 조경 겸 건축 프로젝트다. 보 트롱 니아Vo Trong Nghia가 베트남에 만든 저렴한 주택 S 하우스 시리즈는 철근 콘크리트로 건물 뼈대를 만들었지만 외장재로는 메콩삼각주에서 구할 수 있는 꼭 필요한 재료를 이용했다. 대나무와 니파야자 잎은 종류가 다양하고 근처에서 쉽게 구할 수 있으며, 운송과 건축 비용도 저렴한 동시에 주변 지역과 건축물이 잘 어우러지게 만든다.

활동 무대와 사람도 디자인의 구성 요소

디자이너들이 건축 환경의 고정성을 완화하기 위해 사용하는 또 다른 효과적인 방법이 있다. 바로 공간에서 신체의 존재와 움직임을 느끼게 하고 디자인에 생기를 불어넣는 방식으로 활동 무대에 활력을 주는 것이다. 라이트가 디자인한 뉴욕 구겐하임 미술관과 게리가 디자인한 빌바오 구겐하임 미술관이 가장 잘 알려진 예다. 뉴욕 구겐하임 미술관의 나선형 중앙 홀에서 바라보면 여러 전시 작품을 포함해, 미술관에 걸린 작품이나 사람을 구경하고 있는 다른 방문객의 모습이 눈에 들어온다. 라이트 이전에 활동한 19세기 프랑스 건축가 샤를 가르니에

THE MASTERPIECE

라이트는 구겐하임 미술관을 사람들이 모여 작품과 타인을 감상하는 장소,
아이들도 즐길 수 있는 장소로 만들고자 했다.

Charles Garnier는 파리의 팔레 가르니에 오페라하우스 로비에 다양한 종류
의 활동 무대를 여러 개 마련했다. 가르니에는 파리의 밤을 새로운 방
식으로 즐길 수 있게 하려고 오페라 하우스의 출입구와 복도, 층계를
제2의 무대로 변신시켰다. 공연이 펼쳐지는 사적 무대로 가기 전에 자
신을 드러낼 수 있는 공적 무대를 마련한 것이다. 오페라 하우스 안으
로 들어가면 붉은색과 녹색 대리석이 가득하고, 화려하게 장식한 낮은
곡선 계단이 등장한다. 양 갈래로 나뉜 층계를 따라 올라가면 피아노
노빌레piano nobile(서양 저택에서 응접실과 거실이 있는 주요 층, 주로 2층에 해
당한다-옮긴이) 맞은편에 빙 둘러 있는 로비가 등장한다. 공간 전환이

일어나는 이곳은 대중을 위한 활기찬 대기실 기능을 한다. 오페라 팬들은 본 공연 시작 전에 이곳에서 스스로 선택한 배역을 연기하면서 사람들과 교제하고 자신의 모습을 뽐낸다.

렘 콜하스의 멋진 초기 건축물, 파리 근교의 빌라 달아바와 쿤스탈로테르담에서는 개인의 신체가 소규모 공간에 어떻게 활기를 불어넣는지 볼 수 있다. 빌라 달아바 거주자들은 마치 영화 〈이창Rear Window〉(창을 통해 이웃들을 훔쳐보는 남자가 등장하는 히치콕 감독의 영화 – 옮긴이)의 등장인물이 된 듯하다. 집과 그 주변을 걷다 보면 딸 방에 있는 커다란 판유리 창문을 통해 딸이 무엇을 하고 있는지 보게 될지도 모른다. 쿤

아래: 다수의 층계와 층계참이 있는 팔레 가르니에 로비를 다른 사람들을 보면서
내 모습도 보여주는 장소로 디자인했다(샤를 가르니에). 프랑스 파리.
오른쪽: 빌라 달아바(렘 콜하스/OMA). 프랑스 파리.

스탈의 아래층 전시실에 서서 작품을 보다 보면 아래층과 위층 전시 공간을 분리하는 반투명 바닥 겸 천장을 통해 갑자기 다른 관람객의 한껏 찌그러진 신체가 보인다. 우리는 그 장소에 있는 것만으로도 자신도 모르는 새 타인의 무대에 선 배우가 된다. 우리를 기분 좋게 자극하고 놀라게 하는 콜하스의 역설 가득한 디자인 접근법은 이후 등장한 수많은 프로젝트에 영향을 주었다. 제임스 코너 필드 오퍼레이션스James Corner Field Operations가 딜러 스코피디오+렌프로Diller Scofidio+Renfro와 합작해 만든 뉴욕시의 하이 라인High Line은 지금은 사용하지 않는 고가철도를 개조해 만든 2.5킬로미터 길이의 공원이다. 길은 웨스트 미드타운에서 시작해 첼시를 지나 미트패킹 디스트릭트까지 요리조리 휘어지며 이어진

하이 라인에 있는 벤치는 사람들을 환경의 구성 요소로 만든다(제임스 코너 필드 오퍼레이션스와 딜러 스코피디오+렌프로 합작). 뉴욕주 뉴욕.

다. 하이 라인을 따라 걷다 보면 웨스트 맨해튼의 오래된 창고나 새로 지은 주거 건물들 옆을 지나거나 내부를 통과하기도 한다. 사람들은 허드슨강이 보이는 곳에서 잠시 멈춰 쉬거나 긴 의자에 기대앉거나 계단식 극장 같은 휴식 공간에 타인과 더불어 앉기도 한다. 이 강렬한 장소는 우리를 받침대 위에서 포즈를 취하고 있는 조각상으로 만들거나 액자 속 그림처럼 만들어 도시 거주자들 눈앞에 그림처럼 제시한다. 가르니에와 콜하스, 제임스 코너 필드 오퍼레이션스는 신체(사람)를 이용해 극적 효과를 일으켜 환경에 생기를 불어넣는다. 이로써 유명 미술관은 물론 전 세계의 수많은 건물을 엉망으로 만든, 디자인적으로 형편없는 에스컬레이터를 비롯해 여러 문제점을 해결할 수 있는 방안을 제시한다. 매력적이고 능동적이며 신체를 의식하는 공공 공간은 끝없이 변화하는 등장인물과 그들의 움직임이 중심이 되는 흥미롭고 활기찬 장소를 제공함으로써 사람들을 자극한다.

개성: 잘 선택한 은유의 퍼즐

흥미를 끌고 참여를 유도하는 장소, 우리를 끌어당기거나 밀어내는 장소에는 '개성'이 넘친다. 개성이라는 관념은 모호해 보일 수 있지만 건축 환경과 관련해서는 그 뜻이 꽤 명확하다. 개성은 장소의 실제 디자인 형태와 그 활동 무대의 관계가 동일할 때 생겨난다. 조직의 개성은 곡선 표면에는 다가서지만 모서리가 날카로운 표면은 멀리하는 성향, 중력의 법칙에 따른 물체의 움직임에 대한 직관성 같은 인간의 생물학적 특성인 직접 반응을 조작하거나 디자인을 이용해 만들어낼 수 있다. 조직의 기능적 목적 또는 폭넓은 사회정신을 표현하거나 뒷받침하는 체화된 스키마와 은유를 통해 장소에 개성을 불어넣을 수도 있다. 은유가 장소에 개성을 부여하는 이유는 사람들이 은유를 이해할 때 그 지시 대상이 주는 심적 시뮬레이션과 연관된 감정이나 행동까지 떠올리기 때문이다. 건축가 네이더 테라니Nader Tehrani가 만든 합판 북엔드를 간단히 살펴보자. 뒤집힌 책 모양을 닮은 이 북엔드를 보면 책장에 있는 책이 떠오른다. 어쩌면 책장과 책 속 종이의 원료인 나무가 떠오를지도 모른다. 이런 연상 작용은 기능적으로는 단순한 선반인 대상에 또 다른 의미를 부여한다.

은유는 장소에 개성을 더해준다(물론 적당한 은유를 선택했을 경우에만 그렇다). 그러나 너무 추상적인 은유를 사용하면 디자인을 이해하기가 어려워진다. 그렇다고 은유가 너무 구체적이면 사람들이 쉽게 이해해 금세 익숙해지는 표현으로 전락할 위험성이 있다. 예른 웃손Jørn Utzon의 시드니 오페라 하우스는 효과적인 은유를 구성하기 위해 디자이너가 얼마나 세심한 노력을 기울이는지 잘 보여준다. 수많은 찬사를 받은 오페라 하우스의 아치 형태 천장은 모래 해변 밖으로 반쯤 튀어나온 조개껍데기 또는 뼈만 남은 거대한 공룡 트리케라톱스나 선사 시대 생명체를 연상시킨다. 혹은 시드니 항구의 눈에 잘 띄는 곳에 닻을 내리고 서 있는 소형 보트 위로 솟아 있는, 바람에 부풀어 오른 '돛'이 떠오를지도 모른다. 시드니 오페라 하우스의 다양한 특성 덕분에 사람들은 강렬한 경험을 한다. 이 건축물은 항구 도시 시드니를 다른 곳과 차별화하는 다양한 은유적 연상(해변, 물, 바람, 움직임, 위로 솟구침)을 유도하며 사람들에게 오페라 하우스의 활동 무대가 주는 경험, 바람이 변하며 만들어내는 음악을 듣는 경험을 선사한다.

특히 현대 건축에서 디자이너들은 체화된 은유에 의존하는 경향이 강하다. 체화된 은유는 질적으로 뛰어나고 사람들의 마음을 끄는 공공 장소를 만들어내는 중요한 수단이 되었다. 헤어초크 앤드 드뫼롱이 베이징에 만든 올림픽 경기장은 조류 사육장의 연약함과 섬세함, 덧없음을 연상시켜 새둥지(건축물의 별명이기도 하다)를 떠올리게 한다. 하지

돛, 조개껍데기, 솟구침. 시드니 오페라 하우스에서 보이는 은유(예른 웃손). 호주 시드니.

만 강철을 사용해 만든 거대한 규모의 이 '새둥지'는 공개 경기가 펼쳐
지는 기념비적 경기장이다. 프랭크 게리가 디자인한 철골로 만든 76층
에 달하는 고층 주거 빌딩 8 스프루스 스트리트는 마치 하늘에서 내려
온 빛나는 부드러운 커튼이 뉴욕시 파이낸셜 디스트릭트의 고층 건물
사이에서 나부끼는 것처럼 보인다. 위르겐 마이어 H. Jurgen Mayer H. 가 나
무를 이어 붙여 만든 메트로폴 파라솔은 나무를 격자 형태로 배열해(세
비야 사람들은 거대한 버섯이라는 표현을 더 선호한다) 만든 자연을 모방한

새둥지 스타디움(헤어초크 앤드 드뫼롱), 중국 베이징.

공간으로, 세비야의 역사 중심지에 있는 엥카르나시온 광장에 그늘을 드리운다.

신중하게 고민해 능숙하게 사용한 은유는 수많은 연상 작용을 일으킴으로써 건축 환경의 고정성을 완화하고 이에 쉽게 길들여지려는 경향에 제동을 건다. 효과적인 은유가 암시하는 지시 대상(멋진 요트를 타고 순항하거나 안락한 둥지에 안겨 있는 이미지)과 실제 건물의 본질(오페라 하우스, 거대한 스타디움) 사이에 항상 존재하는 간극은 해당 건축

메트로폴 파라솔. 나무(또는 거대한 버섯)가 세비야 중심가의 거대한 광장에 그늘을 드리운다(위르겐 마이어 H.). 스페인.

환경을 여러 번 방문하게 만들고 새로운 생각과 신선한 정서적 경험을 하도록 유도한다. 제대로 구성한 은유에서는 항상 명백한 지시 대상(바람에 부푼 돛, 새둥지, 펄럭이는 커튼, 넓게 펼쳐진 나무 지붕)과 물리적 실재(타일을 입힌 둥근 콘크리트 천장, 십자형으로 교차된 콘크리트 기둥과 스테인리스강, 곡선 격자 형태로 연결한 나무 판)에 뚜렷한 차이가 있다. 이 차이는 항상 존재하며 절대 잊히지 않는다. 시드니 오페라 하우스의 둥근 콘크리트 천장은 절대로 천이나 조개껍데기처럼 바뀌지 않으며, 메트로폴 파라솔의 넓게 뻗은 나무 지붕은 절대로 맛있는 버섯으로 변하거나 잎이 자라지 않는다.

이런 의미 있는 순간은 (우리의 경험적 배경에 '풍경'으로 자리 잡기 쉬운) 건물을 중요한 '사건'으로 바꾼다. 우리의 비의식적 기대를 배신한 이런 순간은 우리를 고조된 인지의 타임캡슐 속으로 밀어 넣는다.[10] 그로 인해 우리는 잠시나마 일상의 평범한 리듬에서 벗어난다. 시드니 오페라 하우스의 존재는 우리가 지니고 있던 수많은 기대를 뒤엎는다. 대부분 건축물의 배열은 직교 형태다. 요트를 닮은 물체는 요트밖에 없다. 또한 건물은 요트를 닮거나 요트처럼 기능할 수 없다. 실제 건물은 요트와 상당히 다르며 반드시 지면에 단단히 고정되어 있어야 한다. 이것이 우리가 건물을 볼 때 대표적으로 드는 생각이다. 그런데 시드니 부둣가에 그런 기대를 완전히 깨는 건물, 즉 얼핏 보면 거대한 요트를 닮은 듯한 직교 형태가 아닌 오페라 하우스가 등장한 것이다.

이런 어리둥절한 문제를 맞닥뜨리면 기분 좋은 인지적 참여가 일어난다. 문제의 답을 찾으려면 창의력과 집중력이 필요하고 쉽게 해답을 찾을 수 없는 문제를 풀려면 계속해서 그 문제에 매달려야 한다. 시드니 항구에 있는 서로 포개진 둥근 천장은 무엇일까? 왜 베이징에 있는 거대한 경기장은 부서지기 쉬운 참새 둥지를 떠올리게 할까? 아칸소주에 있는 교회는 왜 처음 볼 때 작업장이나 차고를 연상시킬까? 답을 설명할 수 있는 아이디어가 '반짝' 떠오른 순간 신경학적 반응이 일어나 해마주위피질parahippocampal cortex에서 쾌락을 유발하는 엔도르핀을 분비한다. 이 쾌락은 해당 건축물에 대한 우리의 인지적 참여와 결합해 그 장소와 관련된 경험의 한 부분으로 암호화된다. 이런 과정을 겪은 장소는 기억에 '박혀서' 끊임없이 생성되는 삶의 이야기를 구성하는 내적 서사의 일부가 될 가능성이 높다.

정형성과 자유: 광범위한 경험 미학

에든버러에 있는 거대한(그리고 큰돈을 들인) 스코틀랜드 의회 건물은 엔리크 미라예스Enric Miralles와 베네데타 타글리아부에Benedetta Tagli-abue(EMBT)가 디자인했다. 이들은 경험적 디자인의 모든 원칙을 구현했으며 이 원칙을 따르면 풍성하고 생기 넘치며 매우 다양한 디자인을 창조할 수 있다는 사실을 확실하게 보여준다. 스코틀랜드 의회 건물은 특색이 넘치며 스코틀랜드 사람들의 표현에 따르면 '맹렬한' 독립심을 만방에 드러내고 있다. 웅장한 스코틀랜드 의회는 작고 수수한 성 니콜라스 교회와 반대로 크고 호화로운 건물로 구성되었다. 이 건물은 도시 디자인과 건축, 조경 건축 등 건축 환경에서 나타나는 인간을 위한 디자인의 여러 측면을 종합해 보여준다. 사용자 입장에서 볼 때 스코틀랜

스코틀랜드 의회(엔리크 미라예스/EMBT 건축 회사). 스코틀랜드 에든버러.

드 의회는 디자이너들이 완전히 숙지하고 본보기로 삼아야 하는 건축 요소를 한데 모아놓은 '건축 환경'이다.

　　이 아름답고 특색 있는 건물은 자치에 대한 스코틀랜드인의 민주적 열망을 상징하고 촉진하는 동시에 주변 환경과 조화를 이룸으로써 스코틀랜드의 개인주의적인 국민 정서를 구체화한다. 의회 건물은 도시 경관과 조경에 파묻혀 있는 탓에 그 거대한 규모를 파악하기가 쉽지 않다. 스코틀랜드 의회는 영국 왕실이 사용하는 홀리루드 궁전 건너편 로열마일 아래쪽 끝에 위치한다. 멀리서 보면 이 지역의 돌출한 산악 지형을 닮은 의회 건물은 거대한 바위 솔즈베리 크래그 기슭에 자리한다. 에든버러의 화산 분출로 생성된 붉은 바위 절벽과 하이킹 코스, 소용돌이치는 수면, 야생화와 성긴 풀이 있는 들판, 남회색 그림자 아래

페탈 챔버. 스코틀랜드 의회.

길게 자란 엉겅퀴가 눈에 들어온다. 일반인 출입구가 있는 쪽에서는 잔
디로 덮인 계단 형태의 둑이 보이고 여러 층에 걸쳐 있는 조악한 주차
장과 사무실은 둑에 가려 보이지 않는다. 아서 시트Arthur's Seat(오래전 폭
발해 완전히 사라진 화산의 잔재. 에든버러 중심부에 있다 – 옮긴이) 아래에

서 시작하는 둑은 지그재그 형태의 연못을 지나 일반인 출입구로 이어진다. 이 조경은 소크 연구소의 수로 분수처럼 방향을 안내하며, 공간 지표와 감각 기능 지표를 이용해 우리를 입구 쪽으로 인도한다.

길고 낮은 반원통형 둥근 천장이 감싸고 있는 입구 로비 공간에는 위에서 빛이 들어오는 채광창과 낮은 중앙 홀이 있다(우연히도 이 디자인은 칸이 설계한 포트워스의 킴벨 미술관을 떠올리게 한다). 이 길고 낮은 건물 뒤쪽에는 본회의장과 위원회 회의실이 있는 잎사귀 모양의 중층 건물이 모여 있다. 토론실로 가는 출입구와 스코틀랜드 의회 의원들의 모임 공간이 위치한 건물들은 마치 가지에 달린 나무 잎사귀처럼 중심 축을 따라 늘어서 있다. '잎사귀' 하나하나 안에는 바위산이 보이고, 햇빛이 조각처럼 멋지게 들어오며 인간 신체 크기와 절묘한 비율을 이루는 공간이 있다. 다락방을 연상시키는 단층 건물에는 실내와 실외 공간이 흥미롭게 연결되어 있고 거대한 나뭇잎 형태의 채광창을 받치고 있는 조각 같은 콘크리트와 나무 지지대는 가로로 쭉 이어지는 넓은 공간을 더 작은 개개의 공간으로 나눈다. 빛을 한껏 머금은 로비와 그 주변 공간, 조경이 아름다운 외부 정원에 둘러싸인 인간 척도에 맞춘 실내. 외부 공간과 좌석 공간에서는 의원들이 모여 생각을 나누거나 언론과 인터뷰할 수 있다.

로비 반대편, 의회 부지에서 시내와 가장 가까운 쪽에 있는 제일 높은 건물에는 의원들과 직원들을 위한 사무실이 있다. 이 복합 건물에는 다양한 형태가 공존하는데 특히 이 사무실 건물의 외관은 패턴화된

독서 공간이 튀어나와 있는 사무실 건물 외관. 스코틀랜드 의회.

복잡성이 지닌 시각적 매력과 경험적 즐거움을 명확하게 보여준다. 책을 읽거나 조용히 대화하기 좋은, 몸이 쏙 들어가는 크기의 공간이 건물 밖으로 튀어나와 있다. 그 공간 안에는 편안한 의자와 계단 모양 선반이 있으며, 각각의 창문에는 장난감 막대를 닮은 빛 차단막이 다양한 형태로 배열되어 있다.

사무실 건물의 내외부 디자인은 집단을 구성하는 각 개인의 특성을 드러내며 우리가 넋을 잃을 정도로 멋진 본회의장으로 이어지는 넓은 계단을 올라가기 위해 페탈 챔버를 지날 때 교제를 나눌 수 있는 무대를 마련한다. 햇살이 쏟아져 들어오는 거대한 원형 회의실에서는 주변의 멋진 경치가 거의 보이지 않아서 의원들이 의회가 처리해야 하는 중요한 업무에 집중하기 쉽다. 처칠이 수호한 영국 런던 국회의사당의 의원석은 서로 마주 보는 대립 구도로 배치되어 있다. 하지만 스코틀랜드 의회는 좌석을 편평한 반원 형태로 배치해 다른 정당끼리도 서로 협력하고 유동적으로 행동할 수 있게 만들었다. 창문을 통해 흘러 들어오는 빛은 배 형태를 닮은 방의 양쪽 벽 높은 곳을 비춘다. 하중을 지탱할 수 있게 가운데 쪽이 위로 솟은 스팬보span beam(부품 사이의 간격을 유지하기 위한 들보-옮긴이)와 모서리로 갈수록 급격하게 가늘어지는 나무 기둥을 함께 사용해 만든 강인하고 역동적인 천장 덕분에 이런 개방적인 구조가 만들어졌다. 나무 천장은 자신이 받치고 있는 무게를 살짝 위로 들어 올리고 있는 듯하다. 본회의장 디자인은 영감이 되어준 두 가지 요소, 즉 스코틀랜드식 성의 웅장한 접견실에 올라간 나무 지붕과

의원 사무실마다 있는 독서 공간.

본회의장. 스코틀랜드 의회.

건축가 미라예스와 타글리아부에가 스코틀랜드 해변에서 발견한 뒤집힌 선체의 디자인을 아주 잘 반영하고 있다. 스코틀랜드 의회 본회의장은 우리가 아미앵 대성당에서 경험한 종류와 비슷한 경외감을 자아내며 개개인의 기분을 고조시키고 우리 모두가 같은 인류라는 친사회적 감정을 고취한다.

　스코틀랜드 의회는 부드러운 강인함을 통해 민주주의적 이상의 기쁨과 이를 실행해야 하는 책임자들이 느끼는 무게를 잘 보여준다. 동시에 (세련된 조경과 다수의 건물 전체를 아우르는) 의회의 복합 건물은 이런 광범위한 디자인 요소가 어떻게 경험적 디자인을 가능하게 하는지도 보여준다. 미라예스와 타글리아부에는 전혀 정형화되지 않은 방식으로 파트너, 고객과 협업해 독창적이고 다채로우면서도 지리적, 문화적으로 적합한 건축물을 창조했다. 그리고 이 과정을 통해 정치 조직의 정체성을 이상적으로 해석하고 형성했다. 의회 건물과 조경, 도시계획 디자인이 보여주는 패턴화된 복잡성은 우리를 느긋하게 만든다. 이 장소는 계속해서 우리가 모든 감각을 동원해 입체감이 살아 있는 표면과 자연광, 풍성한 건축 디테일, 콘크리트와 스코틀랜드 편마암, 화강암, 오크나무 기둥, 빛을 방출하는 얇은 플라타너스 판 등 질감이 뛰어난 재료를 느끼도록 유도한다. 전체적인 디자인 콘셉트부터 공들여 만든 디테일에 이르기까지, 스코틀랜드 의회는 인간의 신체와 도시 그리고 이 광대한 부지의 규모를 하나로 통합한다. 공간 구성에서부터 개별 공간에 이르기까지 이 건물은 우리가 고도로 해체된, 놀라울 정도로 복잡한 세상에서 개인적, 사회적으로 협동하며 살아갈 수 있는 방식을 보여준다. (건물 외관이나 외장뿐 아니라) 전체 디자인을 관통하는 역사와 풍경, 민주주의, 개인주의, 사회적 협동이라는 주제와 은유는 이 공간을 형성하고 사용자에게는 앞으로 오랫동안 영감을 줄 건축 경험을 제공한다.

7장

환경의 질과 삶을 위한 디자인

도덕과 미학은 하나다.

—루트비히 비트겐슈타인Ludwig Wittgenstein, 『논리철학논고Tractatus Logico-Philosophicus』

무언가를 건축하는 작업은 상당한 자원을 사용한다. 규모가 크지 않은 인프라 요소나 건물, 공원 혹은 놀이터를 만들 때조차 건축 작업을 시작하기에 앞서 디자인과 설계, 재정 확보, 허가 취득 과정이 필요하다. 건축하려는 대상의 크기에 따라 인부는 수십에서 수백 명, 비용은 수만에서 수십만 달러 심지어는 수백만 달러까지 필요하다(대규모 프로젝트는 더 많이 필요하다). 건축 작업을 마치고 새롭게 탄생한 도시 지역이나 공원, 건물은 이를 디자인하고 설계하고 지은 사람들보다 더 오랫동안 존재할 가능성이 높다. 건축 허가 여부를 결정하는 법규를 만들고 이를 적용한 사람들보다도 오래 존재할 것이다. 그리고 건축을 의뢰하고 비용을 댄 사람들이 세상을 떠난 뒤에도 오랫동안 사용될 것이다.

그러기 때문에 건축 환경을 디자인할 때 단기적이고 편협한 이익에만 몰두해서는 안 된다. 또한 사람들의 무지나 변화에 대한 무관심 또는 본능적인 반감, 부패나 탐욕 같은 요소에 따라 부적절하게 만들어서도 안 된다. 6장에서는 건축 환경 형성에 관여하는 모든 사람이 자신의 판단과 상관없이 무조건 따라야 하는 디자인 원칙을 자세히 살펴보았다. 이번에는 질문을 더 확장해보려 한다. 오늘 그리고 내일의 환경을 건축하는 엄청난 과제를 수행할 때 우리가 따라야 하는 작업적, 사회적, 윤리적 원칙은 무엇일까? 사회와 조직에는 이름난 건물과 조경, 도시 경관이 있으면 도움이 된다. 다행히 가끔은 원하는 대로 되기도 한다. 하지만 앞에서 살펴보았다시피 큰돈을 들인 최고의 디자인이 과거에 그 가치를 증명했고 점점 도시화되는 미래에 더욱 그 가치를 인정받는다 하더라도 호화롭게 지어야만 잘된 건축이라고 볼 수는 없다.

디자인의 유무가 인간의 경험을 가른다

빌딩과 아키텍처, 미적 즐거움을 위한 디자인과 '기능'을 위한 디자인(또는 건축)의 차이는 잘못 인식되어 있으며, 사실 둘 사이의 차이는 미미하다. 세상에는 더 나은(더 좋은) 조경과 도시 경관, 건물이 필요하다. 필요를 충족시키는 유일한 방법은 건축 환경이 인간 경험을 형성하고 영향을 미치는 방식에 대한 지식을 계속해서 점검하는 것이다. 우리는 이 정보를 이용해 사람들의 신체적 건강을 유지하고 인지 발달을 활성화하고 정서적 행복을 촉진할 방법을 세심하게 검토해야 한다. 계속해서 늘어나는 지식 덕분에 우리는 적절한 수준의 기준과 요구를 더 명확하게 제시할 수 있게 되었다. 또한 부동산 개발업자와 자본가, 하청업자, 건축업자, 법규 제정자와 집행자, 도시 계획가와 디자이너, 사용자와 의뢰인이, 즉 우리 모두가 이를 이행하도록 요구할 수도 있다.

사람이 만들어낸 존재는 대부분 여러 세대에 걸쳐 많은 사람에게 영향을 미칠 확률이 높다. 그렇기 때문에 정책 입안자든 누구든 모든 도시 경관과 조경, 건물과 관련해 최소한 다음 사항을 주장(반드시 들어달라고 '요구')해야 한다. 첫째, 모든 작업은 '디자인 과정'을 거쳐야 한다. 둘째, 디자인은 훈련받은 전문가에게 맡겨야 한다. 셋째, 그 전문가는 환경 미학과 경험 디자인에 관한 최신 지식을 확실하게 배운 사람이어야 한다. 업계 종사자와 연구원, 학자들은 계속해서 우리의 식견을 넓힐 후속 연구 진행과 연구 의제 개발에 힘써야 한다. 또한 (공공 단체와 비영리 조직, 싱크탱크, 학문 기관, 주거와 의료 건축 같은 민간 부문 등) 자신들의 제도적 기반을 이용해 관련 연구를 수행해야 하며 새로 얻은 정보를 널리 전파할 수 있는 프로그램을 개발하고 자금을 투입하고 홍보하는 노력도 병행해야 한다. 건축 재료 제조업자들이 생산하는 제품, 건축 관행과 토지 사용 규정, 건축 법규, 시와 지방, 연방의 검토와 관리 제도에도 풍성한 경험을 할 수 있는 디자인과 환경 미학을 접목하도록 애써야 한다.

이런 광범위한 변화는 점진적으로, 그것도 들쭉날쭉하게 일어날 것이다. 하지만 변화의 한 단계 한 단계는 현실적이며 실현 가능하다. 중국의 많은 지역에서는 새로운 아파트를 건설할 때 일 년 가운데 가장 해가 짧은 동지에도 직사광선이 최소 3시간 이상 집 안으로 들어오게 만들도록 규정하고 있다. 한번 생각해보자. 전 세계가 이 한 가지 법규만이라도 제대로 지킨다면 얼마나 많은 사람의 주거 환경이 개선되겠는가.

건축 환경 결정권자들(부동산 중개인과 법인부터 개별 의뢰인, 공공 기관, 정부에 이르기까지)은 풍성한 경험을 할 수 있는 환경을 건축한다는 현실적인 목표를 전적으로 포용해야 한다. 뉴욕시의 하이 라인 같은 조경이나 시카고의 클라우드 게이트 같은 도시 속 장소, EMBT의 스코틀랜드 의회 같은 건물 등 독특한 대상은 도시와 공공장소로 사람들을 이끈다. 하지만 크기가 크든 작든 상관없이 좋은 디자인은 인간의 건강과 발달, 행복을 증진하는 데 꼭 필요한 요소다. 좋은 디자인으로 근로자의 만족도와 생산성을 끌어올리고 소매업체의 매력을 높이면 사업에 긍정적인 영향을 준다. 좋은 디자인으로 공동체 의식을 높이고 자신이 사는 동네나 장소에 사람들이 정서적으로 많은 관심을 쏟게 만드는 일은 사회정책에도 긍정적으로 작용한다. 심지어 좋은 디자인은 시민 참여를 촉진하는 잠재력까지 갖고 있기 때문에 정치적으로도 긍정적이다. 간단히 말해 좋은 디자인은 마땅히 추구해야 하는 일이다.

좋은 디자인을 지지하고 추구하는 일은 우리 모두의 책임이다. 개인이 소유하거나 건축한 것이 많다 해도 건축 환경은 물이나 에너지, 디지털 통신처럼 사회적, '공적' 이익에 필수적인 존재이기 때문이다. 하지만 지금껏 살펴봤다시피 대부분의 정치 조직과 사회집단, 개인은 건축 환경을 그리 중요하게 생각하지 않는다. 많은 사람들이 사는 유감스러운 장소는 적절한 생활 수준을 제공하지 못한다. 세계 대부분 지역에서 공공 부문은 최소한의 수준만을 관리하고 건축 프로젝트 대부분은 인간 중심 디자인의 기본 원칙에 관한 전문 지식이 거의 혹은 아예 없는 사람들이 '디자인'한다. 소위 전문가라는 사람이 디자인한 프로젝트라 해도 인간 경험의 기본 원칙을 위반하기도 한다. 오늘날 전문 디자인 학위를 수여하는 학문 기관 가운데 건물과 조경, 장소, 도시 같은 주요 주거 환경이 사람들에게 어떤 영향을 미치며 사람들이 이런 환경

을 어떻게 경험하고 상호작용하는지 체계적으로 교육하는 곳이 거의
없는 탓이다. 일반인은 물론, 건축을 의뢰하고 관련 내용을 결정하는
사람들도 디자인이란 필수품이라기보다 사치품이고 공공복지를 위한
시급한 사안이라기보다는 취향의 문제라는 잘못된 관념을 가지고 있
다. 그 결과는 어떨까? 빈곤한 건축 환경 시스템이 계속해서 유지될 수
밖에 없다.

　우리가 살아가는 장소의 디자인에 대한 사회의 기본적인 기대 수
준에도 문제가 있다. 건축 세계가 실용적인 기준만 만족하면 충분하다
는 주장은 약간의 물과 식량이 있고 독을 먹거나 누군가에게 공격당할

우리의 풍경에 새겨진 불평등. 슬럼 바로 옆에 들어선 현대식 아파트. 인도 뭄바이.

가능성이 없다는 보장만 있으면 좋은 인생이라는 주장과 다를 바 없다. 인간은 자신이 살고 의존하는 환경에 (물리적, 생리적, 심리적으로) 완전히, 깊숙이 파고들어 있으며 환경의 모든 요소(건물, 조경, 도시 지역, 인프라)는 인간이 잘 살아가도록 돕는 방향으로 디자인해야 한다는 사실을 보여주는 수많은 과학적, 사회과학적 지식에 역행하는 기준이다. 전례 없이 빠른 속도로 도시화되고 있는 오늘날의 건축 환경을 디자인하고 건축할 때 적용하는 기준은 비인간적이고 받아들일 수 없을 만큼('아무리 따져봐도' 받아들일 수 없을 만큼) 낮은 수준이다. 도시 계획가와 정책 입안자, 개발업자, 디자이너, 일반인들은 수십 년에 걸쳐 진행한 철저한 조사를 바탕으로 더 이상 피할 수 없는 이 불편한 진실을 마주하고 문제를 해결하려고 애써야 한다.

　사람들이 건축 환경을 경험하는 방식은 문화적, 역사적 특수성과 개인의 차이, 성별과 연령에 따른 차이, 문화적 차이에 따라 다르게 나타난다(간단한 예로 같은 경사로도 노인이 젊은이보다 경사가 더 심하다고 지각하며 여성은 남성보다 '피신' 공간을 더 좋아한다[1]). 하지만 그렇다 해도 모든 인간의 건축 환경 경험 방식에는 유사한 부분이 많다. 갓난아기였던 인간이 어른이 되기까지 환경에 의미를 부여해가며 적응하고 발달해온 방식, 수백만 년 전부터 존재한 지구에서 인류가 수백만 년에 걸쳐 살아오며 진화한 방식과 관련되어 있기 때문이다.

　우리는 '현대' 세계가 건축 환경의 문제를 거의 해결하지 못하고 있다는 사실을 우려하고 있다. 세계화, 대규모 도시화, 역사상 유례없는 수준의 부를 누리면서 등장한 소득 불평등 심화라는 세 가지 특징은 우리가 살고 만드는 장소에 고스란히 새겨지고 있다. 슬럼 지역에서 끝없이 계속되는 빈곤은 사람들의 육체와 정신을 좀먹는다. 충분한 교육 기회가 부족하고 적절한 의료 시스템에 접근할 수 없는 상황은 도덕적으로 용인되지 않는 수준을 넘어 경제적으로 역효과를 내고, 정치적으로도 해결할 수 없는 수준에 가까워지고 있다.

사람과 물자, 정보가 대륙을 넘나들면서 사람들이 각 문화와 사회가 지닌 다양한 이질성에 감탄하는 빈도가 늘어났지만 동시에 장소와의 단절성도 높아졌다. 디지털 기술 혁명은 주변 환경을 통제하고자 하는 인간의 내적 욕구를 꺾어놓는다. 세계화는 전통이 해체되고 사회적, 문화적으로 뿌리가 없는 모습만 남을 것이라는 (때로는 근거 있는) 두려움에 불을 지핀다. 쇼핑 지역과 공항을 비롯해 새로 들어선 도시와 근

'비장소'적인 장소들. 중국 도시 경관.

교에는 개성이 없다. 마치 세계 어느 곳에서든 똑같아 보일 듯하다. 학계에서는 '비장소'적인 장소가 만연한 현실을 비판하는 논문이 급증하고 있다.[2] 이런 현실은 우리가 사회적 세계, 건축 세계 속의 장소와 우리 자신을 인식하는 방식을 변화시키고 있으며 앞으로도 계속해서 변화시킬 것이다. 더불어 기후변화는 사람들로 하여금 건축 방식을 바꾸고 자원과 부지를 사용할 때 좀 더 신중히 고민하도록 만들며, 우리가 건축 세계와 자연 세계의 관계를 완전히 다시 생각하게 한다.

이 모든 변화는 앞으로 계속해서 이어지면서 점차 발전해나가야 한다. 우리에게는 아직도 지어야 할 건물이 많으며, 그렇기 때문에 현재 상태를 그대로 유지해서는 안 된다. 전 세계 아이들, 그 가운데 특히 불우한 어린이들은 매일 사회적 진보와 자아실현의 기회를 빼앗기고 있다. 건강하지 못하거나 인지적 자극이 적은 환경에서 살고 집중력과 의욕, 효과적인 학습을 저해하거나 말 그대로 방해하는 건물에서 공부하는 것이 가장 큰 원인 가운데 하나다.[3] 많은 사람들이 일상의 스트레스를 벗어나거나 타인과 편하게 어울릴 수 있는 편안하고 매력적이며 잘 디자인된 도시 경관이나 건물, 공원, 광장을 찾는 데 어려움을 겪는다. 우리 사회에서 가장 형편이 어려운 구성원들은 매일 사람이 살기 적당하지 않으며 영혼을 좀먹는 노후한 집으로 귀가한다. 내가 사는 이스트할렘에 있는 보기 흉한 '저렴한 주택' 단지도 이에 속한다. 이 세계는 유익하고 질 높은 환경을 구성하는 모든 조건에 반하는, 저렴하게 만든 장소로 가득하다. 이런 장소는 그곳을 이용하는 사람들에게 '그들의' 삶이 중요하지 않다는 메시지를 전달한다. 적어도 그들이 속한 사회와 정부를 구성하고 좌우하는 사람들은 그런 느낌을 받지 않는다. 어

거주자의 삶이 소중하지 않다는 메시지를 전달하는 주거 공간. 뉴욕 이스트할렘.

느덧 21세기로 접어든 지 꽤 지난 오늘날에는 이 모든 현실이 훨씬 더 부끄럽게 다가온다. 디자인이 인간의 삶에서 중요한 요소이며 오랜 기간에 걸쳐 근본적이며 커다란 영향을 준다는 사실을 '이제는 우리가 알고' 있기 때문이다.

인간 역량을 강화하는 디자인

사람들은 보통 디자인을 굉장히 좁은 측면에서 논의하고 평가한다. 디자인이 '좋은가' 아니면 '나쁜가', 세련됐는가 조악한가, 실용적인

가 지나치게 화려한가 등으로 구분한다. 그러나 너무 단순하고 이분법적인 기준으로 판단하는 것은 별 도움이 안 되기 때문에 앞으로는 지금까지와 다른 더 광범위한 틀로 건축 환경을 평가해야 한다. 철학자 마사 누스바움Martha Nussbaum과 경제학자 아마르티아 센Amartya Sen이 제시한, 시민에 대한 국가 조직의 의무는 정치적 안정과 생계 유지 보장을 넘어선다는 주장부터 살펴보면 좋을 듯하다.⁴ 누스바움과 센은 질서 있고 윤리적인 사회는, 자신과 가족을 보호하고 먹이고 교육하는 등 인간의 기본 욕구 추구를 방해하는 정치와 사회제도로부터 자유로울 권리를 의미하는 '소극적 자유' 이상의 자유를 보장해야 한다고 주장한다. 질서가 확립된 윤리적 사회는 '적극적 자유'를 능동적으로 옹호하고 증진해야 한다. 즉 누구나 충만하고 만족스러우며 의미 있는 삶을 추구할 수 있는 도구와 지위를 얻을 수 있도록 개개인의 역량을 발전시킬 자유를 보장해야 한다. 누스바움과 센은 "개인은 무엇을 할 수 있으며 무엇이 될 수 있는가?"라는 중요한 질문을 던졌다. 두 사람은 이 질문을 통해 사회 구성원 모두가 육체와 마음, 개인의 정신력, 사회적 관계와 관련된 특정 역량을 개발할 수 있고, '인간 발달'의 의미를 가장 제대로 확립해줄 다양한 정치적, 사회적, 문화적 환경을 제시한다.

　누스바움과 센이 주장한 역량 접근법은 시대에 뒤떨어진 학문적 용어도 이상적인 판타지도 아니다. 이는 국제 인권에 대한 개념과 정책 구상에 중요한 영향을 미치고 있다. 세계은행World Bank과 UN개발계획United Nations Development Programme은 두 사람이 내놓은 주장의 핵심 전제를 받아들이고 이를 실현하기 위해 애쓰고 있다. 실제로 누스바움과 센의 역량 접근법은 UN이 매년 발표하는 인간개발지수Human Development Index,

HDI, 즉 각 국가의 국민이 얼마나 인간다운 삶을 사는지 측정하는 도구를 구성하는 바탕이 되었다. 그러기 때문에 이를 확대해 오늘날 그리고 앞으로의 건축 환경을 평가하는 기준으로 삼는 것이 타당해 보인다.

'개인은 무엇을 할 수 있으며 무엇이 될 수 있는가?' 누스바움과 센은 개인의 역량을 기르고 생산적인 사회 구성원이 되도록 만드는 데 필요한 환경은 올바른 방향으로 가고 있는 정치적, 사회적 제도만이 제공할 수 있다고 설명한다. 건축 환경적 차원에서 무엇이 필요한지는 추측하기 쉽다. 건축 환경은 개인의 신체적 안전과 육체적, 정신적 건강의 최소 기준을 보장해야 한다. 현재와 가까운 미래에 자신과 가족의 건강과 안전에 아무런 문제가 생기지 않을 거라는 사실을 믿게 해줘야 한다. 좋은 교육은 아이들에게 평생 자아실현을 해나갈 수 있는 토대를 만들어주어야 한다. 능동적으로 사회에 참여할 때 필요한 사회적 규범에 관한 실용적 지식을 전달하고 객관적 추론의 바탕이 되는 비판적 사고력과 유연하고 창의적인 상상력도 심어줘야 한다. 그뿐 아니라 사람들이 "타인과 함께하는, 타인을 위하는 삶"(누스바움의 말을 인용하자면)을 살 수 있도록 그들과 그들의 사회적 준거 집단이 속한 제도와 집단에 대한 정서적 공감대를 형성하도록 해야 한다.

좋은 (조경, 도시, 건축) 디자인은 이 모든 과정에서 중요한 요소로 작용한다. 안전과 신체적, 정신적 건강 보장에 큰 영향을 미치는 주택을 예로 들어보자. 적절한 주택 디자인의 정의는 경제적, 지역적, 문화적, 개인적 필요에 따라 달라질 수 있다. 남아메리카에서 진행한 두 종류의 정부 주도 프로젝트는 디자인의 다양한 가능성을 보여준다. 알레한드로 아라베나Alejandro Aravena가 소속된 건축 회사 엘리멘탈Elemental은

칠레 북부 항구 도시 이키케에 쥐꼬리만 한 예산으로 주택을 디자인하고 건설하는 작업을 맡았다. 엘리멘탈은 예산에 맞춰 '반쪽짜리 집'이라고 이름 붙인 다가구 주택 단지를 고안해냈다. 3층짜리 도시 주택을 완공하고 나면 한 가족이 지내기에 충분한 공간이 탄생한다. 엘리멘탈은 집 바로 옆에 벽면만 있는 빈 공간을 마련해 테라스로 사용하거나, 나중에 집주인의 재정 상태가 나아지면 적은 비용으로 방을 추가할 수 있도록 했다. 퀸타 몬로이Quinta Monroy 프로젝트 때부터 시작한 이 같은 유형의 프로젝트는 이후 칠레 산티아고와 멕시코 몬테레이에서도 진행되었다.

심각한 주택 대란 때문에 약 900만 명이 집 없이 지내는 멕시코에

적극적인 자유. 최초의 '반쪽짜리 집'. 퀸타 몬로이 주택(알레한드로 아라베나/엘리멘탈), 칠레 이키케.

서는 건축가 타티아나 빌바오_{Tatiana Bilbao}가 엘리멘탈과 비슷하면서도 다른 접근법을 제안했다. 정부 주도의 저소득층 주택 입주 후보자들과 면담한 결과 빌바오는 이들의 자존감을 높이려면 전형적인 중산층 주택에서 발견되는 세 가지 요소가 꼭 필요하다는 사실을 깨달았다. 이 세 가지 요소는 (실제로는 넓지 않다 해도) 넓게 느껴지는 공간과 경사 지붕, 완공된 '외관'이었다. (다른 여러 개발도상국처럼 멕시코 사람들도 철근 콘크리트를 사용해 예산이 되는 만큼만 집을 짓고 몇 년 후 돈을 모아 2층이나 3층을 올릴 생각으로 콘크리트 보강용 철근을 그대로 노출해놓는다.) 빌바오는 면담을 통해 얻은 정보를 바탕으로 단돈 8000달러에 정부가 제시한 최저 면적 기준인 43제곱미터보다 넓은, 가운데 부분만 고정되어 있는

지속 가능한 모듈식 주택(타티아나 빌바오 스튜디오). 멕시코 치아파스.

집을 만들었다. 비용을 줄이기 위해 콘크리트 블록이나 합판, 나무 팔레트 같은 저렴한 재료, 때로는 재활용 재료를 사용했다. 빌바오가 만든 단독주택 모델인 지속 가능한 집Sustainable House에는 입주자들이 원한 경사 지붕은 물론 거실 공간까지 있다. 높은 천장 덕에 굉장히 널찍해보이는 거실은 공기 순환을 촉진해 환기와 온도 조절을 쉽게 해준다. 지속 가능한 집은 겉보기에는 완성된 주택 같다. 하지만 실제로는 모듈 방식이기 때문에 방이나 창고를 새로 만들거나 일부만 개방된 야외 공간을 만드는 등 적은 비용으로 점차 집을 늘려갈 수 있다.

　이런 프로젝트(이 밖에도 앞선 장에 언급한 보 트롱 니아의 S 하우스 같은 멋진 예가 세계 곳곳에 존재한다)는 저가 주택 디자인을 비롯한 여러 디자인이 누스바움과 센의 역량 접근법과 관련해 어떤 역할을 하는지 잘 보여준다. 하지만 건축 환경 디자인이 인간의 삶에서 차지하는 중요성을 아는 사람이 적은 탓에 누스바움은 건축 환경 디자인이 인간 역량 개발에서 차지하는 역할을 논할 때 쉽게 할 말을 찾지 못한다. 누스바움이 자신과 센의 패러다임을 자세히 설명한 혁신적인 저서 『역량의 창조Creating Capabilities』에는 건축 또는 조경 건축, 도시 디자인에 관한 내용이 거의(아예 없는 것과 다름없을 정도로) 등장하지 않는다. 건축 환경 디자인의 중요성에 관한 자신의 생각을 확실히 표현하기는 했지만 겨우 이렇게 기록했을 뿐이다. "제대로 된 적당한 주택만 있으면 충분할 수도 있다. …… 이 주제에 대해서는 앞으로 더 많은 연구가 필요하다."[5] 이런 특색 없고 너무나도 간결한 표현은 사람들이 건축 환경 디자인을 사회적으로 소외되고 방치된 인공물로 받아들이게 할 수 있다. 이 구절로는 디자인의 객관적 중요성은 물론, 디자인과 인간 역량 개발의 관련성을 절대 드러낼 수 없다.

　인간 경험의 기본 원칙에 따라 디자인한 집과 시설은 누스바움과 센을 비롯한 여러 사상가와 정책 입안자들이 주장한 인간 발달 측면에서 중요한 역량을 기르고 지속하는 데 도움을 준다.[6] 아이들이 넓고 견고하고 조용하며 질서 잡힌 집에 사는 경우 발달이 더 뛰어나다는 사실은 이미 입증되었다. 디자인이 형편없는 학교보다 디자인이 좋은 학교에 다니는 학생들이 학습 효과도 훨씬 높다. 환경심리학과 인지에 관한 최신 정보에 맞춰 디자인한 시설은 신체 건강에도 도움이 된다. 많은 경험을 할 수 있게 디자인한 여가 장소는 이용자의 스트레스를 현저하게 낮추고 쉽게 고갈되는 주의 자원을 회복시키며 창의성을 길러준다. 일터는 문제 해결 능력과 상호작용 기능, 창의성, 집중력을 강화하도록 구성할 수 있다. 여러 종류의 디자인 기법과 디자인적 결정을 통해 친사회적 행동을 장려해 공동체를 강화할 수도 있다. 이 모든 내용을 근거로 사회 진보(실제로는 사회 정의)와 관련한 대담하면서도 명백한 주장을 제시할 수 있다. 인프라나 의료, 교사 훈련, 초·중등 교육 시설 등 공익이나 민간 투자, 자선을 위한 활동이 벌어지는 일상적인 기관의 건축 환경 디자인이 지금보다 나았더라면 각 영역에서 오늘날보다는 훨씬 뛰어난 결과를 얻어냈을 것이다.

인간 역량을 높이는 풍성한 환경

　인간 경험의 기본 원칙에 부합하는 건축 환경은 '풍성한 환경'을 만들어낸다. 따로 설명이 필요 없는 이 용어는 환경과 인지의 관계를 연구하는 과학자들에게 특별한 의미를 갖는다. 쳇바퀴가 하나 달린 보통 크기의 우리에 쥐가 한 마리 들어 있다고 가정하자. 이 우리를 질 낮은 환경이라고 부르겠다. 이제 두 번째 우리와 비교해보자. 쥐는 똑같다. 다만 우리 크기가 조금 더 크고 쳇바퀴 말고도 작은 미끄럼틀, 수영장과 사다리, 미로 등 다양한 놀이기구가 있다. 쥐의 처지에서 볼 때 두 번째 우리에는 직접 사용할 만한 물건도 많고 숨을 장소도, 뛰어넘을 장애물도, 올라가 주변을 조사하거나 몸치장을 할 만한 공간도 있다. 다시 말해 풍성한 환경이다.

풍성한 환경에 사는 쥐는 쳇바퀴만 있는 환경에서 사는 쥐보다 더 잘 지낸다. 스트레스에 대한 저항력이 높고 공간을 탐색하는 능력도 뛰어나다. 시각계의 기능도 더 뛰어나며 운동계와의 협응 능력도 더 좋다. 학습 능력(그리고 장기 기억에 저장하는 능력)도 뛰어나며 노화에 따른 뇌 인지 저하도 더 낮게 나타난다. 물론 인간은 설치류와 다른 면이 많다. 하지만 질 낮은 환경에서 많은 시간을 보내면 여러 능력이 계속해서 약화된다는 점에서는 똑같다. 게다가 인간도 풍성한 환경이 제공하는 다양한 기회와 이익을 누릴수록 삶의 질이 향상된다.

'당연히' 디자인이 뛰어난 풍성한 환경은 인간의 역량을 높인다! 이 책에서는 경험적으로 디자인된 도시 지역과 건물, 조경에 관한 다양한 예를 제시했다. 경험적 디자인이 인간 역량 증대에 관여한다는 우리의 확신을 강화해주는 장소는 세계 곳곳에서 찾아볼 수 있다. 파리의 뤽상부르 정원과 서울의 쌈지길, 베이징의 798 예술구가 대표적이다. 어떤 장소는 자유로운 탐색과 창의적인 상상을 가능하게 만들어 고

풍성한 환경. 798 예술구. 중국 베이징.

갈되기 쉬운 주의 자원을 회복하도록 돕는다. 아미앵 대성당이나 수플로가 설계한 파리의 판테온, 시드니 오페라 하우스 같은 장소는 인류가 지닌 공통성과 자연 세계 앞에 선 인간의 보잘것없음을 느끼게 만든다. 헬싱키의 국민연금협회나 미시간주의 허먼 밀러 공장, 서울의 북촌 찻집, 워싱턴의 사이드웰 프렌즈 중학교 등은 업무에 최적화된 환경을 제공하며 눈앞에 있는 과제에 주의를 집중하게 만든다. 그 밖의 장소들(시카고의 클라우드 게이트와 그 주변을 둘러싼 밀레니엄파크, 앤트워프의 스트림 박물관, 라호야의 소크 연구소)은 우리를 매혹시켜 발길을 멈추게 하고 우리가 추측하고 예상한 것과 다른 문제를 던지며 이를 해결하도록 요구한다.

　위의 예를 비롯한 다양한 프로젝트는 우리가 온몸과 다감각, 인지를 이용해 이를 경험하게 만들며 우리를 사로잡는다(심지어 유혹하기까지 한다). 또한 우리가 더 현명하고 유연하게, 더 탄력적으로 문제를 해결할 수 있는 상황을 조성한다. 이런 건축물의 전체 형태와 재료, 디테일은 인간이 이 세상을 경험하는, 연상을 활용하는 비의식적 방식에 부합하게 구성된다. 특색 넘치는 이런 장소에는 여러 의미와 프라임이 겹쳐 있고 다양한 스키마와 은유가 존재한다. 우리는 사회 조직의 본질을 드러내도록 의도적으로 만든 활동 무대를 우리의 공동생활을 보여주는 물리적 예이자 장소로서 경험한다. 또한 우리는 이런 환경에서 기억을 형성하고 평생 동안 떠올리기 때문에 바로 이 환경이 우리가 누구인지 규정하는 틀을 만든다고 할 수 있다. 환경은 주의를 집중하게 혹은 주의를 회복하게 만들기도 하고 경외감을 자아내거나 낯선 느낌을 받게 하거나 그저 위안을 주기도 한다. 어떤 유형이든 상관없이 풍성한 환경은 앞으로도 개인과 가족, 공동체의 행복과 자아실현, 성취를 추구하기에 가장 적합한 장소로 남을 것이다.

이 사실을 이해하면 건축 환경에 대해 우리가 느끼는 정치적, 사회적 책임감의 성격이 달라진다. 경험적 디자인은 더 이상 선택의 대상이 아니게 된다. 우리가 살아가는 영구적인 땅과 우리의 삶을 구성하는 도시 경관(집, 자녀가 다니는 학교, 직장, 거리, 공원, 도시 지역, 놀이터)은 삶의 질을 높일 수 있는 기회로 채울 수 있다. 풍성한 환경을 조성하는 데 필요한 기본 디자인 원칙을 확립하고 나면 이를 역량 접근법의 핵심 내용에, 세계행복지수와 UN의 인간개발지수를 비롯한 전 세계적 개발지수에 통합해야 할 것이다. 인간 중심의 경험적 디자인은 인권의 기본 요소로서 바라봐야 한다.

풍성한 환경 × 의식적 인지 촉진: 통제감을 높이는 의식적 인지

아직 논의하지 않은 풍성한 건축 환경의 중요한 측면이 하나 더 남아 있다. 풍성한 건축 환경은 우리가 일상적이고 비의식적이며 자기 중심적인 시각에서 벗어날 수 있게 해준다. 인간의 의식이라는 개념이 비의식적 인지와 의식적 인지 사이에 있다고 보면 풍성한 경험은 우리를 좀 더 의식적인 상태 쪽으로 옮겨준다.

메타인지의 활성화

안토니오 다마지오Antonio Damasio는 살고 있는 환경에 관한 정보를 수집하는 과정에서 인간과 동물 모두 "마음을 먹고 목표를 세우고 행동으로 옮긴다"라고 설명한다. 하지만 우리가 알기로는 오직 사람만이 "이 모든 것을 수행하는 동시에 공간과 육체, 그리고 육체를 둘러싼 공간에 대한 내재화된 스키마를 이용해 자신이 무엇을, 왜 하고 있으며 자신이 어디에 있는지 생각하는 능력이 있다".[7] 어떤 생각과 행동을 할 때 자신을 객관적으로 바라볼 수 있는 능력을 메타인지라고 한다. 이는 스스로를 일인칭은 물론 삼인칭으로도 개념화할 수 있는 인간의 능력이다. 환경과 관련해 설명한다면 자신을 바깥에서 바라보는 타인 중심적 시각뿐 아니라 자신의 신체를 기준으로 내부에서 바라보는 자기 중심적 시각을 동시에 지니고 있다는 뜻이다. 우리는 보통 산만하고 비의식적인 방식으로 주변 환경을 파악한다. 하지만 의식적으로 생각할 때는 가상의 타인 중심적 관점에서 자신을 어떤 공간 속에 타인이나 다른 물체와 함께 존재하는 육체적인 존재로 바라보며 스스로를 생각하는 존재, 물리적 존재라고 느낀다.

디자인을 이용해 비의식적 영역에 있는 우리의 인지를 좀 더, 혹은 완전히 의식적인 영역으로 슬쩍 밀어내려면(때로는 힘껏 떠밀려면) 디자이너는 우리가 일상적인 상태를 벗어나 주변 환경에 '관심을 기울이게' 만들 방법을 고안해야 한다. 환경을 구성할 때는 우리가 자신의 신체와 자연 세계, 사회 세계, 우리 스스로와 맺는 관계의 상호작용성을 의식할 수 있게 해야 한다. 그래야만 우리의 경험을 다양한 관점에서 생각해볼 수 있다. 이런 노력이 필요한 이유는 무엇일까? 우리가 바로 그 순간 특정한 장소에 존재하는 개별적인 존재라는 인식을 높임으로써 우리가 사는 세계에서 자신이 개별적 행위자이자 집합적 행위자라는 의식을 기를 수 있기 때문이다.

개인은 무엇을 할 수 있으며 무엇이 될 수 있는가? 우리는 사는 곳과 관계없이 일상을 형성하는 데 스스로가 어떤 역할을 하고 있으며 삶의 궤적과 살아가는 방식을 자신이 어느 정도 통제하고 있다는 느낌을 받고 싶어 한다. 풍성한 환경은 기억에 남을 만한 경험을 만들어냄으로써 우리의 장소 감각을 강화한다. 또한 우리가 건축 세계 형성에 더 적극적인 역할을 할 수 있는 토대를 마련한다. 새롭고 풍성한 환경 하나하나는 많은 사람이 속해 있는, 계속해서 반복되는 빈곤의 순환을 거꾸로 돌릴 힘을 만들어내도록 돕고 그 장소가 선순환을 일으키도록 힘을 보탠다. 결국 사람들은 자신이 사는 장소에 대해 더 많은 것을 바라고 적극적으로 요구하게 될 것이다. 지금보다 더 높은 기준을 만족하는 환경이 만들어지도록 더 열심히 애쓸 것이다.

앞으로 나아가기

현재 우리는 과거 어느 때보다도 더 풍성한 환경이 만들어지기를 기다리고, 요구하며 이를 위해 직접 나서고 있다. 우리는 인간의 경험적 욕구의 중요성에 대해 과거보다 더 많이 이해하게 되었으며 해가 갈수록 관련 지식도 늘어나고 있다. 기후변화는 건축 환경과 자연 환경의 상호 의존성에 대한 일반적인 인식을 높였다. 앞으로 지구의 자원과 경관을 어떻게 관리할지에 대한 전 세계적인 논의가 수십 년 동안 이어질 것이다. 기후변화는 이미 디자이너들의 작업 방식에 꼭 필요한 변화를 가져왔다. 2004년에 완공한 스코틀랜드 의회 건물은 수십 년간 거의 교류 없이 일했던 세 분야(건축, 조경 건축, 도시 디자인)가 다시 힘을 합쳐 협동한 결과물이다. 디자인과 제조 분야에 등장한 디지털 신기술 덕분에 디자이너들은 점점 높아지는 사람들의 경험적 욕구에 부응하는 디자인을, 필요하면 현대 도시가 요구하는 거대한 규모로, 그것도 과거보다 효과적인 방식으로 만들어낼 수 있는 잠재력을 얻었다. CAD가 제공하는 여러 도구 덕에 비용 면에서 효과적으로 설계하고 제조하거나 건축할 수 있는 형태의 범위가 크게 늘어났다. 디지털 모델링 덕분에 업계 종사자들은 기존에 명시된 디자인 지침을 벗어나지 않으면서도 전에 없이 복잡한 형태의 디자인을 반복적으로 시도할 수 있다. 저렴한 3D 프린트 기술은 아이디어를 빠르게 모델로 만들 수 있게 돕는다. 모델의 성능을 시험하고 다양한 종류의 시험을 가능케 하는 도구들은 계속해서 등장할 것이다. 소리와 바람을 비롯한 여러 조건을 반영한 컴퓨터 시뮬레이션도 이미 몇 년 전부터 사용하고 있다. 비약적으로 발전한 가상현실 기술 덕분에 신경과학자들은 이제 모의 환경에서 사람들이 신경학적, 심리학적으로 어떻게 반응하는지를 실시간으로 연구할 수 있다. 캘리포니아 대학교 샌디에이고 캠퍼스에서 현재 진행 중인 스타케이브StarCAVE가 대표적이다.

건축 분야도 여러 면에서 진보했다. (3D 디지털 프린팅과 유사하지만 건축 부품 전체를 만들 수 있게 설계한) 수치 제어 생산 공정을 통해 컴퓨터를 이용한 생산 가능성이 점차 확대되고 있다. 그 결과 디자이너들은 이제 건축 환경 역사상 처음으로 극단적으로 단순화한 반복의 폐해를 겪지 않고도 건축 요소를 대량으로 생산할 수 있게 되었다. 시카고에 있는 스튜디오 갱Studio Gang의 건축가 잔느 갱Jeanne Gang은 놀라울 만큼 새로운 시도에 개방적인 부동산 개발업자의 의뢰를 받고 아쿠아 타워를 디자인했다. 아쿠아 타워는 불규칙한 곡선 형태를 대규모 디자인에 포함하는 작업이 과거에 비해 얼마나 간단하고 경제적이 되었는지 잘 보여준다. 이제 건축가들은 원한다면 사람들을 매혹하는 곡선 표면을 과거보다 훨씬 많이 디자인에 추가할 수 있다. 과도한 예산을 들이지 않고도 아쿠아 타워의 굽이치는 불규칙한 바닥판을 설치할 수 있었던 것도 디지털 계산 덕분이다. 아쿠아 타워의 경쾌한 외관은 '기능'과 '미학'이라는 목적을 동시에 충족한다. 바람의 경로를 '교란해' 고층 건물이 바람에 끄떡없게 하고 발코니는 건물의 내부 배치와 조망, 태양의 방향을 고려해 만들었다. 아쿠아 타워의 굽이치는 바닥판은 적절한 위치에서 보면(실제로 시카고 사람 대부분은 꽤 떨어진 곳에서 이 건물을 보게

아쿠아 타워(스튜디오 갱), 일리노이주 시카고.

된다) 옵 아트op art(옵티컬 아트Optical Art를 줄여서 부르는 말로 착시 현상을
이용하는 현대 추상미술 양식-옮긴이) 같은 느낌도 난다. 고정된 건물인
데도 시카고의 거센 바람 속에서 마치 물결치고 흔들리는 듯 보인다.

아쿠아 타워 디자인과 건축의 기초를 이루는 기술적 혁신 덕분에
디자이너들은 시간이 지나도 사람들의 관심과 흥미를 지속할 수 있는
프로젝트를 제작하기가 쉬워졌다. 실제로 움직이지 않는 경우에도 건
축물의 표면과 구성 요소를 모든 각도에서 볼 때 활발히, 심지어는 끊
임없이 움직이는 것처럼 만들 수 있게 되었다. 보스턴에서 주로 활동하
는 건축사무소 NADAAA 소속 네이더 테라니가 멜버른의 존 와들John
Wardle 건축 회사와 합작해 만든 멜버른대 디자인학교MSD는 이런 특징
을 잘 보여준다. 이 건물은 기후 특성과 재료, 건물을 사용하는 사회적
환경과 건물의 실용적, 기계적 기능을 멋지게 통합했으며 사람들이 발
길을 멈추게 하는 순간과 혁신적인 아이디어로 가득하다. 건축가들은
이 거대한 학교 건물의 각 부분을 현장의 조건에 맞게 변형했다. 그래
서 이 건물은 캠퍼스 이쪽과 저쪽을 이어주는 통로로 기능함과 동시에
교내 디자인 공동체의 사회적 인큐베이터 역할을 수행한다.

얇은 베니어판을 씌운 목재 기둥 구조로 20미터 넘게 뻗어 있는 중
앙 홀은 깊이가 깊으며 불규칙한 격자무늬를 나타낸다. 격자 하나하나
의 각도는 천장에서 들어오는 호주의 강한 햇빛을 가장 효과적으로 퍼
뜨릴 수 있도록 비스듬히 만들었다. 그리고 종이접기를 연상시키는 구
조를 이용해 조명과 환기 시스템을 눈에 띄지 않게 가렸다. 중앙 홀 한
쪽 끝에 있는, 마치 천장에서 분출되어 공중에 매달려 있는 듯한 거대
한 구조물의 내부 공간은 사람들이 들어가기에 충분하며 안에는 교실

과 스튜디오 프레젠테이션 공간이 있다.

멜버른대 디자인학교 내부에서 자꾸 발길을 멈추게 되는 이유는 여러 요소가 우리의 형태 식별, 패턴 감지, 궤적 완성 스키마를 시험하기 때문이다. 아쿠아 타워보다 더 복잡하고 더 많은 기술이 집약된 MSD는 (반복해서) 아무 움직임이 없는데도 움직임을 지각하도록 유도한다. 이 공간을 가만히 '보기'만 하는 것은 불가능하다. 이곳에 들어서면 독특한 공간을 돌아다니며 건축물의 외형과 형태의 윤곽을 분석하려고 애쓰게 된다.[8] 또한 MSD는 프랙털 구조가 건물의 전체 형태와 재료 배치, 표면의 특성과 마감에 어떻게 패턴화된 복잡성을 만들어내며 인간의 규모 감각 형성과 강화를 돕는지 보여준다.

아쿠아 타워와 MSD는 감당할 수 있는 비용 안에서 인간의 경험적 욕구를 더 잘 만족시킬 방법을 찾고자 하는 현대 디자이너들에게 디지털 기술이 가져다줄 가능성을 이제 막 보여주기 시작했다. 오늘날에는 과거부터 사용해온, 그리고 새롭게 등장한 재료와 수단을 이용해 어떤 장소든 우리가 사는 다양한 사회 세계의 복잡성과 건축 현장의 특수성, 육체와 다감각 체계, 그간 우리의 경험에 맞게 변형할 수 있다.

우리에게는 할 일이 많고 그 범위도 어마어마하다. 그렇다 해도 작은 개선이 가져올 긍정적인 변화를 놓쳐서는 안 된다. 이 아파트, 저 주택, 이 건물 외관, 동네 커뮤니티 센터, 대형 매장, 동네 놀이터나 공원, 도시 광장, 사무실이나 시 건물, 문화 시설을 조금씩 개선하다 보면 큰 변화로 이어진다. 개인 하나하나가 모여 사회를 이루듯 개별 건물과 건축물, 장소, 조경 하나하나가 모여 이룬 사회가 바로 건축 환경이다. 건축 환경을 구성하는 요소 하나하나는 디자인을 통해 풍성하게 만들 수

398

멜버른 대학교 디자인학교(NADAAA와 존 와들). 호주 멜버른.

지오파크에서 놀기. 지오파크(헬렌 앤드 하드). 노르웨이 스타방에르.

도, 영혼이 없게 만들 수도 있다.

　좋은 디자인의 선순환을 만들어내는 일이 불가능하다고 생각한다면 네덜란드의 예를 보자. 네덜란드가 건축 환경에 요구하는 품질 기준은 디자인과 미학, 재료의 품질, 건설 품질 등 모든 면에서 미국의 기준보다 높다. 이 기준은 큰 도시, 작은 마을, 중요한 프로젝트, 일반 주택 할 것 없이 똑같이 적용된다. 어떻게 그럴 수 있을까? 첫째, 네덜란드의 디자인 교육은 환경심리학과 의료 서비스 같은 분야의 새로운 지식을 환영하는 분위기 속에서 이루어진다. 둘째, 대부분의 지방자치 당국은 공인된 디자인 전문가들로 구성된 위원회(주기적으로 구성원이 달라진다)가 신규 프로젝트에 대한 미적 검토 과정을 거치도록 요구하고 있다. 셋째, 이로 인해 네덜란드 사람들은 더 나은 디자인에 길들여진다. 이들은 더 나은 디자인과 더불어 살며, 더 나은 디자인을 기대하고 요구한다. 그 결과 일상적인 건물에 대한 재료와 건설 기준이 남들보다 높은 것이다. 그렇다고 해서 네덜란드의 디자인이 좋은 디자인의 정점에 서 있다고 말할 생각은 없다. 실제로 그렇지도 않다. 단지 네덜란드 사람들은 더 질 높은 건물에 익숙해지고 있으며 그렇기 때문에 그런 환경을 누리고 있다는 뜻이다.

　좋든 나쁘든 건물과 도시 경관, 조경은 우리의 삶과 우리 자신을 형성하는 데 큰 역할을 한다. 인간이 장소를 경험하는 방식에 관해 우리가 알게 된 내용을 반영해 풍성한 환경을 디자인하고 건축하면 인간 역량 개발을 증진할 수 있다. 지구온난화가 지구 환경에 오랜 기간 영향을 주듯이 우리가 지금 만들어내는 모든 건축 환경은 우리 세대를 넘어 우리의 자손에게까지, 어쩌면 그 자손의 자손들에게까지 영향을 미칠 것이다. 그렇다면 마땅히 이 세상에 좀 더 나은 건축 환경을 유산으로 남겨야 하지 않겠는가?

감사의 말

그리고 사진에 관해 하고 싶은 이야기

이 책의 탄생 배경은 세 과정으로 이루어진다.

만난 지 얼마 되지 않았을 때, 지금은 남편이 된 대니가 내게 조지 레이코프와 마크 존슨이 쓴 『삶으로서의 은유Metaphors We Live By』를 주었다. 그 책에 등장하는 인간 경험과 생각에 관한 놀라운 사고방식은 지금까지도 많은 인문주의자들이 지지하는 인간 인지에 대한 포스트모던 패러다임과 완전히 대립되었다. 포스트모던 이론가들이 인간의 사고와 경험은 사회적으로 구성된다고 주장하는 것과 반대로, 레이코프와 존슨은 인간 심리학 원리에 기반한 체화된 인지라는 다른 접근법을 제시했다. 이 책에는 내가 설명할 방법을 찾지 못해 꽤 오랫동안 고민해온 개념이 명확하게 설명되어 있었다.

몇 년 뒤, 스탠퍼드 앤더슨의 제안을 받고 위대한 모더니스트 건축가 알바르 알토에 대한 글을 쓰게 되었다. 나는 알토가 인간의 지각과 심리에 대한 과학 연구에 몰두했다는 사실을 안 뒤, 레이코프와 존슨의 발상에서 착안해 그가 사용한 은유에 관해 썼다. 스탠퍼드와 동료 편집자인 데이비드 픽슬러, 게일 펜스케는 내가 글을 완성할 때까지 끈기 있게 기다려줬으며 그 결과 그들의 책 『알토와 미국』에 내 글이 실릴 수 있었다. 스탠퍼드는 2016년 1월에 세상을 떠났다. 이 책의 초기 아이디어를 지지해준 그에게 고마움을 표한다. 이제는 직접 책을 전해줄 수 없어 슬플 따름이다.

알토에 대한 글을 쓰던 중 만난 적도, 들어본 적도 없는 사람에게 이메일을 한 통 받았다. 발신자는 지금 내 에이전트인 크리스 패리스램이었다. 내가 《뉴 리퍼블릭》에 기고한 평론과 내 첫 저서인 『루이스 칸의 모더니즘』을 읽어봤는데 좋았다며 일반 대중을 위한 책을 쓸 생각은 없는지 물었다. 당시 나는 심리학과 마음의 과학, 체화된 인지를 이용해 대부분 사람들이 생각하는 것보다 건축 환경 디자인이 훨씬 중요한 이유를 입증할 수 있겠다고 생각한 터였다. 그래서 크리스의 이메일을 보자마자 '답장' 버튼을 눌러 이렇게 썼다. 좀 더 자세히 얘기해보죠.

그때가 2009년이었다. 건축 환경 디자인이 인간의 삶에 얼마나 중요한지 증명하려면 그때까지만 해도 수박 겉 핥기식으로 경험한 게 전부였던 과학적, 심리학적 탐구 분야를 자세히 파고들어야 했다. 이후 몇 년간 연구와 집필에 매진하면서 낯선 이들과 친구들로부터 많은 도움을 받았으며 이 일을 계기로 사람들을 많이 사귀었다. 원고를 읽어주고 답해준 모든 이들에게 정말 고맙다. 루이스 브래버만, 로잘리 제네브로, 네이더 테라니 등 건축가와 건축 관계자들도 많은 도움을 주었다. 체화된 인지와 인간 인지에 대한 과학 연구와 관련된 일을 하는 이들의 도움도 컸다. 해리 프랜시스 몰그레이브와 바버라 트베르스키에게도 감사를 전한다. 뛰어난 지성과 예리한 통찰력으로 내게 도움을 주고 소중한 우정을 나누어주는 김미경, 리지 레이맨 크래이엄, 내 형제자매 로저 S. 윌리엄스와 조안 윌리엄스에게도 감사의 인사를 보낸다.

참고할 만한 모델을 찾지 못해 혼자 머리를 싸매며 조사하고 글을 쓰는 동안 때로는 이 작업이 외롭고 어렵게 느껴졌다. 가끔은 힘이 빠지기도 했다. 기나긴 작업 기간 가운데 중요한 시점마다 응원을 보내준 친구와 가족, 매튜 리즈와 유팔리 난다, 피터 맥키스, 테렌스 세즈노프스키에게도 감사를 보낸다. 반 앨런 연구소의 데이비드 반데어리어와 앤 귀니는 내 아이디어를 전폭적으로 지지해주었다. 매튜 앨런은 토론토 대학 건축학과에서 개최한 '뇌와 함께 시작하는 건축' 콘퍼런스에서 내 의견을 발표할 수 있게 자리를 마련해주었다. 비슷한 생각을 가진 사람들을 만나고 여러 의견을 실시간으로 점검할 수 있는 유용한 기회였다. 그다음 해에 건축과 신경과학학회Academy for Architecture and Neuroscience 주최로 라호야의 소크 연구소에서 열린 콘퍼런스에서도 한 번 더 같은 기회를 누렸다.

많은 학자와 과학자, 작가들도 자신의 연구 내용과 의견을 기꺼이 공유해주었다. 특히 테렌스 J. 세즈노프스키, 린다 B. 스미스, 조셉 비더만, 스티븐 켈러트, 브룩 뮐러, 바버라 트베르스키, 스티븐과 레이철 캐플런에게 감사하다. 캔자스 대학교의 로버트 콘디아와 케빈 루니는 고맙게도 자신들의 연구 결과와 의견을 나와 공유해주었다. 미리 반응을 보기 위해 시험 삼아 《뉴욕타임스New York Times》에 외부 칼럼 형태로 글을 실었는데, 사우스 플로리다 대학교의 신경인류학자 다니엘 렌데가 도움이 되는 의견을 많이 내주었다. BMW 구겐하임 랩이 개최한 뉴욕

404

전시회 첫날 만난 『우리는 도시에서 행복한가』의 저자 찰스 몽고메리는 자신이 책을 준비하며 정리했던 수많은 자료를 내게 넘겨주었다. 낯선 사람들끼리 협력하기보다는 치열하게 경쟁하는 것이 보통인 학계에 속해 있는 나로서는 몽고메리의 친절을 절대 잊을 수 없을 것이다.

책에 그림을 넣으려면 비용이 많이 든다. 하지만 하퍼콜린스의 내 담당자 조녀선 번햄과 게일 윈스턴은 고맙게도 총대를 메고 일을 처리해주었다. 그레이엄 예술 학술연구 재단에서 도와준 덕에 책에 멋진 사진들을 실을 수 있었다.

책을 출간한 작가라면 누구나 근처에서 자신을 돕는 팀에 깊이 의지할 수밖에 없다. 운 좋게도 내 팀원들은 정말 최고였다. 내 담당 에이전트 크리스 패리스 램과 담당 편집자 게일 윈스턴은 책의 내용, 제작과 관련한 여러 질문과 내가 쓴 초안들을 보고 공감과 지성, 냉철함, 응원을 섞어가며 힘을 주었다. 토비 그린버그는 170개가 넘는 사진 가운데 대부분을 수배하고 비용을 협상하고 (나로서는) 절대 이해할 수 없는 저작권과 복제권의 세계를 누비며 계약을 체결했다. 또한 이 문제에 관해 아무것도 모르는 나를 이해해주고 내가 때로 성급하게 굴어도 기분 좋게 받아넘겨주었다. 하퍼콜린스의 소피아 그루프먼은 늘 생기 넘치는 모습으로 책 제작 과정을 도맡았다.

감사의 말 처음에 등장했던 누구보다도 사랑하는 남편 대니에게 마지막으로 감사의 인사를 전한다. 이 책의 모든 문단과 개념, 내용 속에는 대니의 뛰어난 분석력과 재치, 이 프로젝트의 정당성에 대한 확고한 믿음이 녹아 있다. 이 책에 담긴 생각들 대부분은 우리가 건물을 바라보고 도시를 여행하고 생명애 넘치는 환경을 산책하고 점심을 먹거나 뉴튼, 매사추세츠, 이스트할렘의 거실에 앉아 나눈 대화 주제에서 시작했다. 살다 보면 행복한 부부, 불행한 부부, 혹은 두 경우를 다 겪은 부부를 만나게 된다. 나처럼 친한 친구이자 가장 날카로운 대화 상대이며 가장 든든한 지원자인 남편을 둔 것은 정말 큰 행운이 아닐 수 없다. 그러니 내 사랑이 어디에서도 찾아볼 수 없는 위대한 사랑이라고 생각해도 용서해주리라 생각한다. 우리 자녀와 모든 자녀들에게 더 나은 미래를 물려주고자 하는, 나와 같은 소망을 지닌 다니엘 골드헤이건에게 이 책을 바친다. 우리는 나름의 영역에서 서로 다른 방식으로 이 소망을 이루기 위해 애쓸 것이다.

사진에 관해 하고 싶은 이야기

1장에서 나는 건물과 도시, 장소를 정확하게 이해하지 못하도록 사진이 현실을 어떻게 왜곡하는지 설명했다. 하지만 이 책은 독자의 이해를 돕기 위해 대부분 내가 아닌 다른 사진작가들이 찍은 사진으로 가득하다. 당부하건대 이들 사진이 실제와 똑같다고 생각하지는 말아주기 바란다. 사진은 단지 이해를 돕기 위한 수단일 뿐이다. 나는 사진을 선택하는 몇 가지 원칙을 제시했고 일부를 제외하고는 모든 사진을 이 원칙에 따라 선택했다. 우선 사람이 서 있을 수 없는 장소에서 찍은 사진은 사용하지 않았다. 또한 멋진 야경을 만들어내기 위한 장식까지 함께 찍히기 때문에 밤에 찍은 사진도 사용하지 않았다. 그리고 건축가들이 컴퓨터로 디자인한 건물 사진도 싣지 않았다. 디지털 기술이 워낙 발달한 탓에 사람들이 실제로 경험하는 모습과 완전히 다른 장소를 현실에 존재하는 것처럼 꾸며낼 수 있기 때문이다.

그레이엄 재단

그레이엄 예술 학술연구재단도 이 책의 출간을 지원해주었다.

부록

도판 목록 | 주 | 찾아보기

도판 목록

72쪽   위: 이완 반(Iwan Baan)

72쪽   아래: 케빈 리(Kevin Lee)/
        블룸버그 비아 게티 이미지(Bloomberg via Getty Images)

78쪽   AP Photo/모리 가쉬(Morry Gash)

80쪽   AP Photo/매라 올타퍼(Mary Altaffer)

82쪽   AP Photo/존 무어(John Moore)

85쪽   위: 스콧 올슨(Scott Olson)/게티 이미지

85쪽   아래: iofoto/Shutterstock.com

87쪽   IP 갈란테르닉 D.U.(IP Galanternik D.U)/게티 이미지

89쪽   AP Photo/엘리스 아멘돌라(Elise Amendola)

93쪽   뉴욕, SPI, d박스 비아 게티 이미지(dbox via Getty Images)

98쪽   마그다 비에르낫(Magda Biernat)/OTTO

2장

114쪽   iStock.com/4x6

116쪽   뷰 픽처스(View Pictures)/
        UIG 비아 게티 이미지(UIG via Getty Images)

119쪽   JLP 포토그래피(JLP Photography)

122쪽   왼쪽: 마이야 올마(Maija Holma), 알바르 알토 박물관, 2014

123쪽   위: 컬츄라 RM 익스클루시브(Cultura RM Exclusive)/
        필립 리 하비(Philip Lee Harvey)/게티 이미지

123쪽   아래: 피터 애런(Peter Aaron)/OTTO

128쪽   이미지 소스(Image Source)/게티 이미지

131쪽   위: 베를린 바우하우스 아카이브

131쪽   위와 왼쪽: 베를린 바우하우스 아카이브/
        ⓒ 2016 Artists Rights Society (ARS), New York/VG Bild-Kunst, Bonn

131쪽   아래: 미국 일리노이주, 시카고 예술학교/조지 E.댄포스(George E. Danforth)
        기증/브리지맨 이미지(Bridgeman Images)

134쪽   ⓒ CNAC/MNAM/Dist. RMN-Grand Palais/Art Resource, NY

135쪽 ⓒ Ezra Stoller/Esto ⓒ 2016 Frank Lloyd Wright Foundation, Scottsdale, AZ/Artists Rights Society(ARS), NY.

136쪽 존 브랜디즈(John Brandies), 로버트 맥카터(Robert McCarter)의 지도 아래 다시 그림

139쪽 위: ⓒ Albert Vecerka/Esto

139쪽 아래: 레이너 바인더(Rainer Binder)/울스타인 빌트 비아 게티 이미지(ullstein bild via Getty Images)

141쪽 세라 윌리엄스 골드헤이건

142쪽 위: ⓒ Hufton+Crow/VIEW

142쪽 아래: 이완 반

146쪽 마셜 D. 메이어스 컬렉션(Marshall D. Meyers Collection), 펜실베이니아 대학 건축 아카이브

150쪽 위: ZEITORT/울스타인 빌트 비아 게티 이미지

150쪽 아래: 보르크(Bork)/울스타인 빌트 비아 게티 이미지

156쪽 세라 윌리엄스 골드헤이건

3장

165쪽 에리흐 레싱(Erich Lessing)/NY 아트 리소스(Art Resource, NY)

166쪽 ⓒ The Trustees of the Natural History Museum, London

170쪽 ⓒ Ezra Stoller/Esto

173쪽 디지털 이미지 ⓒ The Museum of Modern Art/ Licensed by SCALA/Art Resource, NY

174쪽 VCG/VCG 비아 게티 이미지

177쪽 니콜라스 케인(Nicholas Kane)/arcaidimages.com

179쪽 akg-images/Schütze/Rodemann

181쪽 찰스 쿡(Charles Cook)/론리 플래닛 이미지(Lonely Planet Images)/ 게티 이미지

187쪽 akg-images/picture-alliance

190쪽 이완 반

191쪽 에릭 스티플러(Eric Striffler)/《뉴욕타임스》/리덕스(Redux)

193쪽 © Paul Raftery/AGE Fotostock/VIEW

195쪽 © Paul Raftery/AGE Fotostock/VIEW

199쪽 © Paul aftery/AGE Fotostock/VIEW

202쪽 © Javier Gil/AGE Fotostock/VIEW

205쪽 위: © Bruce Bi/AGE Fotostock/VIEW

205쪽 아래: © Vanni Archive/Art Resource, NY

206쪽 맥코이 윈(McCoy Wynne)/알라미 스톡 포토

4장

214쪽 © Tibor Bognar/AGE Fotostock/VIEW

220쪽 시카고 건축 사진 회사(Architectural Photographing Company), ca. 1950s.
CPC_01_C_0265_004, 시카고 도서관 일리노이 대학(University of Illinois at Chicago Library), 특별 컬렉션

222쪽 © David Sundberg/Esto

225쪽 헤드리히 블레싱(Hedrich Blessing)/
김미경 디자인(Mikyoung Kim Design) 제공

226쪽 © 피터 쿡(Peter Cook)/VIEW

228쪽 엘리자베스 펠리셀라(Elizabeth Felicella)

231쪽 © Ezra Stoller/Esto

232쪽 펜실베이니아 대학과 펜실베이니아 역사박물관 위원회, 루이스 칸 컬렉션

233쪽 © Ezra Stoller/Esto

235쪽 펜실베이니아 대학 건축 아카이브 존 니콜레이스 컬렉션,
존 니콜레이스, 1979년 3월

240쪽 위: © Brian Rose

240쪽 아래: 이완 반

246쪽 akg-images/L. M. 피터(L. M. Peter)

249쪽 위: 니콜라스 코에닉(Nikolas Koenig)/OTTO

253쪽 이완 반

5장

305쪽 하버드 디자인 대학원 제공
307쪽 하버드 디자인 대학원 제공
308쪽 하버드 디자인 대학원 제공

6장

318쪽 © Tom Bonner
320쪽 © 에드먼드 섬너/VIEW
321쪽 이반 트래버트(Yvan Travert)/akg-images
322쪽 akg-images/드 아고스티니(De Agostini)/
         아르키비오 J. 랑게(Archivio J. Lange)
323쪽 위: 뉴욕 그레인저 컬렉션(The Granger Collection)
323쪽 아래:harisvithoulkas/알라미 스톡 포토
324쪽 akg-images/드 아고스티니/A.베르가니(A.Vergani)
327쪽 로만 하락(Roman Harak)
330쪽 위키피디아
332쪽 롭 크랜달(Rob Crandall)/알라미 스톡 포토
333쪽 DEA/G. DAGLI ORTI/드 아고스티니/게티 이미지
335쪽 © 2016 Nick Springett Photography
337쪽 위: © 에드먼드 섬너/VIEW
337쪽 아래: © 에드먼드 섬너/VIEW
338쪽 아르코(Arco)/쇼에닝(Schoening)/AGE 포토스톡(AGE Fotostock)
340쪽 팀 허슬리(Tim Hursley)
341쪽 위: 팀 허슬리
341쪽 아래: 팀 허슬리
343쪽 앤디 골드워시, 뉴욕 갤러리 르롱 제공
344쪽 라울 J 가르시아(Raul J Garcia)/arcaidimages.com
346쪽 피그말리온 카라차스(Pygmalion Karatzas)/arcaidimages.com
347쪽 에로스 호아글랜드(Eros Hoagland)/리덕스
348쪽 월터 비비코프(Walter Bibikow)/AGE 포토스톡/VIEW

349쪽   세랏(Serrat)/알라미 스톡 포토

351쪽   프랭크 로이드 라이트 재단 아카이브(현대미술관|뉴욕 컬럼비아 대학
에이버리 건축&예술 도서관)/© 2016 Frank Lloyd Wright Foundation,
Scottsdale, AZ/Artists Rights Society (ARS), NY

352쪽   의회 도서관, 인쇄 사진 부서, LC-DIG-ppmsc-09977

353쪽   한스 베르레만(Hans Werlemann), OMA 제공

354쪽   이완 반

357쪽   마이클 베버(Michael Weber)/이미지브로커(imageBROKER)/
AGE 포토스톡

358쪽   © 슈허(Shu He)/VIEW

359쪽   줄리안 캐슬(Julian Castle)/arcaidimages.com

362쪽   © 롤란드 할베(Roland Halbe)

363쪽   © 피터 쿡/VIEW

365쪽   © 피터 쿡/VIEW

366쪽   © 롤란드 할베

368쪽   © 키스 헌터(Keith Hunter)/arcaidimages.com

7장

377쪽   디노디아 포토(Dinodia Photos)/알라미 스톡 포토

379쪽   케이 M. 채머러(Kai M. Caemmerer)

381쪽   세라 윌리엄스 골드헤이건

384쪽   크리스토발 팔마(Cristobal Palma)/에스튜디오 팔마(Estudio Palma)

385쪽   타티아나 빌바오 에스튜디오(Tatiana Bilbao Estudio)

389쪽   세라 윌리엄스 골드헤이건

395쪽   윌슨즈트래블스 스톡(WilsonsTravels Stock)/알라미 스톡 포토

398쪽   위: 존 호르너(John Horner)/
멜버른 디자인학교, 존 와들 건축 회사와 NADAAA 합작

398쪽   아래: 에밀리 애슐리(Emile Ashley)/헬렌 앤드 하드 제공

주

들어가며

1 이 문단에서 사용한 데이터의 출처는 다음과 같다. The United States Census Bureau, Projections of the Size and Composition of the U.S. Population: 2014 to 2060 Population Estimates and Projections Current Population Reports, by Sandra L. Colby and Jennifer M. Ortman (March 2015);census.gov/popclock/. en.wikipedia.org/wiki/List_of_metropolitan_areas_of_the_United_States. 2015); census.gov/popclock/; en.wikipedia.org/wiki/List_of_metropolitan_areas_of_the_United_States; Jennifer Seal Cramer and William Browning, "Transforming Building Practices trhough *Biophilic Design*," ed. *Stephen R. Kellert, Judith Heerwagen, and Martin L. Mador, ed., Biophilic Design: The Theory, Science, and Practice of Bringing Buildings to Life* (New York: Wiley, 2008), 335 – 46.

2 Arthur C. Nelson, "Toward a New Metropolis: The Opportunity to Rebuild America," Brookings Institution (2004), brookings.edu/~/media/research/files/reports/2004/12/metropolitanpolicy-nelson/20041213_rebuildamerica.pdf.

3 United Nations un.org/esa/population/publications/sixbillion/sixbilpart1.pdf. 다음 저서는 과잉 도시화를 향해 가는 전 세계적인 추세를 이해하게 도와

준다. Shlomo Angel, *Planet of Cities* (Cambridge, MA: Lincoln Institute of Land Policy, 2012).

4   United Nations, Department of Economic and Social Affairs, Population Division, *World Urbanization Prospects: The 2014 Revision*, esa.un.org/unpd/wup/CD-ROM/.

5   "Preparing for China's Urban Billion," Global McKinsey Institute (March 2009); 다음도 참고하라. esa.un.org/wup2009/unup/index.asp?panel=1 (자료 검색을 도와준 크리스토포 로가츠에게 감사한다). 중국은 2030년까지 2년마다 뉴욕 크기의 새로운 도시를 만들어야 한다는 계산이 나온다. http://special.globaltimes.cn.2010-11/597548.html.

6   Stephen Kellert, *Building for Life: Designing and Understanding the Human-Nature Connection* (Washington, DC: Island Press, 2005), 90 – 122; 다음도 참고하라. William A. Shutkin, *The Land That Could Be: Environmentalism and Democracy in the 21st Century* (Cambridge, MA: MIT Press, 2000).

7   "Churchill and the Commons Chamber," parliament.uk/about/living-heritage/building/palace/architecture.

8   이 문단에서는 지난 반세기 동안 도시화와 관련해 가장 영향력 있는 책 여러 권을 인용했다. Jane Jacobs, *The Death and Life of Great American Cities* (New York: Random House, 1961/『미국 대도시의 죽음과 삶』, 그린비, 2010); Oscar Newman, *Defensible Space: Crime Prevention Through Urban Design* (New York: Macmillan, 1973); William H. Whyte, *The Social Life of Small Urban Spaces* (Ann Arbor, MI: Edwards Brothers, 1980); Jan Gehl, *Cities for People* (Washington, DC: Island Press, 2010/『사람을 위한 도시』, 국토연구원, 2014) and *Life Between Buildings: Using Public Space* (Washington, DC: Island Press, 2011/『삶이 있는 도시디자인』, 푸른솔, 2003).

9   Gaston Bachelard, *The Poetics of Space* (Boston: Beacon Press, 1964/『공간의 시학』, 동문선, 2003); Edward Casey, *Getting Back into Place: Toward a Renewed Understanding of the Place-World*, 2nd ed. (Bloomington, IN: Indiana University Press, 2009).

10 오키프는 쥐의 뇌에서 인간의 뇌에도 존재하는 장소를 인식하는 신경세포를 발견했고 마이브리트와 에드바르 모세르는 길 찾기에 사용하는 격자세포

를 발견했다. 다음 논문을 참고하기 바란다. Marianne Fyhn et al., "Spatial Representation in the Entorhinal Cortex," *Science* 305, no. 5688 (August 27, 2004): 1258 – 264; Edvard I. Moser et al., "Grid Cells and Cortical Representation," *Nature Reviews Neuroscience* 15 (2014): 466 – 81; Edvard I. Moser et al., "Place Cells, Grid Cells, and the Brain's Spatial Representation System," *Annual Review of Neuroscience* 31 (2008): 69 – 89.

11 　존 B. 에버하르트(John B. Eberhard)가 쓴 다음 책은 신경건축학회 회원들의 관련 분야에 대한 초기 연구 성과를 보여준다(에버하르트는 이 학회의 창립자다). *Brain Landscape: The Coexistence of Neuroscience and Architecture* (New York: Oxford University Press, 2008) and *Architecture and the Brain: A New Knowledge Base from Neuroscience* (Atlanta: Greenway, 2007). 다음도 참고하기 바란다. Harry Mallgrave, *The Architect's Brain: Neuroscience, Creativity, and Architecture* (New York: Wiley-Blackwell, 2010); Harry Mallgrave, *Architecture and Embodiment: The Implications of the New Sciences and Humanities for Design* (New York: Routledge, 2013); Juhani Pallasmaa, *The Eyes of the Skin* (Hoboken, NJ: Wiley, 2008/『건축과 감각』, 스페이스타임, 2013); Sarah Robinson and Pallasmaa, eds., *Mind in Architecture: Neuroscience, Embodiment, and the Future of Design* (Cambridge, MA: MIT Press, 2013). 다음도 참고하라. Ann Sussman and Justin B. Hollander, *Cognitive Architecture: Designing for How We Respond to the Built Environment* (New York: Routledge, 2015). 도시 디자인을 광범위하게 다룬 훌륭한 작품 두 편도 소개한다. Charles Montgomery, *Happy City: Transforming Our Lives Through Urban Design* (New York: Farrar, Straus, 2013/『우리는 도시에서 행복한가: 행복한 도시를 꿈꾸는 사람들의 절박한 탐구의 기록들』, 미디어윌, 2014) and Colin Ellard, *Places of the Heart: The Psychogeography of Everyday Life* (New York: Bellevue, 2015/『공간이 사람을 움직인다: 마음을 지배하는 공간의 비밀』, 더 퀘스트, 2016).

12 　John Dewey, *Art as Experience* (New York: Perigee Books, 1934/『경험으로서의 예술』, 책세상, 2003): 37; 마크 존슨은 다음에서 듀이와 함께 경험, 체화에 관한 멋진 논의를 펼친다. "The Embodied Meaning of Architecture," ed. Robinson and Pallasmaa, *Mind in Architecture*, (Cambridge, MA: MIT Press, 2013): 33 – 50.

13   Eleanor A. Maguire et al.; "Navigation-Related Structural Change in the Hippocampi of Taxi Drivers," *Proceedings of the National Academy of Sciences of the United States of America* 97, no. 8 (2000): 4398 – 403; Eleanor A. Maguire et al., "Navigation Expertise and the Human Hippocampus: A Structural Brain Imaging Analysis," *Hippocampus* 13 (2003): 208 – 17.

14   인용 출처. "Marin City Redevelopment," *Progressive Architecture* 41 (November 1960): 153; Joan Meyers-Levy and Rui Zhu, "The Influence of Ceiling Height: The Effect of Priming on the Type of Processing People Use," *Journal of Consumer Research* 34 (August 2007): 174 – 86.

1장

1   Goldhagen, "Boring Buildings: Why Is American Architecture So Bad?" *American Prospect* (December 2001).

2   UN Habitat, "Slums of the World: The Face of Urban Poverty in the New Millennium?" (2003) and "UN Habitat, The Challenge of Slums: Global Report on Human Settlements" (2003); Daniel Tovrov, "Five Biggest Slums in the World," *International Business Times* (December 2011), ibtimes.com/5-biggest-slums-world-381338; "5 Largest Slums in the World", http://borgenproject.org/5-largest-slums-world/.

3   Andrew Baum et al., "Stress and the Environment," *Journal of Social Issues* (January 1981): 4 – 35; Andrew Baum and G. E. Davis, "Reducing the Stress of High-Density Living: An Architectural Intervention," *Journal of Personality and Social Psychology* 38, no. 3 (1980): 471 – 81; Robert Gifford, *Environmental Psychology: Principles and Practices*, 5th ed. (Optimal Books, 2013/『환경 심리학: 이론과 실제 제5판』, 옵티멀 북스, 2013), 253 – 54; Upali Nanda et al., "Lessons from Neuroscience: Form Follows Function, Emotion Follows Form," *Intelligent Buildings International* 5, suppl. 1 (2013): 61 – 78; Esther M. Sternberg and Matthew A. Wilson, "Neuroscience and Architecture: Seeking Common Ground," *Cell* 127, no. 2 (2006): 239 – 42.

4   Peter Barrett, Yufan Zhang, et al., "A Holistic, Multi-Level Analysis Iden-
     tifying the Impact of Classroom Design on Pupils' Learning," *Building and
     Environment* 59 (2013): 678 – 79.

5   Gifford, *Environmental Psychology*, 330; C. Kenneth Tanner, "Effects of
     School Design on Student Outcomes," *Journal of Educational Administra-
     tion* 47, no. 3 (2009): 381 – 399; Rotraut Walden, ed., *Schools for the Future:
     Design Proposals from Architectural Psychology* (New York: Springer, 2015),
     1 – 10: 월든은 가장 좋은 교실이란 "배움의 공간처럼 보이기보다는 개별화된
     편안한 거실 같아야 한다"라고 썼다.

6   John Zeisel, *Inquiry by Design: Environment/Behavior/Neuroscience in Archi-
     tecture, Interiors, Landscape and Planning*, rev. ed. (New York: Norton, 2006),
     12; Lisa Heschong, "An Investigation into the Relationship between Day-
     lighting and Human Performance: Detailed Report," Heschong Mahone
     Group for Pacific Gas & Electric Company (1999); Simone Borrelbach,
     "The Historical Development of School Buildings in Germany," in ed.
     Walden, Schools for the Future, 51 – 88.

7   Gifford, *Environmental Psychology*, 308 – 12.

8   누벨 인용, theguardian.com/artanddesign/2010/jul/06/jean-nou-
     vel-sepentine-pavilion.

9   Hessan Ghamari et al.; "Curved Versus Sharp: An MRI-Based Exam-
     ination of Neural Reactions to Contours in the Built Healthcare Envi-
     ronment," conference paper, 2014; Oshin Vartanian et al., "Impact of
     Contour on Aesthetic Judgments and Approach-Avoidance Decisions in
     Architecture," *Proceedings of the National Academy of Sciences 110, suppl. 2*
     (2011): 10446 – 453. 다음도 참고하라. Christian Rittelmeyer, cited in Ro-
     traut Walden, ed., *Schools for the Future* (Springer, 2015), 98 – 99; Nancy F.
     Aiken, *The Biological Sources of Art* (Westport, CT: Praeger, 1998), 17.

10   붉은색을 '보는' 것이 어떻게 붉은색을 보는 '경험'이 되는지에 대한 흥미로운
     논의가 궁금하면 다음을 참고하기 바란다. Nicholas Humphrey, *Seeing Red: A
     Study in Consciousness* (Cambridge, MA: Harvard University Press, 2009/『빨
     강 보기』, 이음, 2014).

11   Sally Augustin, *Place Advantage: Applied Psychology for Interior Architecture* (Hoboken, NJ: Wiley, 2009), 142; Joy Monice Malnar and Frank Vodvarka, *Sensory Design* (Minneapolis: University of Minnesota, 2004), 205 – 6.

12   Esther M. Sternberg, *Healing Spaces: The Science of Place and Well-Being* (Cambridge, MA: Harvard University, 2009/『공간이 마음을 살린다』, 더퀘스트, 2013), 35 – 42.

13   infrastructurereportcard.org/a/#p/grade-sheet/gpa; nytimes.com/2014/01/15/business/international/indiasinfrastructure-projects-stalled-by-red-tape.html?_r=0.

14   Marianne Fay and Mary Morrison, "Infrastructure in Latin America and the Caribbean: Recent Developments and Key Challenges," The World Bank (Report number 32640, 2005).

15   Roger Ulrich, "Biophilic Theory and Research for Healthcare Design," in ed. Stephen R. Kellert, Judith Heerwagen, and Martin Mador, *Biophilic Design* (Hoboken, NJ: Wiley, 2008), 87 – 106; Kellert, "Dimensions, Elements, and Attributes of Biophilic Design," in *Biophilic Design*, 3 – 19; Sandra A. Sherman et al., "Post Occupancy Evaluation of Healing Gardens in a Pediatric Center" in ed. Cor Wagenaar, *The Architecture of Hospitals* (Rotterdam: Nai Publishers, 2006), 330 – 51.

16   Commission for Architecture and the Built Environment (UK), *People and Places: Public Attitudes Toward Beauty* (2010).

17   Rachel Kaplan, "The Nature of the View from Home: Psychological Benefits," *Environment and Behavior* (2001): 507 – 42; Rachel Kaplan, "Environmental Appraisal, Human Needs, and a Sustainable Future," in ed. Tommy Gärling and Reginald G. Golledge, *Behavior and Environment: Psychological and Geographical Approaches* (Amsterdam: Elsevier, 1993): 117 – 40.

18   worldcitiescultureforum.com/data/of-public-green-spaceparks-and-gardens.

19   환경보호국은 1970년대에 주거 지역 외부 소음 기준을 55dB로 규정했다. WHO는 1999년, 50dB을 기준으로 할 것을 권고했다. World Health Or-

ganization, *Guidelines for Community Noise*, ed. Birgitta Berglund, Thomas Lindvall, and Dietrich H. Schwela, 1999. 뉴욕시 지하철에 관한 정보는 다음을 참고했다. Lisa Goines and Louis Hagler, "Noise Pollution: A Modern Plague," *Southern Medical Journal* 100, no. 3 (2007): 287 – 94. 60dB 이상의 소음에 노출되면 뇌졸중으로 병원에 입원할 가능성이 높아진다. 하지만 많은 도시에서 낮 시간 소음은 75dB을 상회한다. Jaana I. Halonen et al., "Long-term Exposure to Traffic Pollution and Hospital Admissions in London," *Environmental Pollution* 208, part A (2016): 48 – 57. 런던 그리고 아마 런던과 비슷한 규모의 세계적인 대도시들에서 소음 수준이 50~55dB로 측정되는 경우는 도시 공원이나 안마당 내부 또는 한밤중뿐일 것이다. info.acoustiblok. com/blog/bid/70023/Noise-Pollution-Ranking-America-s-Noisiest-Cities; theatlanticcities.com/neighborhoods/2012/05/just-how-bad-noise-pollution-our-health/2008/.

20 Malnar and Vodvarka, *Sensory Design*, 138 – 39; D. Balogh et al., "Noise in the ICU," *Intensive Care Medicine* 19, no. 6 (1993): 343 – 46.

21 Baum et al., "Stress and the Environment," 23 – 25; Malnar and Vodvarka, *Sensory Design*, 138 – 39.

22 I. Busch-Vishniac et al., "Noise Levels in Johns Hopkins Hospital," *Journal of the Acoustical Society of America* 118, no. 6 (2005): 3629 – 645.

23 WHO, *Guidelines for Community Noise*, 47 – 49.

24 Arline L. Bronzaft, "The Effect of a Noise Abatement Program on Reading Ability," *Journal of Environmental Psychology* 1, no. 3 (1981): 215 – 22; 다음에서 인용. Gifford, *Environmental Psychology*, 309.

25 Ellen Dunham-Jones and June Williamson, *Retrofitting Suburbia: Urban Design Solutions for Redesigning Suburbs* (Hoboken, NJ: Wiley, 2009), 17, 235.

26 미국 주택 건축 산업의 금전 지향성과 디자인 방식에 대한 설명은 다음에 잘 나타나 있다. Anthony Alofsin, *Dream Home: What You Need to Know Before You Buy* (CreateSpace Independent Publishing Platform, 2013). 미국 건축 산업의 지독한 부조리와 시장 비효율성(다양한 혁신을 저해하고 질 낮은 건축물을 탄생시키는 데 크게 기여했다)에 대해서는 다음 책을 참고하기 바란다. Barry B. LePatner, *Broken Buildings, Busted Budgets: How to Fix America's*

Trillion-Dollar Construction Industry (Chicago: University of Chicago, 2008).

27 미국 토지 사용 규정의 구시대적인 비효율성에 대해서는 다음을 참고하기 바란다. Edward Glaeser, *Triumph of the City: How Our Greatest Invention Makes Us Richer, Smarter, Greener, Healthier, and Happier* (New York: Penguin, 2011/ 『도시의 승리: 도시는 어떻게 인간을 더 풍요롭고 더 행복하게 만들었나?』, 해냄출판사, 2011). 시대착오적이고 비효율적인 지자체의 건축 법규와 토지 사용 규정이 궁금하면 다음을 참고하라. Jonathan Barnett, "How Codes Shaped Development in the United States, and Why They Should Be Changed," in ed. Stephen Marshall, *Urban Coding and Planning* (New York: Routledge, 2011), 200 – 26.

28 Richard J. Jackson with Stacy Sinclair, *Designing Healthy Communities* (Hoboken, NJ: Wiley, 2012), 10; 잭슨의 웹사이트도 참고하라. Jackson's website: designinghealthycommunities.org/.

29 Michael Mehaffey and Richard J. Jackson, "The Grave Health Risks of Unwalkable Communities," *Atlantic Cities*, citylab.com/design/2012/06/ grave-health-risks-unwalkable-communities/2362/.

30 Robert D. Putnam, *Bowling Alone: The Collapse and Revival of American Community* (New York: Simon & Schuster, 2000/『나 홀로 볼링: 사회적 커뮤니티의 붕괴와 소생』, 페이퍼로드, 2016); Charles Montgomery, *Happy City*, 146 – 75.

31 Montgomery, *Happy City*, 227 – 50.

32 자극이 적은 조경과 건축이 어떻게 사람들의 건강과 행복을 해치는 스트레스를 발생시키는지에 대해서는 다음을 참고하기 바란다. Henk Staats, "Restorative Environments," in ed. Susan D. Clayton, *Oxford Handbook of Environmental and Conservation Psychology* (New York: Oxford University Press, 2012), 445 – 58; Colin Ellard, *Places of the Heart*, 107 – 8; V. S. Ramachandran, *The Tell-Tale Brain: A Neuroscientist's Quest for What Makes Us Human* (New York: Norton, 2011/『명령하는 뇌, 착각하는 뇌: 당신의 행동을 지배하는 뇌의 두 얼굴』, 알키, 2012), 218 – 44; Montgomery, *Happy City*, 91 – 115; 가장 최근에 발표된 기초 연구 종합 내용은 다음을 참고하라. Jacoba Urist, "The Psychological Cost of Boring Buildings," *New York*, April 2016: ny-

mag.com/scienceofus/2016/04/the-psychological-cost-of-boring-build-ings.html.

33   Donna Tartt, *The Goldfinch* (New York: Little, Brown, 2013/『황금방울새』, 은행나무, 2015), 221 – 22.

34   표면 기반 신호를 지각하는 것은 인간의 다감각적 본성이다. 나무에 대한 인간의 지각을 연구한 연구 결과에 따르면 사람은 진짜 나무와 가짜 나무를 귀신같이 분간할 수 있다고 한다. Krista Overvliet and Salvador Soto-Faraco, "I Can't Believe This Isn't Wood! An Investigation in the Perception of Naturalness," *Acta Psychologica* 136, no. 1 (2011): 95 – 111.

35   Erich Moskowitz, "True Cost of Big Dig Exceeds \$24 Billion with Interest, Officials Determine," *Boston.com* (July 10, 2012), boston.com/metrodesk/2012/07/10/true-cost-big-dig-exceeds-billion-with-interest-officials-determine/AtR5AakwfEyORFSeSpBn1K/story.html.

36   Casey Ross, "Greenway Funds Fall Short as Costs Rise," *Boston.com*, April 19, 2010; boston.com/business/articles/2010/04/19/greenway_hit_by_rising_costs_drop_in_state_funds/. 다음도 참고하라. Sarah Williams Goldhagen, "Park Here," *New Republic*, October 6, 2010.

37   LePatner, *Broken Buildings*; Steven Kieran and James Timberlake, *Refabricating Architecture: How Manufacturing Methodologies Are Poised to Transform Building Construction* (New York: McGraw-Hill, 2003/『건축의 재구성』, 시공문화사, 2006), 23.

38   One WTC에 관한 내용은 다음을 참고하라. Sarah Williams Goldhagen, *Architectural Record*, January 2015.

39   현대 건축 교육에 대해 가장 신랄하게 비판한 글은 런던에서 발행한 《아키텍처럴 리뷰(Architectural Review)》에 2011년, 2012년 두 해에 걸쳐 연재된 피터 뷰캐넌(Peter Buchanan)의 「대대적인 재검토: 건축 교육에 대해 다시 생각하다(The Big Rethink: Rethinking Architectural Education)」로 온라인에서도 열람할 수 있다. 건축 교육 재구성에 대한 뷰캐넌의 제안 가운데 일부는 다음 책에도 등장한다. D. Kirk Hamilton and David H. Watkins, *Evidence-Based Design for Multiple Building Types* (Hoboken, NJ: Wiley, 2008), 1-26. 책에서는 의뢰인과 시장에 대한 건축가의 디자인 접근법을 수정해 제시했다. 증

거 기반 디자인(EBD)은 주로 보건의료 시설에서 사용한다(해밀턴과 왓킨스는 학교나 직장처럼 더 많은 기관에서 이 디자인을 활용해야 한다고 주장했다). EBD의 기준은 엄격하며 실제로 그래야만 한다. 여기에서 제안하는 접근법은 EBD 원칙을 포함하고 있지만 이 원칙은 더 넓은 영역에까지 확대할 수 있다. 크리스토퍼 알렉산더는 EDB 접근법을 초기부터 지지했으며 가장 잘 알려진(적어도 건축가들에게는) 인물 가운데 하나다. *A Pattern Language: Towns, Buildings, Construction* (New York: Oxford University Press, 1976/『패턴 랭귀지』, 인사이트, 2013). 그러나 알렉산더가 '증거'라고 생각한 것이 현대의 기준과는 맞지 않을 수도 있다. 이 책을 포함해 알렉산더가 이후 발표한 책에는 디자인에 대한 예리한 관찰과 상식적인 권고, 시대 역행적이고 반근대적인 원리가 섞여 있다. 어느 책에서도 인간의 지각과 인지의 비합리성에 대해 체계적으로 다루지는 않았다.

40   뷰캐넌은 「대대적인 재검토」, 《아키텍처럴 리뷰》(2012)에서 너무 많은 주요 건축 학교가 '겉보기만 그럴싸한 독창성을 추구한다'고 비판했다. 다음도 함께 참고하기 바란다. David Halpern, "An Evidence-Based Approach to Building Happiness," in *Building Happiness: An Architecture to Make You Smile, ed. Jane Wernick* (London: Black Dog, 2008), 160–61.

41   스펙은 이 말을 다음에서 인용했다. Martin C. Pedersen, "Step by Step, Can American Cities Walk Their Way to Healthy Economic Development?," *Metropolis*, October 2012: 30. 학생들이 규모를 정확하게 파악하는 데 필요한 기본적인 도구 훈련을 제대로 받지 못하는 상황에 대한 평가가 궁금하면 다음을 참고하라. Tim Culvahouse, "Learning How Big Things Are," tculvahouse.tumblr.com/post/123316363707/learning-how-big-thingsare.

42   사진이 전체적인 건축 환경과 일부 건축적 공간을 왜곡시키는 방식이 궁금하면 짐머만의 다음 글들을 참고하라. "Photography into Building in Postwar Architecture: The Smithsons and James Stirling," *Art History*, April 2012: 270–87; "The Photographic Image from Chicago to Hunstanton," in ed. M. Crinson and C. Zimmerman, *Neo-avant-garde and Postmodern: Postwar Architecture in Britain and Beyond* (New Haven: Yale University Press, 2010), 203–28; "Photographic Modern Architecture: Inside 'The New Deep,'" *Journal of Architecture* 9, no. 3 (2004): 331–54; "The Monster Magnified:

Architectural Photography as Visual Hyperbole," *Perspecta* 40 (2008): 132 – 43.

43 Lawrence Cheek, "On Architecture: How the New Central Library Really Stacks Up," *Seattle Post-Intelligencer*, March 26, 2007.

44 안토니오 다마지오는 (윌리엄 제임스에 이어) 인간의 감정은 신체에 기반한다고 주장한다. Antonio Damasio, *The Feeling of What Happens: Body and Emotion in the Making of Consciousness* (New York: Harcourt Brace, 1999), 1 – 51. 그는 "감정은 몸을 극장으로 사용한다"(p.51)라며 감정이란 외부 경험 또는 그 경험에 대한 내면적 표상에 대한 우리 신체 내부의 환경 변화라고 설명한다. 공간 탐색을 비롯한 환경적 지각의 다양한 측면과 인간 감정의 관계를 잘 설명한 글이 궁금하면 다음을 참고하기 바란다. Elizabeth A. Phelps, "Human Emotions and Memory: Interactions of the Amygdala and Hippocampal Complex," *Current Opinion in Neurobiology* 14 (2004): 198 – 202.

45 앤서니 기든스는 전문가의 의견에 의존하는 것이 현재와 같은 삶의 방식의 결과 가운데 하나라고 주장한다. *The Consequences of Modernity* (Stanford, CA: Stanford University Press, 1991/『포스트 모더니티』, 민영사, 1991).

46 전형적이지 않은 정보를 처리하려면 전형적인 정보를 처리할 때보다 더 많은 에너지가 필요하다. William R. Hendee and Peter N. T. Wells, *The Perception of Visual Information* (New York: Springer, 1997). 대니얼 카너먼은 다음 책에서 '단순 노출 효과'에 있어 이례적인 발견의 역학에 대해 논의한다. Daniel Kahneman, *Thinking, Fast and Slow* (New York: Farrar, Straus, 2010/『생각에 관한 생각』, 김영사, 2012), 66. 사람들이 무언가를 객관적으로 규범적이라고 생각하게 만드는 과정이 궁금하면 103쪽을 참고하기 바란다. 단순 노출 효과가 장소 애착을 발달시키는 데 중요한 역할을 한다고 밝혀낸 연구가 있는 반면 그 관련성에 의문을 제기하는 연구도 있다. 10개의 연구 내용을 메타 분석한 결과 단순 노출 효과와 장소 애착의 관계는 중간 또는 약한 정도로 나타났다. Kavi M. Korpela, "Place Attachment," *Oxford Handbook of Environmental and Conservation Psychology*, 152.

47 스티븐 핑커(Steven Pinker)는 다음 책에서 이 전통적인 시각을 지속적으로 유지하며 예술은 '우리의 쾌락을 자극하는' 장치일 뿐이라고 주장한다. *How the Mind Works* (New York: Norton, 1997/『마음은 어떻게 작동하는가』, 동녘

사이언스, 2007), 539. 물론 핑커는 건축 환경이 아닌 예술 전반에 관한 이야
기를 한 것이다. 좀 더 진보한 시각이 궁금하면 다음을 참고하라. V. S. Ramachandran and W. R. Hirstein, "The Science of Art: A Neurological Theory of Aesthetic Experience," *Journal of Consciousness Studies* 6, nos. 6 – 7
(1999), 15 – 51; Ramachandran, *The Tell-Tale Brain*, 241 – 45.

2장

1   맹시는 인지신경과학과 시지각 연구에서 잘 알려진 현상으로 인간의 의식
을 이해하는 데 큰 도움을 준다. 이와 관련된 논의는 다음에 잘 나타나 있다.
Güven Güzeldere et al., "The Nature and Function of Consciousness:
Lessons from Blindsight," *The New Cognitive Neurosciences*, 2nd ed., ed. Michael S. Gazzaniga (Cambridge, MA: MIT Press, 2000), 1277 – 284. 좌뇌
무시와 불타는 집에 관한 연구는 다음 논문에도 등장한다. John C. Marshall
and Peter W. Halligan, "Blindsight and Insight in Visuo-Spatial Neglect,"
Nature 336, no. 6201 (1988): 766 – 67.

2   Angela K.-y. Leung et al., "Embodied Metaphors and Creative 'Acts,'"
Psychological Science 23 (2012): 502 – 9.

3   Michael L. Slepian et al.; "Shedding Light on Insight: Priming Bright
Ideas," *Journal of Experimental Social Psychology* 46, no. 4 (2010): 696 – 700.
밝은 빛이 감정에 어떤 영향을 미치는지 궁금하면 다음을 참고하라. Alison
Jing Xu and Aparna A. Labroo, "Turning on the Hot Emotional System
with Bright Light," *Journal of Consumer Psychology* 24, no. 2 (2014): 207 –
16.

4   Oshin Vartanian et al.; "Impact of Contour on Aesthetic Judgements and
Approach-Avoidance Decisions in Architecture," *Proceedings of the National
Academy of Science 10, suppl. 2* (2013): 10446 – 453: Ori Amir, Irving Biederman, and Kenneth J. Hayworth, "The Neural Basis for Shape Preference," *Vision Research* 51, no. 20 (2011): 2198 – 206.

5   이쯤에서 체화된 인지 개념을 소개하는 것이 효과적일 듯하다. 누군가는 '기

반 인지'라고도 부르지만 나는 '상황 인지'라는 용어를 선호한다. 서로 매우 관계가 깊지만 완전히 겹친다고 보기는 어려운 이 개념들은 인지신경과학 분야에서 점차 사실로 확증되고 있는 인지의 새로운 패러다임을 구성하는 데 큰 역할을 한다. 체화된 인지에 관한 글은 방대하며 그 수 또한 증가하고 있다. 그 가운데 내게 많은 도움을 준 문헌들을 소개하겠다. Lawrence W. Barsalou and Mark Johnson. By Barsalou: "Grounded Cognition," *Annual Review of Psychology* 59 (2008): 617 – 45; "Grounded Cognition: Past, Present and Future," *Topics in Cognitive Science* 2 (2010): 716 – 24, and Barsalou et al., "Social Embodiment," in ed. Brian H. Ross, *The Psychology of Learning and Motivation: Advances in Research and Theory* 43 (2003): 43 – 92. Mark Johnson, *The Body in the Mind: The Bodily Basis of Meaning, Imagination, and Reason* (Chicago: University of Chicago, 1987/『마음 속의 몸』, 철학과현실사, 2000); Johnson, *Meaning of the Body: Aesthetics of Human Understanding* (Chicago: University of Chicago, 2008/『몸의 의미: 인간 이해의 미학』, 동문선, 2012), and Johnson with George Lakoff, *Philosophy in the Flesh: The Embodied Mind and Its Challenge to Western Thought* (New York: Basic Books, 1999/『몸의 철학』, 박이정, 2002).

심리학과 인지신경과학의 최근 연구 결과는 체화된 마음 패러다임을 점차 확증해주고 있다. 다음에 잘 제시되어 있다. *The Cambridge Handbook of Situated Cognition*, ed. Philip Robbins and Murat Aydede (New York: Cambridge University Press, 2009); *The Routledge Handbook of Embodied Cognition*, ed. Lawrence Shapiro (New York: Routledge, 2014); Raymond W. Gibbs Jr., *Embodiment and Cognitive Science* (New York: Cambridge University Press, 2005); Evan Thompson, *Mind in Life: Biology, Phenomenology, and the Sciences of the Mind* (Cambridge, MA: Harvard University Press, 2007/『생명 속의 마음: 현상학, 생물학, 심리과학』, 도서출판b, 2016).

6 Barsalou, "Grounded Cognition," 619, 635. 여기에 기반 인지와 체화된 인지의 관계가 설명되어 있다(plato.stanford.edu/entries/embodied-cognition/#MetCog). 그는 1998년까지만 해도 '기반 인지에 대한 회의론이 널리 퍼져 있었지만' 지금은 전반적으로 많이 받아들여지고 있다고 말한다. 또한 다음에서는 "모든 체화된 인지 이론에는 인지적 표상과 작용은 신체적 문맥

에 기반한다는 관념이 깔려 있다"라고 설명한다. Paula M. Niedenthal and Barsalou, "Embodiment in Attitudes, Social Perception, and Emotion," *Personality and Social Psychology Review* 9, no. 3: 184–211, 186.

7 Johnson, *Meaning of the Body*, 25–35.

8 W. Yeh and Barsalou, "The Situated Nature of Concepts," *American Journal of Psychology 119*, no. 3 (2006): 349–84.

9 안토니오 다마지오는 자신의 저서에서 사고의 비의식적이고 체화된 본질을 강조했다. *Descartes' Error: Emotion, Reason, and the Human Brain* (New York: G.P. Putnam's, 1994/『데카르트의 오류』, 중앙문화사, 1999); Self Comes to Mind: Constructing the Conscious Brain (New York: Pantheon, 2010). 앞서 언급한 책도 참고하라. *The Feeling of What Happens*. 다음도 참고하라. George Engel, "The Need for a New Medical Model: A Challenge for Biomedicine," *Science* 196, no. 4286 (1977): 129–36.

10 Kahneman, *Thinking, Fast and Slow*, 24, 200.

11 심적 시뮬레이션에 관한 내용은 체화된 인지와 거울 뉴런을 다룬 문헌에서 광범위하게 논의된다. Barsalou, "Grounded Cognition," Barsalou, "Perceptual Symbol Systems," *Behavioral and Brain Sciences* 22 (1999): 577–660; Damasio, *Feeling of What Happens and Self Comes to Mind*; Anjan Chatterjee and Oshen Vartanian, "Neuroaesthetics," in Trends in Cognitive Science 18 (2014): 370–75; Vittorio Gallese and Corrado Sinigaglia, "What Is So Special about Embodied Simulation?" *Trends in Cognitive Science* 15, no. 11 (2011): 512–19, and Vittorio Gallese, "Being Like Me: Self-Other Identity, Mirror Neurons, and Empathy," in ed. Susan Hurley and Nick Chater, *Perspectives on Imitation: From Neuroscience to Social Science*, vol. 1 (Cambridge, MA: MIT Press, 2005), 108–18.

12 가브리엘 크레이먼(Gabriel Kreiman), 크리스토프 코흐(Christof Koch), 이차크 프리드(Itzhak Fried)는 이미지를 직접 볼 때 작동하는 뉴런 가운데 88퍼센트가 이미지를 머릿속으로 떠올리거나 시뮬레이션할 때도 작동한다는 사실을 알아냈다. "Imagery Neurons in the Human Brain," *Nature* 408 (November 16, 2000): 357–361. 브루노 랭(Bruno Laeng)과 우니 술루트베트(Unni Sulutvedt)는 빛을 바라보는 경험을 심적으로 시뮬레이션하기만 해도 마치 진

짜 빛을 본 것처럼 동공이 확장된다는 사실을 밝혀냈다. "The Eye Pupil Adjusts to Imaginary Light," *Psychological Science* 25, no. 1 (2014): 188 – 97. 다감각과 교차양상 지각에 대해 더 알고 싶거든 다음을 참고하라. Mark L. Johnson, "Embodied Reason," in *Perspectives on Embodiment: The Intersections of Nature and Culture*, ed. Gail Weiss and Honi Fern Haber (New York: Routledge, 1999), 81 – 102. 감각 운동 인지에 대한 내용은 다음에 잘 나와 있다. Erik Myin and J. Kevin O'Regan, "Situated Perception and Sensation in Vision and Other Modalities: A Sensorimotor Approach," *Cambridge Handbook of Situated Cognition*, 185 – 97.

13 일례로 바버라 트베르스키(Barbara Tversky)는 인간의 공간 지각을 "현재 장면을 순간적으로 내면화한 이미지라기보다는 인간이 살고 있는 공간 세계에 대해 지속적으로 이어지는 개념"이라고 설명했다. "Structures of Mental Spaces: How People Think About Space," *Environment and Behavior* 35, no.1 (2003), 66 – 80. 시뮬레이션에 대한 신경학적 기초와 관련해서는 다음을 참고하기 바란다. Jean Decety and Julie Grèzes, "The Power of Simulation: Imagining One's Own and Other's Behavior," *Brain Research* 1079, no. 1 (2006): 4 – 14.

14 Johnson, *Meaning of the Body*.

15 Harry Mallgrave, *The Architect's Brain*, 189 – 206.

16 Philip Merikle and Meredyth Daneman, "Conscious vs. Unconscious Perception," *The New Cognitive Neurosciences*, 2nd ed., ed. Michael S. Gazzaniga (Cambridge, MA: MIT Press, 2000), 1295 – 303. 대니얼 카너먼은 『생각에 관한 생각』에서 '시스템 1' '시스템 2'로 부르며 비의식적 사고를 의식적 사고와 구분했다. 하지만 시스템 1이 현실에 부합하는 인지를 만들어내는 데 실패하면 시스템 2가 동적으로 가동한다고 설명했다. 7장에서도 썼듯이 나는 다양한 상황에 따라 비의식적 인지가 의식적 인지로 바뀔 수 있다는 스펙트럼 개념을 선호한다. 비의식적, 의식적 인지에 대해 내가 선호하는 모델이 궁금하면 다음을 참고하기 바란다. Stanislas Dehaene, *The Cognitive Neuroscience of Consciousness* (Cambridge, MA: MIT Press, 2001).

17 바버라 트베르스키는 환경에 반응하는 두 가지 방식을 설명했다. 첫 번째는 지각에 의한 방식, 두 번째는 기억에 의한 방식이다. Barbara Tversky, "Spatial

Cognition," *Cambridge Handbook*, 205.

18 Merikle and Daneman, "Conscious vs. Unconscious Perception," *The New Cognitive Sciences*; J. M. Ackerman, C. C. Nocera, and John A. Bargh, "Incidental Haptic Sensations Influence Social Judgments and Decisions," *Science* 328, no. 5986 (2010): 1712–715.

19 E. S. Cross, A. F. Hamilton, and S. T. Grafton, "Building a Motor Simulation de Novo: Observation of Dance by Dancers," *NeuroImage* 31, no. 3 (2006): 1257–267. 논문 저자들은 무용가들에게 낯선 다른 무용가들의 춤을 보게 하면서 관찰한 결과 본인들이 춤을 출 때 작동하는 것과 같은 뉴런이 작동한다는 사실을 알아냈다. 자신이 직접 춤을 출 때처럼 마음속으로 몸의 움직임을 시뮬레이션하고 있었던 것이다.

20 Lera Boroditsky and Michael Ramscar, "The Roles of Body and Mind in Abstract Thought," *Psychological Science* 13, no. 2 (2002): 185–89; Barbara Tversky, "Spatial Cognition," *Cambridge Handbook*, and Tversky, "The Structure of Experience," in ed. T. Shipley and J. M. Zachs, *Understanding Events* (Oxford: Oxford University Press, 2008), 436–64; Catherine L. Reed and Martha J. Farah, "The Psychological Reality of the Body Schema: A Test with Normal Participants," *Journal of Experimental Psychology: Human Perception and Performance* 21, no. 2 (1995): 334–43, and Catherine L. Reed, "Body Schemas," in A. Meltzoff and W. Prinz, eds., *The Imitative Mind* (Cambridge: Cambridge University Press, 2002), 233–43.

21 Antonio Damasio, *The Feeling of What Happens*, 1–60.

22 입에 연필 물기 연구. Paula M. Niedenthal, "Embodying Emotion," *Science* 316, no. 5827 (2007): 1002–5.

23 Niedenthal, "Embodying Emotion"; Paula M. Niedenthal, Lawrence Barsalou et al., "Embodiment in Attitudes, Social Perception, and Emotion," *Personality and Social Psychology Review* 9, no. 3 (2005): 184–211.

24 바버라 트베르스키는 사달라와 스타플랜의 연구 결과를 근거로 사람들이 길을 갈 때 모퉁이를 돌수록 자신이 걸은 거리를 길게 인식한다고 설명한다. Tversky, "Spatial Cognition," *Cambridge Handbook of Situated Cognition*, 207.

25 데이비드 차일즈(David Childs)가 저자와 나눈 개인적인 대화, 2014년 12월.

434

26   Richard Pommer, *In the Shadow of Mies: Ludwig Hilberseimer: Architect, Educator, and Urban Planner* (New York: Rizzoli, 1988).

27   별 배열에 대한 웨젠느의 발언은 다음에 인용되었다. T. J. Clark, *The Painting of Modern Life: Paris and the Art of Manet and His Followers* (New York: Knopf, 1984), 42. 그리드의 비인간적인 측면이 궁금하면 '건축과 현대 과학의 위기'로 시작하는 알베르토 페레즈고메즈(Alberto Perez-Gomez)의 글을 읽어보라.

28   T. Hafting et al., "Microstructure of a Spatial Map in the Entorhinal Cortex," *Nature* 436 (2005): 801 – 6; Niall Burgess, "How Your Brain Tells You Where You Are," TED Talks, ted.com/talks/neil_burgess_how_your_brain_tells_you_where_you_are/transcript?language=en. 장소 식별 세포와 그리드 세포 연구를 비롯해 이 책에서 거론한 공간 탐색에 관한 신경학적 연구는 인간이 아닌 쥐를 대상으로 진행되었다. 하지만 인간의 공간 탐색 체계는 쥐의 그것과 동일한 방식으로 작동한다고 알려져 있다.

29   Neil Levine, "Frank Lloyd Wright's Diagonal Planning Revisited," in ed. Robert McCarter, *On and By Frank Lloyd Wright: A Primer of Architectural Principles* (New York: Phaidon, 2012), 232 – 63.

30   Stephen Kieran and James Timberlake, *Refabricating Architecture: How Manufacturing Methodologies Are Poised to Transform Building Construction* (New York: McGraw-Hill, 2004).

31   낸시 에이킨(Nancy Aiken)은 『예술의 생물학적 원천(Biological Sources)』에서 행동주의자들이 주로 사용하는 더 전통적인 용어를 써서 무조건 반응이라고 표현했다. Roger Ulrich, "Biophilia, Biophobia, and Natural Landscapes" in ed. Stephen Kellert and Edmund O. Wilson, *The Biophilia Hypothesis* (Washington, DC: Shearwater, 1993), 78 – 138.

32   Esther Sternberg, *Healing Spaces*, 51 – 74.

33   Sally Augustin, *Place Advantage*, 111 – 34.

34   Ellard, *Places of the Heart*, 107 – 24; Jacoba Urist, "The Psychological Cost of Boring Buildings," *Science of Us* (April 2016).

35   Judith H. Heerwagen and Bert Gregory, "Biophilia and Sensory Aesthetics" in ed. Stephen R. Kellert, Judith H. Heerwagen, and Martin L. Ma-

dor, *Biophilic Design: The Theory, Science, and Practice of Bringing Buildings to Life* (Hoboken, NJ: Wiley, 2008), 227 – 41.

36　Brent Berlin and Paul Kay, *Basic Color Terms: Their Universality and Evolution* (Berkeley: University of California Press, 1970); Henry Sanoff and Rotraut Walden, "School Environments" in *Oxford Handbook of Environmental and Conservation Psychology*, 276 – 94; Sternberg, *Healing Spaces*, 24 – 53; Augustin, *Place Advantage*, 48, 142; Adam Alter, *Drunk Tank Pink: And Other Unexpected Forces That Shape How We Think, Feel, and Behave* (New York: Penguin, 2013/『만들어진 생각, 만들어진 행동: 당신의 감정과 판단을 지배하는 뜻밖의 힘』, 알키, 2014), 157 – 80.

37　Maurice Merleau-Ponty, *Phenomenology of Perception*, trans. Colin Smith (New York: Routledge, 1962/『지각의 현상학』, 문학과지성사, 2002), 211.

38　은유와 구체적인 경험이 궁금하면 다음을 참고하기 바란다. Lawrence W. Barsalou, "Grounded Cognition," 617 – 45.

39　George Lakoff and Mark Johnson, *Metaphors We Live By* (Chicago: University of Chicago, 1980/『삶으로서의 은유』, 박이정, 2006); Lera Boroditsky, "Metaphoric Structuring: Understanding Time through Spatial Metaphors," *Cognition* 75 (2000): 1 – 28; James Geary, *I Is an Other: The Secret Life of Metaphor and How It Shapes the Way We See the World* (New York: Harper, 2011). 건축에서의 은유가 궁금하면 다음을 참고하기 바란다. Goldhagen, "Aalto's Embodied Rationalism," in ed. Stanford Anderson, Gail Fenske, and David Fixler, *Aalto and America* (New Haven: Yale University Press, 2012), 13 – 35, and Brook Muller, "Metaphor, Environmental Receptivity, and Architectural Design," unpublished.

40　클리포드 기어츠(Clifford Geertz)는 은유가 '한 차원에서는 모순적인 감각'을 생성하고(현실에서 물과 비슷한 건물은 없다) '다른 차원에서는 의미의 유입'이 일어나게 한다(수영장은 재미와 어린 시절, 자유로움, 건강, 자연 등을 떠올리게 한다)고 썼다. Clifford Geertz, *The Interpretation of Cultures* (New York: Basic Books, 1973), 210. Thomas W. Schubert and Gün R. Semin, "Embodiment as a Unifying Perspective for Psychology," *European Journal of Social Psychology* 39, no. 7 (2009): 1135 – 141. 과장의 미적 효과가 궁금하면

다음에 등장하는 라마찬드란의 '정점 변경(peakshift)' 개념을 참고하라. Ramachandran and Hirstein's "The Science of Art: A Neurological Theory of Aesthetic Experience."

41 '중요한 것은 크다'를 비롯한 여러 은유는 다음 책에 잘 나타나 있다. Lakoff and Johnson's *Metaphors We Live By* and in *Philosophy in the Flesh*, 47 – 87. 높이를 권력과 연관시키는 특성에 대해서는 다음을 참고하라. Thomas W. Schubert, "Your Highness: Vertical Positions as Perceptual Symbols of Power," *Journal of Personality and Social Psychology* 89, no. 1 (2005): 1 – 21. 높이와 신성의 관련성에 대해서는 다음을 참고하라. Brian P. Meier et al., "What's 'Up' With God: Vertical Space as a Representation of the Divine," *Journal of Personality and Social Psychology* 93, no. 5 (2007): 699 – 710.

42 Joshua M. Ackerman, Christopher C. Nocera, and John A. Bargh, "Incidental Haptic Sensations Influence Social Judgments and Decisions," *Science* 328, no. 5986 (2010): 1712 – 715; Nils B. Jostmann, Daniël Lakens, and Thomas W. Schubert, "Weight as an Embodiment of Importance," *Psychological Science* 20, no. 9 (2009): 1169 – 174; Hans Ijzerman, Nikos Padiotis, and Sander L. Koole, "Replicability of Social-Cognitive Priming: The Case of Weight as an Embodiment of Importance," *SSRN Electronic Journal* (April 2013). 일부 심리학자가 클립보드 실험을 재현했지만 기존과 같은 결과를 얻지 못했다. 내 생각은 이렇다. 비록 특정 실험을 재현해서 똑같은 결과를 얻어내지 못했더라도 인간의 인지 패턴에 은유가 깊게 깔려 있다는 사실을 증명하는 연구 결과는 충분히 많다.

43 Eric R. Kandel, *In Search of Memory: The Emergence of a New Science of Mind* (New York: Norton, 2006/『기억을 찾아서: 노벨상을 수상한 위대한 천재 과학자 에릭 캔들의 삶을 통해 보는 뇌와 기억의 과학』, 랜덤하우스코리아, 2009).

44 카너먼은 『생각에 관한 생각』에서 '단순 맥락 효과(mere context effect)'에 대해 논했다. 기포드는 『환경 심리학: 이론과 실제』에서 이를 '낯익은 맥락 효과(familiar context effect)'라고 불렀다(p.307).

45 Eric Kandel, *In Search of Memory*, 281 – 95; Barbara Maria Stafford, *Echo*

Objects: The Cognitive Work of Images (Chicago: University of Chicago, 2007), 107 – 8. 기억과 감정의 연관성에 대해서는 다음을 참고하라. Antonio Damasio, The Feeling of What Happens, and Damasio, *Self Comes to Mind: Constructing the Conscious Brain* (New York: Pantheon, 2010), Elizabeth A. Phelps, "Human Emotion and Memory: Interactions of the Amygdala and Hippocampal Complex," *Current Opinion in Neurobiology* 14, no. 2 (2004): 198 – 202.

46   Matthew A. Wilson, "The Neural Correlates of Place and Direction," in *The New Cognitive Neurosciences*, 2nd ed., ed. Michael S. Gazzaniga (Cambridge, MA: MIT Press, 2000), 589 – 600. 장소 세포는 계량적(타인 중심적) 정보와 맥락 관련(타인 중심적이고 자기 중심적) 정보를 둘 다 가지고 있다.

47   엘레나 페란테(Elena Ferrante)의 나폴리풍 소설 전반에 걸쳐 이런 경향이 극적으로 나타난다. 주인공인 엘레나와 릴라는 자신들이 유년기를 보낸 빈곤한 지역과 비교해 자신들의 과거, 현재, 미래의 모습을 정의하곤 한다.

3장

1   체화된 인지와 관련 문헌에 대해서는 이미 앞서 주석에서 설명한 바 있지만 몇 개 문헌을 추가하고자 한다. Linda B. Smith, "Cognition as a Dynamic System: Principles from Embodiment," *Developmental Review* 25 (2005): 278 – 98; Alan Costall and Ivan Leudar, "Situating Action I: Truth in the Situation," *Ecological Psychology* 8, no. 2 (1996): 101 – 10; Tim Ingold, "Situating Action VI: A Comment on the Distinction Between the Material and the Social," *Ecological Psychology* 8, no. 2 (1996): 183 – 87, and Tim Ingold, "Situating Action V: The History and Evolution of Bodily Skills," *Ecological Psychology* 8, no. 2 (1996): 171 – 82.

2   Ramachandran, *Tell-Tale Brain*, 37, 86.

3   Catherine L. Reed, "What Is the Body Schema?," in ed. Andrew N. Meltzoff, *The Imitative Mind: Development, Evolution, and Brain Bases* (New York: Cambridge University Press, 2002), 233 – 43. 트베르스키도 신체 스키마에

대한 기본 내용을 간단하게 설명하고 있다. Tversky, in "Spatial Cognition," *Cambridge Handbook of Situated Cognition*, 201–16. 앞서 언급한 신체 스키마에 대한 린다 스미스의 논문은 신체 움직임을 통한 신체 스키마의 발달을 강조한다.

4   Donald A. Norman, *The Design of Everyday Things*, rev. ed. and Norman, *Emotional Design: Why We Love (or Hate) Everyday Things* (New York: Basic Books, 2003/『도널드 노먼의 디자인과 인간 심리』, 학지사, 2016). 여기서는 일상적인 디자인 대상이 어떻게 인간의 비의식적 인지와 타인 중심적 신체의 관심을 끌도록(또는 끌지 못하도록) 디자인되는지 논한다.

5   RRichard Joseph Neutra, *Survival Through Design* (New York: Oxford University Press, 1954), 58.

6   Alvar Aalto, "Rationalism and Man," in *Alvar Aalto in His Own Words*, ed. Alvar Aalto and Göran Schildt (New York: Rizzoli, 1998), 89–93.

7   Peter Calthorpe, *The Next American Metropolis: Ecology, Community, and the American Dream* (New York: Princeton Architectural Press, 1995). 그는 대중교통과 연결되는 '보행자 포켓(pedestrian pockets)'을 제안했다.

8   Peter Zumthor, *Atmospheres* (Zurich: Birkhäuser, 2006), 29.

9   Aalto, in ed. Aalto and Schildt, *In His Own Words*, 269–75.

10   면적에 대해서는 다음을 참고하기 바란다. cityofchicago.org/city/en/depts/dca/supp_info/millennium_park_-artarchitecture.html.

11   유팔리 난다(Upali Nanda)는 이렇게 썼다. "길을 가는 사람 눈에는 건물의 1층과 포장도로, 거리에서 일어나는 일 외에는 별로 보이는 것이 없다." *Sensthetics: A Crossmodal Approach to Sensory Design* (Berlin: VDM Verlag Dr. Mueller, 2008), 57.

12   Marcello Constantini et al., "When Objects Are Close to Me: Affordances in the Peripersonal Space," *Psychonomic Bulletin and Review* 18, no. 2 (2011): 302–8; Alain Berthoz and Jean-Luc Petit, The *Physiology and Phenomenology of Action*, trans. Christopher Macann (Oxford: Oxford University Press, 2008), 49–57.

13   James J. Gibson, *The Senses Considered as Perceptual Systems*, rev. ed. (New York: Praeger, 1983); James J. Gibson, *The Ecological Approach to Visual Per-*

ception (New York: Psychology Press, 1986); Berthoz and Petit, *Physiology and Phenomenology*, 2, 66. Anthony Chemero, "What We Perceive When We Perceive Affordances: A Commentary on Michaels," *Ecological Psychology* 13, no. 2 (2001): 111 – 16; Anthony Chemero, "An Outline of a Theory of Affordances," *Ecological Psychology* 15, no. 2 (2003): 181 – 95; Anthony Chemero, "Radical Empiricism through the Ages," review of Harry Heft, *Ecological Psychology in Context: James Gibson, Roger Barker, and the Legacy of William James's Radical Empiricism, Contemporary Psychology* 48, no. 1 (2003): 18 – 21; Patrick R. Green, "The Relationship between Perception and Action: What Should Neuroscience Learn from Psychology?" *Ecological Psychology* 13, no. 2 (2001): 117 – 22, Keith S. Jones, "What Is an Affordance?," *Ecological Psychology* 15, no. 2 (2003): 107 – 14.

14   '세상에 대해 생각하는 행위 또한 행동이며 이는 주의를 어디에 집중하느냐에 따라 변경할 수 있다.' Berthoz and Petit, *Physiology and Phenomenology*, 51. 다음도 참고하기 바란다. Green, "The Relation between Perception and Action," *Ecological Psychology* 13, no. 2 117 – 122, and Boris Kotchoubey, "About Hens and Eggs: Perception and Action, Ecology and Neuroscience: A Reply to Michaels," *Ecological Psychology* 13, no. 2 (2001): 123 – 33.

15   Marcello Constantini, "When Objects Are Close to Me," *Psychonomic Bulletin*, 302 – 8.

16   우리는 팔 길이 정도의 규모를 근공간으로 인식한다. Matthew R. Longo and Stella F. Lourenco, "Space Perception and Body Morphology: Extent of Near Space Scales with Arm Length," *Experimental Brain Research* 177, no. 2 (2007): 285 – 90.

17   Fred A. Bernstein, "A House Not for Mere Mortals," *New York Times*, April 2008; nytimes.com/2008/04/03/garden/03destiny.html.

18   Lakoff and Johnson, *Philosophy in the Flesh*, 51.

19   J. Decety and J. Grèzes, "The Power of Simulation: Imagining One's Own and Other's Behavior," *Brain Research* 1079, no. 1 (2006): 4 – 14; R. H. Desai et al., "The Neural Career of Sensory-Motor Metaphors,"

Journal of Cognitive Neuroscience 23, no. 9 (2011): 2376 – 86; Lakoff and Johnson, *Philosophy in the Flesh*, 20 – 21.

20   Harry Mallgrave, *The Architect's Brain*, 189 – 206.

21   Daniel Levitin, *This Is Your Brain on Music: The Science of a Human Obses-sion* (New York: Dutton, 2006/『뇌의 왈츠: 세상에서 가장 아름다운 강박』, 마티, 2008). 이 책에는 소리와 관련한 경험이 인간의 정서 상태에 얼마나 깊은 영향을 주는지 잘 나타나 있다. R. Murray Shafer, *The Soundscape* (Mer-rimack, MA: Destiny Books, 1993/『사운드 스케이프: 세계의 조율』, 그물코, 2008).

22   차단 효과에 대한 논의가 궁금하면 다음을 참고하라. Jean-François Augoyard and Henri Torgue, *Sonic Experience: A Guide to Everyday Sounds* (Montreal: Queen's-McGill University Press, 2006). Barry Blesser and Linda-Ruth Salter, *Spaces Speak, Are You Listening?* (Cambridge, MA: MIT Press, 2009). Augoyard and Torgue, Sonic Experience; Mirko Zardini, ed., *Sense of the City: An Alternate Approach to Urbanism* (Montreal: Canadian Centre for Architecture and Lars Müller Publishers, 2005).

23   Blesser and Salter, *Spaces Speak*, 89.

24   경외감은 시간이 천천히 흐르는 것처럼 느끼게 만든다. Melanie Rudd, Kath-leen D. Vohs, and Jennifer Aaker, "Awe Expands People's Perception of Time, Alters Decision Making, and Enhances Well-Being," *Psychological Science* 23, no. 10 (2012): 1130 – 136. 경외감이 친사회적인 생각과 행동을 어떻게 증진시키는지 궁금하면 다음을 참고하기 바란다. Anna Mikulak, "All About Awe," *Association for Psychological Science Observer* (April 2015); psy-chologicalscience.org/index.php/publications/observer/2015/april-15/all-about-awe.html, and Paul K. Piff, "Awe, the Small Self, and Prosocial Behavior," *Journal of Personality and Social Psychology*, 108, no. 8 (2015): 883 – 99.

4장

1   레이철과 스티븐 캐플런은 학계에서 처음으로 인간이 진화의 결과로서 생물
학적으로 자연과 조화를 이루게 되었다는 의견을 주장했다. 자연 안에 있으면
소모된 주의 자원을 보충함으로써 스트레스를 경감할 수 있다. Kaplan and
Kaplan, *The Experience of Nature: A Psychological Perspective* (New York:
Cambridge University Press, 1989), and Stephen Kaplan, "The Restor-
ative Benefits of Nature: Toward an Integrative Framework," *Journal
of Environmental Psychology* 15, no. 3 (1995): 169–82; Stephen Kaplan,
"Aesthetics, Affect, and Cognition: Environmental Preference from an
Evolutionary Perspective," *Environment and Behavior* 19, no. 1 (1987): 3–32.
Dozens 수많은 후속 연구가 캐플런 부부의 주의 회복 이론(Attention Resto-
ration Theory, 일명 ART)을 입증하고 다듬었다. Paul A. Bell et al., *Environ-
mental Psychology*, 5th ed. (New York: Psychology Press, 2005/『환경심리학』,
시그마프레스, 2003).

2   '조망과 피신' 가설은 다음에서 처음 제시되었다. Jay Appleton, *The Experience
of Landscape* (Hoboken, NJ: Wiley, 1975). 비록 인간 진화에 관한 낡은 개념
(인간이 동아프리카 사바나 지역에서만 진화했다는 내용)에 바탕을 두긴 했지
만 연구 결과 인간은 조망과 피신이 가능한 경관에 생물학적으로 강하게 끌린
다는 사실을 증명했다. Judith H. Heerwagen and Gordon H. Orians, "Hu-
mans, Habitats, and Aesthetics," 138–72 in ed. Kellert and Wilson, *The
Biophilia Hypothesis*(흥미롭게도 저자들은 조망과 피신을 선호하는 데 성별 차
이가 존재한다고 주장한다. 여성은 피신이 가능한 곳을, 남성은 조망이 가능
한 곳을 더 선호한다). Kellert, "Elements of Biophilic Design" and Ulrich,
"Biophilia, Biophobia," in ed. Kellert and Wilson, *The Biophilia Hypoth-
esis*, 129, 73–137. John Falk and John Balling, "Evolutionary Influence
on Human Landscape Preference," in *Environment and Behavior* 42, no. 4
(2010): 479–93. 우리의 적응성과 놀라운 인지적 유연성을 길러준, 초기 인간
들이 살았던 다양한 풍경에 관한 최신 의견이 궁금하다면 다음을 참고하기 바
란다. Steven R. Quartz and Terrence J. Senjowski, *Liars, Lovers, and Heroes:
What the New Brain Science Reveals about How We Become Who We Are* (New

York: HarperCollins, 2002/『거짓말쟁이 연인 그리고 영웅』, 소소, 2005). 건축에 있어 조망과 피신에 대한 다른 의견이 궁금하면 다음을 참고하라. Grant Hildebrand, *The Wright Space: Pattern and Meaning in Frank Lloyd Wright's Houses* (Seattle, WA: University of Washington Press, 1991).

3   Ulrich, "Biophilia, Biophobia," in ed. Kellert and Wilson, *The Biophilia Hypothesis*, 96; Colin Ellard, *Places of the Heart*, 29 – 51; Commission for Architecture and the Built Environment (UK), People and Places.

4   Andrea Taylor et al., "Growing Up in the Inner City: Green Spaces as Places to Grow," *Environment and Behavior* 30, no. 1 (1998): 3 – 27. See also Rebekah Levine Coley, William C. Sullivan, and Frances E. Kuo, "Where Does Community Grow? The Social Context Created by Nature in Urban Public Housing," *Environment and Behavior* 29, no. 4 (1997): 488 – 94. 프랜시스 쿠오(Frances Kuo)의 웹사이트에서는 자연이 인지와 감정 조절, 행동 등에 미치는 영향에 대한 다양한 연구 결과를 찾을 수 있다. lhhl.illinois.edu/all.scientific.articles.htm.

5   Michelle Kondo et al., "Effects of Greening and Community Reuse of Vacant Lots on Crime," *Urban Studies* (2015): 1 – 17; Austin Troy, J. Morgan Grove, and Jarlath O'Neil-Dunne, "The Relationship between Tree Canopy and Crime Rates across an Urban-Rural Gradient in the Greater Baltimore Region," *Landscape and Urban Planning* 106, no. 3 (2012): 262 – 70; Koley, Sullivan, and Kuo, "Where Does Community Grow? The Social Context Created by Nature in Urban Public Housing"; Frances E. Kuo and William C. Sullivan, "Environment and Crime in the Inner City: Does Vegetation Reduce Crime?," *Environment and Behavior* 33, no. 3 (2001): 343 – 67.

6   Commission for Architecture and the Built Environment (UK) *People and Places*, 24 – 42; Suzanne Nalbantian, *Memory in Literature: From Rousseau to Neuroscience* (New York: Palgrave Macmillan, 2003), 85 – 140.

7   Augustin, *Place Advantage*, 187 – 188; Rachel Kaplan, "The Role of Nature in the Context of the Workplace," *Landscape and Urban Planning* 26 (1993): 193 – 201; Rachel Kaplan, "The Nature of the View from Home: Psy-

chological Benefits," *Environment and Behavior* 33, no. 4 (2001): 507 – 42;
Ilknur Turkseven Dogrusoy and Mehmet Tureyen, "A Field Study on
Determination of Preferences for Windows in Office Environments,"
Building and Environment 42, no. 10 (2007): 3660 – 668. 연구 결과 사무용 건
물의 환기 수준을 두 배로 높이면 건물 사용자들의 인지 수행 능력이 급상승
한다는 사실이 밝혀졌다. Joseph G. Allen et al., "Associations of Cognitive
Function Scores with Carbon Dioxide, Ventilation, and Volatile Organic
Compound Exposures in Office Workers: A Controlled Exposure Study
of Green and Conventional Office Environments," *Environmental Health
Perspectives* (October 2015), online.

8   Judith H. Heerwagen and Gordon H. Orians, "Adaptations to Window-
lessness: A Study of the Use of Visual Decor in Windowed and Win-
dowless Offices," *Environment and Behavior* 18, no. 5 (1986): 623 – 39; Phil
Leather et al., "Windows in the Workplace: Sunlight, View, and Occupa-
tional Stress," *Environment and Behavior* 30, no. 6 (1998): 739 – 62; Anjali
Joseph, "The Impact of Light on Outcomes in Healthcare Settings,"
Center for Health Design issue paper #2, August 2006, healthdesign.org/
chd/research/impact-light-outcomes-healthcaresettings; John Zeisel and
Jacqueline Vischer, *Environment/Behavior/Neuroscience Pre & Post Occupancy
of New Offices* (Society for Neuroscience, 2006).

9   Sandra A. Sherman et al., "Post Occupancy Evaluation of Healing Gar-
dens in a Pediatric Center," in Cor Wagenaar, ed., *The Architecture of Hos-
pitals*, 330 – 51. (환자가 아닌) 건강한 사람들을 대상으로 여러 번 연구를 수
행한 결과 진짜 혹은 모방한 자연 환경에 짧은 시간 노출되면 놀라울 정도로
정신생리학적 회복이 일어난다는 사실을 밝혀냈다. '길어도 3~5분, 짧으면 20
초 안에 효과가 나타난다.'

10   이 문단에서 소개한 정보는 다음을 참고했다. Heschong, "An Investigation,"
Heschong Mahone Group. 다음도 참고하기 바란다. Judith Heerwagen,
"Investing in People: The Social Benefits of Sustainable Design," cce.ufl.
edu/wpcontent/uploads/2012/08/Heerwagen.pdf; Phil Leather et al., "The
Physical Workspace," in ed. Stavroula Leka and Jonathan Houdmont,

Occupational Health Psychology (Hoboken, NJ: Wiley-Blackwell, 2010), 225 – 49; Zeisel and Vischer, *Environment/Behavior/Neuroscience*; Nanda and Pati, "Lessons from Neuroscience," ANFA presentation 2012.

11 Malnar and Vodvarka, *Sensory Design*, 199 – 228.

12 Jennifer A. Veitch, "Work Environments," in ed. Susan Clayton, *Oxford Handbook of Environmental and Conservation Psychology*, 248 – 75.

13 최근에는 인간이 여러 번 주거지를 옮긴 원인이 불안정한 날씨 패턴과 인간의 이주 때문이라는 증거에 근거한 더 복잡한 시나리오들이 출현했다. 다음을 참고하기 바란다. Quartz and Sejnowski, *Liars, Lovers, and Heroes*.

14 Upali Nanda, "Art and Mental Health," *Healthcare Design Magazine*, September 21, 2011.

15 Julian Hochberg, "Visual Perception in Architecture," *Via: Architecture and Visual Perception* 6 (1983): 27 – 45.

16 Ellard, *Places of the Heart*, 37 – 46.

17 "파르테논은 그 안에 있는 관념을 전달하는 세계에서 가장 멋진 건물 가운데 하나다. 파르테논은 말 그대로 세계 속의 세계다." Louis I. Kahn, ed. Robert Twombley, *Louis I. Kahn: Essential Texts* (New York: Norton, 2003), 160. 감정에 대한 인지의 의존에 대해서는 다음을 참고하라. Damasio, *The Feeling of What Happens*.

18 Kahn, quoted in H. F. S. Cooper, "The Architect Speaks," *Yale Daily News*, November 6, 1953, 2.

19 Semir Zeki, "The Neurology of Ambiguity," *Consciousness and Cognition* 13 (2004): 173 – 96; Damasio, *Descartes' Error: Emotion, Reason, and the Human Brain* (New York: Penguin, 1994), 148 – 60; Harry Mallgrave, *Architecture and Embodiment*, 38 – 45.

20 Pinker, *How the Mind Works*, summarizing David Marr, 213.

21 형태 기반 신호와 표면 기반 신호의 차이는 다음을 참고하라. Irving Biederman, "Recognizing Depth-Rotated Objects: A Review of Recent Research and Theory," *Spatial Vision* 13 (2001): 241 – 53; Biederman, "Recognition-by-Components: A Theory of Human Image Understanding," *Psychological Review* 94, no. 2 (1987): 115 – 47; O. Amir, Irving Biederman,

and K.J. Hayworth, "The Neural Basis for Shape Preferences," *Vision Research* 51, no. 20 (2011): 2198 – 206.

23   George Lakoff and Rafael Nuñez, *Where Mathematics Comes From: How the Embodied Mind Brings Mathematics into Being* (New York: Basic Books, 2000); Véronique Izard et al., "Flexible Intuitions of Euclidean Geometry in an Amazonian Indigene Group," *Proceedings of the National Academy of Sciences* 108, no. 24 (2011): 9782 – 787; Elizabeth Spelke, Sang Ah Lee, and Véronique Izard, "Beyond Core Knowledge: Natural Geometry," *Cognitive Science* 34, no. 5 (2010): 863 – 84; Berthoz and Petit, *Physiology and Phenomenology*. 자코모 리촐라티(Giacomo Rizzolatti)는 입체 도형 가운데 추상적 구조로서 단순하게 인식되는 것은 없으며 "대상을 인식하는 유기체에 대상의 실용적 기회를 구체화해 보여준다"라고 썼다. Anna Berti and Giacomo Rizzolatti, "Coding Near and Far Space," in ed. Hans-Otto Karnath, A. David Milner, and Giuseppe Valler, *The Cognitive and Neural Bases of Spatial Neglect* (New York: Oxford University Press, 2003), 119 – 29.

24   Berthoz and Petit, *Physiology and Phenomenology*, 1 – 6. 다르게 말하자면 '해석이 전혀 없는' 순수한 감각이란 존재하지 않는다(p.48).

25   다음 분석 내용 가운데 일부는 시각 인지에 대한 다음의 설명에 기반을 둔다. Melvyn A. Goodale and David Milner, *Sight Unseen: An Exploration of Conscious and Unconscious Vision* (New York: Oxford University Press, 2004).

26   표면에 대해서는 다음을 참고하라. Jonathan S. Cant and Melvyn A. Goodale, "Attention to Form or Surface Properties Modulates Different Regions of Human Occipitotemporal Cortex," *Cerebral Cortex* 17, no. 3 (2007): 713 – 31.

27   Neutra, *Survival through Design*, 25.

28   Malnar and Vodvarka, *Sensory Design*, 129 – 52.

29   Vittorio Gallese and Alessandro Gattara, "Embodied Simulation, Aesthetics, and Architecture," in ed. Sarah Robinson and Juhani Pallasmaa, *Mind in Architecture*, 161 – 79. 저자들은 164쪽에서 이렇게 썼다. "체화된 시뮬레이션은 건축의 미학적 측면들을 드러낸다. …… 창의적인 행동의 은밀한 상호주관적 본질을 나타냄으로써 물리적 대상, 상징적 표현의 생산물은 창조자와 관

람자의 상호주관적 관계의 중재인이 된다."

30   Neutra, *Survival Through Design*, 74.

31   이 문단과 다음 문단에 나오는 거울 뉴런과 카논 뉴런의 정보는 다음을 참고
      했다. L. F. Aziz-Zadeh et al., "Lateralization in Motor Facilitation during
      Action Observation: A TMS Study," *Experimental Brain Research* 144, no.
      1 (2002): 127 – 31; Damasio, *Self Comes to Mind*, 102 – 103; Erol Ahin and
      Selim T. Erdo An, "Towards Linking Affordances with Mirror/Canonical
      Neurons," unpublished (pdf); Vittorio Gallese and Alessandro Gattara,
      "Embodied Simulation, Aesthetics, and Architecture" (161 – 80) and
      Harry Francis Mallgrave, "Know Thyself: Or What Designers Can Learn
      from the Contemporary Biological Sciences" (9 – 31) in ed. Robinson
      and Pallasmaa, *Mind in Architecture*; David Freedberg and Vittorio Gallese,
      "Motion, Emotion and Empathy in Esthetic Experience," *Trends in Cognitive Science* 11, no. 5 (2007): 197 – 203; Giacomo Rizzolatti and Maddelena
      Fabbri Destro, "Mirror Neurons," *Scholarpedia* 3, no. 1 (2008): 2055. See
      also Eric Kandel, *The Age of Insight: The Quest to Understand the Unconscious
      in Art, Mind, and Brain, from Vienna 1900 to the Present* (New York: Random
      House, 2012/『통찰의 시대: 뇌과학이 밝혀내는 예술과 무의식의 비밀』, 알에
      이치코리아, 2014), 418 – 20.

32   Lawrence E. Williams and John A. Bargh, "Experiencing Physical Warmth
      Promotes Interpersonal Warmth," *Science* 322, no. 5901 (2008): 606 – 7;
      Brian P. Meier et al., "Embodiment in Social Psychology," *Topics in Cognitive Science* (2012): 705 – 16. 관련 연상에 깔려 있는 체화된 은유가 궁금하면
      다음을 참고하라. Lakoff and Johnson, *Philosophy in the Flesh*, 45 – 46.

33   Joshua M. Ackerman, Christopher C. Nocera, and John A. Bargh, "Incidental Haptic Sensations Influence Social Judgments and Decisions,"
      Science 328, no. 5986 (2010): 1712 – 715.

34   Siri Carpenter, "Body of Thought: Fleeting Sensations and Body Movements Hold Sway Over What We Feel and How We Think," *Scientific
      American Mind*, January 1, 2011: 38 – 45, 85.

35   Pinker, *Mind*, 299 – 362.

36   Johnson, *Meaning of the Body*, 160 – 61; Tversky, "Spatial Thought, Social Thought," 17 – 39.

37   Paul Klee, *Pedagogical Sketches* (New York: Faber and Faber, 1968); E. S. Cross, A. F. Hamilton, and S. T. Grafton, "Building a Motor Simulation de Novo: Observation of Dance by Dancers," *NeuroImage* 31, no. 3 (2006): 1257 – 67.

38   Kahn, quoted in H. F. S. Cooper, "The Architect Speaks," *Yale Daily News*, November 6, 1953, 2.

39   알토의 인도적 '합리주의'가 궁금하면 앞서 언급한 골드헤이건, 「알토의 체화된 합리주의("Aalto's Embodied Rationalism")」를 참고하라.

40   다음을 보면 관련 입장이 잘 나와 있다. Christopher Alexander, *A Pattern Language; Alexander, The Nature of Order: An Essay on the Art of Building and the Nature of the Universe*, Books I – IV (Berkeley, CA: Center for Environmental Structure, 2002); Andreas Duany, Elizabeth Plater-Zyberk, and Jeff Speck, *Suburban Nation: The Rise of Sprawl and the Decline of the American Dream* (New York: North Point Press, 2000).

5장

1   Roger Barker, *Ecological Psychology: Concepts and Methods for Studying the Environment of Human Behavior* (Stanford: Stanford University Press, 1968). 바커에 대한 내용은 다음을 참고하기 바란다. Ariel Sabar, *The Outsider: The Life and Times of Roger Barker* (Amazon, 2014); Phil Schoggen, *Behavior Settings: A Revision and Extension of Roger G. Barker's "Ecological Psychology"* (Stanford: Stanford University Press, 1989). 전후 초기 시대에 행동심리학계를 떠난 바커는 '행동 무대'라는 용어를 사용했다. 행동주의의 결정론적 함축(또는 의미!) 때문에 나는 마주치는 환경 속에서 선택을 내리는 인간의 통제력이 강조되는 '활동 무대'라는 용어를 선호한다.

2   Barker, *Ecological Psychology*, 4.

3   인간의 진화가 인간 정착지에 집을 지은 것과 큰 관련이 있다는 최신 설명

은 신경인류학자의 저서인 다음에 잘 나와 있다. John S. Allen, *Home: How Habitat Made Us Human* (New York: Basic Books, 2015), 13 – 116. 독방이 심리에 미치는 나쁜 영향에 대해서는 다음을 참고하라. pbs.org/wgbh/pages/frontline/criminal-justice/locked-up-in-america/what-does-solitaryconfinement-do-to-your-mind/; Mark Binelli, "Inside America's Toughest Federal Prison," *The New York Times Magazine*, March 29, 2015: 26 – 41, 56, 59.

4   Maria Lewicka, "Place Attachment: How Far Have We Come in the Last 40 Years?" *Journal of Environmental Psychology* 31, no. 3 (2011): 218.

5   U.S. Department of Housing and Urban Development, Office of Community Planning and Development, *The 2013 Annual Homeless Assessment Report (AHAR) to Congress*.

6   Rebecca Solnit, *Storming the Gates of Paradise: Landscapes for Politics* (Berkeley: University of California Press, 2008); 167.

7   Lewicka, "Place Attachment," 207 – 30; Gifford, *Environmental Psychology*, 236 – 38; Irving Altman and Martin M. Chemers, *Culture and Environment* (Monterey, CA: Brooks/Cole, 1980); Judith Sixsmith, "The Meaning of Home: An Exploratory Study of Environmental Experience," *Journal of Environmental Psychology* 6, no. 4 (1986): 281 – 98; D. G. Hayward, "Home as an Environmental and Psychological Concept," *Landscape* (1975): 2 – 9; S. G. Smith, "The Essential Qualities of a Home," *Journal of Environmental Psychology* 14, no. 1 (1994): 31 – 46.

8   John Zeisel, *Inquiry by Design*, 356.

9   Kaveli M. Korpela, "Place Attachment," *Oxford Handbook of Environmental and Conservation Psychology*, 148 – 63; Gifford, *Environmental Psychology*, 271 – 74; Zeisel, Inquiry, 147 – 150; Setha M. Low, "Cross-Cultural Place Attachment: A Preliminary Typology," in ed. Y. Yoshitake et al., *Current Issues in Environment-Behavior Research* (Tokyo: University of Tokyo, 1990).

10   Rhoda Kellogg, *Analyzing Children's Art* (New York: Mayfield, 1970) 켈로그는 전 세계 어린이들이 그린 '집' 그림 2951점을 수집했다.

11   Sally Augustin, *Place Advantage*, 69 – 88.

12   Lewicka, "Place Attachment," 218 - 24. 르위카는 이렇게 기록했다. "우리
는 사람들이 장소에 애착을 갖게 되는 과정에 대해 아직 아는 바가 적다". 동
시에 환경심리학 분야의 장소 연구에서 사회적 과정을 지나치게 강조한 탓에
장소 애착에 대한 물리적 과정은 너무 간과되고 있다고 지적했다. "인간의 감
정적 교감을 장소의 물리적 특성과 연결하는 이론은 너무 부족하다." 반대 의
견이 궁금하면 다음을 참고하라. Joanne Vining and Melinda S. Merrick,
"Environmental Epiphanies: Theoretical Foundations and Practical Ap-
plications," *Oxford Handbook of Environmental and Conservation Psychology*,
485 - 508. 맥다월의 이야기 출처는 다음을 참고하라. Montgomery, *Happy
City*, 106 - 45.

13   Barker, *Ecological Psychology*, 34 - 35. 이는 행동 유도성에 있어서도 마찬가
지다. 세계 지도는 잔잔한 유흥과 배움의 재료가 될 수도 있지만 커피테이블을
장식하는 대상이 될 수도 있고 책받침이나 커피 잔 받침, 도어스톱으로도 쓸
수 있다. Gibson, *Ecological Approach*, 37 - 38.

6장

1   Sternberg, *Healing Spaces*, 25 - 52. 차터지(Chatterjee)와 바르타니안(Varta-
nian)은 「신경미학(Neuroaesthetics)」에서 인간의 '좋아요' 체계와 '원해요'
체계의 차이를 논한다. '좋아요'는 아편제, 카나비노이드와 관련 있으며 '원해
요'는 도파민과 관련 있다.

2   Thomas Albright, "Neuroscience for Architecture," in ed. Robinson and
Palasmaa, *Mind in Architecture*, 197 - 217.

3   Sternberg, *Healing Spaces*, 25 - 52. 한편 이 수학적 형상이 우리 시각 체계에
서 갖는 의의는 여전히 논쟁의 대상이다. 콜린 엘러드의 『공간이 사람을 움직
인다』에서는 인간이 프랙털 구조를 선호한다는 추정에 대한 회의적 의견이 등
장한다(엘러드는 인간의 시각 체계가 빠른 핵심 파악을 위해 윤곽에 훨씬 더
관심을 기울인다고 주장한다). 유사하게 자연과 건축 속 황금비율을 인간이 선
호한다는 일반적 견해에 대해서도 격렬한 논쟁이 진행 중이다. 에이드리언 베
얀(Adrian Bejan)은 사람들이 황금비율에 끌리는 원인은 단지 규모가 클 경

우 황금비율에 의해 만들어낸 균형 잡힌 직사각형이 인간의 시야각에 잘 맞기 때문이라는 가설을 제기했다. "The Golden Ratio Predicted: Vision, Cognition, and Locomotion as a Single Design in Nature," *International Journal of Design and Nature and Ecodynamics* 4, no. 2 (2009): 97 – 104.

4   Kandel, Insight, 379; Ramachandran, *Tell-Tale Brain*, 200, 234 – 37; on our innate attraction to symmetry discussed in this and the following paragraphs, see, among others, Randy Thornhill and Steven Gangestad, "Facial Attractiveness," *Trends in Cognitive Science* 3, no. 2 (1999): 452 – 60; Karen Dobkins, "Visual Environments for Infants and Children," presentation at ANFA Conference 2012, Salk Institute, La Jolla, California.

5   Jan Gehl, Lotte Johansen Kaefer, and Solvejg Reigstad, "Close Encounters with Buildings," *Urban Design International* 11 (2006): 29 – 47, quoted in Colin Ellard's wonderful chapter, "Boring Places," *Places of the Heart*, 107 – 24.

6   세상 사람들은 모더니즘을 비난했다. 모더니스트들이 제안한 다양한 미학적 언어들에 본질적인 문제가 있었기 때문이 아니라 그중 단 하나, 광범위하게 사용된 기술합리주의가 형편없는 디자인과 결과물을 만들어냈기 때문이었다. 모더니즘에 대한 더 복잡하고 관대한 시각이 궁금하면 다음을 참고하기 바란다. Sarah Williams Goldhagen, "Something to Talk About: Modernism, Discourse, Style," *Journal of the Society of Architectural Historians* 64, no. 2 (2005): 144 – 67.

7   Chatterjee and Vartanian, "Neuroaesthetics," Trends in Cognitive Science; Ramachandran, *Tell-Tale Brain*, 231 – 33; Semir Zeki, *Inner Vision: An Exploration of Art and the Brain* (New York: Oxford University Press, 2000/ 『이너비전: 뇌를 보는 그림 뇌로 그리는 미술』, 시공사, 2003); Dzbic, Perdue, and Ellard, "Influence of Visual Perception on Responses in Real-World Environments," video (on YouTube), Academy of Neuroscience for Architecture conference, 2012.

8   낯설게 하기 관련 내용은 다음을 참고하라. Sarah Williams Goldhagen, *Louis Kahn's Situated Modernism* (New Haven: Yale University Press, 2001) 199 – 215.

9   이 요소들은 (전적으로는 아니지만) 사이먼 언윈(Simon Unwin)이 건축의 '수식어'라고 부른 요소들과 다소 비슷하다. *Analyzing Architecture*, 3rd ed. (New York: Routledge, 2009), 43 – 56.

10   한스게오르크 가다머(Hans-Georg Gadamer)는 『진리와 방법(Truth and Method)』에서 사람이 문학작품과 관계를 맺게 되는 때는 '아무런 의미가 없거나' 우리의 기대를 배신하는 어떤 문구를 보고 '읽는 일을 멈췄을 때'라고 설명했다(p.270). 몇 년 후, 세미르 제키는 『이너비전』에서 이에 대한 신경학적 근거를 제시하며 예술의 애매모호함이 인간의 창조적인 상상력을 활성화한다고 썼다(pp.25-28).

7장

1   Bargh, "Embodiment in Social Psychology," 11; Augustin, *Place Advantage*, 10.

2   다음 예를 참고하라. Marc Augé, *Non-Places: An Introduction to Supermodernity* (New York: Verso, 2009).

3   1994년, 카네기 태스크포스(Task Force)는 경험적으로 빈곤한 환경에서 자란 아동들은 풍성한 환경에서 자란 아동에 비해 인지 발달 지연으로 고통받을 가능성이 크다는 사실을 보고했다. Michael Mehaffy and Nikos Salingaros, "Science for Designers: Intelligence and the Information Environment," *Metropolis*, February 25, 2012: metropolismag.com/Point-of-View/February-2012/Science-for-Designers-Intelligence-and-the-Information-Environment/. 메하피와 살린가로스는 《메트로폴리스》에 프랙털과 생물 친화성을 비롯한 여러 흥미로운 주제로 글을 기고했다.

4   Martha Nussbaum, *Creating Capabilities: The Human Development Approach* (Cambridge, MA: Harvard University Press, 2011/『역량의 창조: 인간다운 삶에는 무엇이 필요한가?』, 돌베개, 2015).

5   Nussbaum, *Creating Capabilities*, loc. 466 Kindle edition.

6   Gerd Kempermann, H. Georg Kuhn, and Fred Gage, "More Hippocampal Neurons in Adult Mice Living in an Enriched Environment," *Nature*

386, no. 6624 (April 1997): 493 – 95; Alessandro Sale et al., "Enriched Environment and Acceleration of Visual System Development," *Neuropharmacology* 47, no. 5 (2004): 649 – 60; Matthew Dooley and Brian Dooley, ANFA lecture, anfarch.org/activities/Conference2012Videos.shtml; Rusty Gage, ANFA lecture, an farch.org/activities/Conference2012Videos.shtml; Kevin Barton, ANFA lecture, anfarch.org/activities/Conference2012Videos.shtml. 궁핍한 환경에서의 초기 아동 발달로 인한 인지 결핍에 대해서는 다음을 참고하라. James Heckman, Rodrigo Pinto, and Peter Savelyev, "Understanding the Mechanisms Through Which an Influential Early Childhood Program Boosted Adult Outcomes," *American Economic Review* 103, 6 (2013): 2052 – 86.

7   Antonio Damasio, *Self Comes to Mind*, 67 – 94.

8   Linda B. Smith, "Action Alters Shape Categories," *Cognitive Science* 29 (2005): 665 – 79; Linda B. Smith, "Cognition as a Dynamic System: Principles from Embodiment," *Developmental Review* 25 (2005): 278 – 98; Linda B. Smith and Esther Thelen, "Development as a Dynamic System," *Trends in Cognitive Science* 7, no. 8 (2003): 343 – 48. 이 논문들은 모두 지각을 형성하는 것은 실질적인 조작과 모방된 움직임을 요구하는 역동적인 과정이라는 사실을 증명한다.

찾아보기

"도시에서의 인간 경험을 탐구한 흥미로운 책이다. 『공간 혁명』은 지속적으로 스트레스와 인구밀도가 증가하는 현시대를 살아가는 모든 디자이너와 학생, 그리고 관심 있는 도시인들이라면 꼭 읽어야 할 필독서이다. 저자의 업적은 개인의 경험과 혁신적인 인지 연구를 결합해 우리의 건강한 삶과 환경 사이의 복잡한 관계를 보여준다는 것이다. 이 책은 인간미 넘치는 새로운 감성으로 도시 설계를 하라고 가르치는데, 이는 건강하고 지속가능한 도시를 만드는 일의 한 부분이기도 하다."

— **김미경** 청계천 복원 프로젝트 디자이너

"디자인적 사고를 하는 디자인 싱커 못지않게 날카로운 안목을 지닌 골드헤이건은 스타일과 감성이 각기 다른 다양한 시대의 예들을 제시하면서 건축, 조경, 도시를 탐구한 내용을 알기 쉽게 설명해 우리를 새로운 세계로 인도한다. 저자는 자신의 탐구 내용을 바탕으로 지금까지의 우리를 '맹시'에 비유하면서 건축 환경을 이해하고 건축하는 패러다임을 완전히 바꿔놓은, 인지신경과학과 신경심리학계에서 최근 등장한 이론들을 소개한다. 우아한 산문체로 이해하기 쉽게 써내려간 『공간 혁명』은 디자인 전문가와 학생, 비전문가들 모두에게 큰 즐거움과 자극을 선사할 것이다. 꼭 읽어봐야 할 책이다!"

— **네이더 테라니** 건축가, 쿠퍼 유니온 대학 건축학장

"우리가 사는 세계의 디자인에 대한 통찰이 담긴 이 책은, 화려한 겉껍질이 아니라 우리가 생활하고 있는 장소와 생활 방식에서부터 시작된다. 골드헤이건은 좋은 디자인이 우리의 삶을 더 나아지게 하는 방법들과, 실패한 디자인이 우리 삶을 어떻게 망칠 수 있는지를 많은 예시를 통해 상세히 보여준다."

— **바버라 트베르스키** 스탠퍼드 대학교 심리학 교수

"골드헤이건은 인지과학과 신경과학계에서 밝혀낸 새로운 사실들을 우리 세계의 건축과 연관시키는 중요한 업적을 일구어냈다. 우리는 새로 알게 된 지식을 활용해 좀 더 인간 중심적인 도시 환경을 만들어야 한다. 이 책이 말해주듯, 앞으로 더 큰 문제에 부딪히지 않으려면 지금 행동으로 옮겨야 한다."

— **콜린 엘러드** 『공간이 사람을 움직인다』 저자

"골드헤이건의 책으로 비로소 건축을 설명할 인지신경과학의 토대가 마련되었다!"

— **테렌스 세즈노프스키** 뇌과학 및 컴퓨터신경생물학자, 소크 연구소 프랜시스 크릭 교수

"골드헤이건의 소크 연구소에 대한 간략한 설명은 실제로 올해 건축에 관한 가장 새로운 글 중 하나였다. 인지신경과학의 연구 성과를 적

용한 감각, 인지, 행동을 동시에 조명하는 이 책은 인간 경험에 기초한 건축 이론을 완성했다."

— **토마 몽슈** 건축가, 콜롬비아 대학교 건축대학원 교수

"제인 제이콥스와 에이다 루이스 헉스터블이 남긴 유산을 이은 골드헤이건은 건축 환경이 우리의 일상에 미치는 영향력을 노련하게 설명한다. 『공간 혁명』은 우리가 도시를 더 건강하고 공정하고 번성한 곳으로 만들게 도와줄 것이다. 매우 강력한 힘을 지닌 책이다."

— **페이스 로즈** 뉴욕시 공공디자인위원회 및 공공설계위원회 이사

"세라 윌리엄스 골드헤이건의 관점은 신선할 뿐만 아니라 깊고 흥미로우며 낙관적이다. 자신의 삶에 긍정적인 변화를 바라는 독자를 위해 강력히 추천한다!"

— 《**북리스트**》

"골드헤이건의 분석은 실용적이고 쉽게 이해할 수 있다. 좋은 디자인의 기준이 되어줄 중요한 이론들과 현대에 필요한 진보적인 디자인이 무엇인지 꼼꼼하게 짚어주고 있다. 신중하게 디자인된 건축 환경이 우리의 삶을 어떻게 개선해주는지 한눈에 살필 수 있다."

— 《**키커스 리뷰**》

"골드헤이건은 지금까지 건축 환경 조성을 주도해온 건축업자와 부동산 관계자들의 논리보다 사람을 배려한 디자인이 필요하다는 것을 열정과 설득력을 담아 호소한다.『공간 혁명』은 독자들의 이해를 돕기 위해 우리에게 익숙한 일상의 장소들을 비롯해 세계 곳곳을 예시로 들어주는 친절한 책이다."

— 《퍼블리셔스 위클리》

"『공간 혁명』은 우리로 하여금 꽉 짜여진 틀을 벗어나 걸음을 멈추고 주위를 둘러보게 만든다. 이 책을 접한다는 것은 바쁘게 걸어가다가 문득 멈추어 서서 장미꽃 향기를 맡는 듯한 경험이다."

— 《허핑턴포스트》

공간 혁명

행복한 삶을 위한 공간 심리학

초판 1쇄 발행 2019년 8월 19일
초판 7쇄 발행 2022년 10월 26일

지은이 세라 W. 골드헤이건
옮긴이 윤제원
펴낸이 김선식

경영총괄 김은영
기획편집 이수정 **크로스교정** 조세현 **책임마케터** 권장규
마케팅본부장 이주화
채널마케팅팀 최혜령, 권장규, 이고은, 박태준, 박지수, 기명리
미디어홍보팀 정명찬, 최두영, 허지호, 김은지, 박재연, 박지수, 기명리
저작권팀 한승빈, 김재원
경영관리본부 허대우, 하미선, 박상민, 김형준, 윤이경, 권송이, 김재경, 최완규, 이우철
외부스태프 교정교열·북디자인 책과이음

펴낸곳 다산북스 출판등록 2005년 12월 23일 제313-2005-00277호
주소 경기도 파주시 회동길 357 3층
전화 02-704-1724
팩스 02-703-2219 **이메일** dasanbooks@dasanbooks.com
홈페이지 www.dasanbooks.com **블로그** blog.naver.com/dasan_books
종이 ㈜한솔피앤에스 **인쇄** 민언프린텍 **제본** 정문바인텍 **후가공** 평창P&G

ISBN 979-11-306-2199-9 (03180)

다산북스(DASANBOOKS)는 독자 여러분의 책에 관한 아이디어와 원고 투고를 기쁜 마음으로 기다리고 있습니다.
책 출간을 원하는 아이디어가 있으신 분은 이메일 dasanbooks@dasanbooks.com 또는 다산북스 홈페이지 '투고원고'란으로
간단한 개요와 취지, 연락처 등을 보내주세요. 머뭇거리지 말고 문을 두드리세요.